Témoignages et Récits

Le réseau Victoire dans le Gers

Mémoires du 19 mai 1940 à la Libération

Documents rassemblés par Jeanne et Michèle Robert

ALAN SUTTON

Photographie de première de couverture *: Pierre Duffoir (« Félix »), Josette, Paulette, Gyl Al Carty, Maurice Rouneau (« Rendier » ou « Albert ») et Jeanne Robert de passage à Barcelone, en attendant d'être dirigés sur Madrid, Gibraltar puis Londres.*

Editions Alan Sutton
8, rue du Docteur Ramon
37540 Saint-Cyr-sur-Loire

Première édition février 2003

ISBN 2-84253-837-4

ISSN 1622-7077

Dépôt légal : février 2003
Imprimé en Grande-Bretagne par Midway Colour Print, Wiltshire

Sommaire

COMMANDEMENT SUPERIEUR DES FORCES FRANCAISES
EN GRANDE BRETAGNE ET COMMANDEMENT DES
FORCES FRANCAISES DE L'INTERIEUR

ETAT-MAJOR DES F.F.I.
Echelon Liquidateur

N°/EL/4.286.

Londres le 16 Novembre 1944

ORDRE DE MISSION

Le sous-Lieutenant RENDIER Josette se rendra à PARIS (France) accompagnée de son bébé âgé de 2 mois, par la voie la plus rapide.

Les Autorités Françaises et Alliées sont invitées de faciliter son acheminement vers son lieu de destination.

Le sous-Lieutenant RENDIER Josette se présentera dès son arrivée à PARIS à la D.G.S.R.

Le Cap GALLIAND CHEF De l'Echelon Liquidateur

E. M.F.F.I.

ETAT-MAJOR F.F.I.
Le Chef du Bureau
B.C.R.A.L.

A tous ceux qui, pendant de longues années d'angoisse et d'espérance, m'ont apporté leur aide efficace et désintéressée dans la lutte commune pour la libération et sont ainsi devenus mes amis.

Première Partie
Quatre ans dans l'ombre

I. La fin de la drôle de guerre

- Ces messieurs de la maréchaussée !

C'est ainsi que mon compagnon salua l'apparition, dans le petit jour gris qui se levait, d'un gendarme qui nous barrait la route.

Nous avions quitté Amiens vers quatre heures et nous étions maintenant entre Beauval et Doullens.

- Interdiction de circuler pour l'instant, messieurs, il y a une alerte.

Je tirai un paquet de cigarettes de ma poche et j'en offris une au brave représentant de l'autorité qui semblait avoir, ce matin, une tête particulièrement sympathique.

- Et il y a longtemps que l'on est en alerte ?

- Quelques minutes à peine.

J'exhibai alors un petit carton que je présentai au militaire :

- Oh ! parfait. Vous pouvez rouler, messieurs.

- Merci, mon vieux. Il en serait probablement de cette alerte comme des précédentes : dans quelques minutes, on en sonnerait la fin. La journée s'annonçait belle et nous aurions sans doute le loisir d'en voir d'autres avant ce soir. Bon courage et au revoir !

Une poignée de mains et nous voilà partis. Nous allions atteindre Doullens dont nous apercevions les toits dans le fond de la cuvette où la ville se niche, lorsque, tout à coup, un énorme geyser de terre monta devant nous, à sept ou huit mètres sur la route. De grosses branches, des éclats de troncs arrachés aux arbres magnifiques qui bordaient la nationale 16 retombèrent en pluie. Coup de frein brusque et nous nous arrêtâmes juste à temps pour entendre une ou deux explosions très proches.

Entre la route et les vieilles fortifications de Vauban, les troupes britanniques avaient installé un camp. C'est là qu'en ce matin du 10 mai 1940, à quelque 300 kilomètres à vol d'oiseau de la frontière allemande, des petits gars venus d'outre-Manche reçurent le baptême du feu dont la *Luftwaffe* leur faisait le peu enviable honneur.

C'est grâce à ce brave gendarme qui, tout à l'heure, nous avait retenus une minute à peine, que nous devions de ne pas nous être fourvoyés au milieu des points de chute.

La ruée germanique à travers la Hollande, la Belgique et la France était déclenchée.

Les hurlements lugubres des sirènes d'alarme allaient maintenant se succéder sans interruption. Partout, l'on signalait des raids d'avions ennemis, dont les pilotes devenaient d'instant en instant plus audacieux.

Le lundi 13 mai, un message émanant des services secrets opérant en Hollande fit connaître qu'Arras, siège de l'état-major impérial britannique et de la mission militaire française de liaison, serait bombardé dans la nuit. Mais la nuit se passa et aussi toute la journée du mardi, sans que l'événement annoncé se produise. Ou bien le renseignement était erroné, ou bien les maîtres de la *Luftwaffe* avaient changé d'avis. A la fin de la journée, les quelques initiés se regardèrent en arborant un petit sourire qui semblait dire : « *on nous a monté le coup* ».

Ereinté, je m'étais couché fort tôt et je ne tardai pas à sombrer dans le plus profond sommeil lorsque, brutalement, vers 22 heures très exactement, une explosion violente me jeta en bas du lit. De la fenêtre où je m'étais précipité, je vis le nord de la ville couvert d'un nuage de fumée intense dans lequel d'immenses flammes d'un rouge sanglant dessinaient des torsades échevelées. En un tournemain, me voici habillé et descendu dans la rue.

Des gens couraient, affolés. J'entendais crier : « *attention, ils vont revenir* ». Des pompiers, des policiers, des agents de la défense passive, des militaires se hâtaient vers les lieux du sinistre. Je fis comme eux et bientôt je me trouvai devant l'hôtel de l'Univers, dont une aile avait été touchée en plein par une torpille. Un ami me raconta le drame :

- Vers 9 h 40, un avion volant bas, tous feux allumés, « d'apparence honnête », s'est mis à survoler la ville à une centaine de mètres à peine. Il tourna ainsi durant un bon moment et, naturellement, personne n'y prenait garde puisqu'il avait les feux réglementaires ! A 22 heures tapant, il passe au-dessus de l'hôtel de l'Univers et y lâche la torpille… qui a fait ce que vous voyez. Le salopard devait être bien renseigné, car l'hôtel est occupé par des personnalités de premier plan, belges et autres, et le duc de Gloucester devait s'y trouver mais, heureusement, il est parti dans sa voiture à 9 heures précises. Simple erreur d'une heure ! Comme quoi le décalage entre l'heure centrale et la nôtre a eu ici un résultat heureux…

Des dizaines de maisons flambaient. L'hôpital aussi. De grands immeubles de la rue Saint-Aubert étaient en flammes. Les aviateurs ennemis, pour achever de semer la panique après avoir largué leur engin explosif, avaient arrosé la ville d'une véritable pluie de bombes incendiaires. Malgré les moyens beaucoup trop faibles dont ils disposaient en face d'un sinistre de cette envergure, les sauveteurs firent des merveilles.

Mais un pli soucieux barrait le front des amis que je retrouvai : il fallait se rendre à l'évidence, les Allemands étaient renseignés presque heure par heure sur tout ce qui se passait chez nous.

- Allô ! Allô ! Oui, je vous entends parfaitement.

- …

- Vous dites ? La voiture n° 238471 ? Sept hommes portant des uniformes belges ?

- ...
- Ah ! Bien. Je rectifie : des uniformes beiges. Les arrêter coûte que coûte. Ce sont des Allemands ? Bon Dieu !

Le téléphoniste de service avait appuyé la communication d'un solide juron et les hommes présents se regardèrent ; cette fois s'ils se mettent à voyager par ici en voiture et en uniforme, ils ne se gênent vraiment plus, messieurs les Fridolins !

Dans le petit bureau où je me trouvais, le téléphone ne cessait de faire entendre sa sonnerie grêle, énervante. De partout arrivaient des renseignements, des ordres qu'il fallait retransmettre :

- Allô ! On a constaté la présence de parachutistes dans telle région !
- Allô ! On vient d'arrêter un type suspect ; ce doit être un espion allemand...
- Allô ! Ici X... L'on me signale qu'il s'est produit cette nuit des choses anormales dans le secteur...
- Allô ! Allô ! Allô !

Le standardiste était débordé par cette avalanche de communications qui apportaient des « tuyaux » dont les hommes qui les recevaient savaient que la plupart étaient « crevés » mais qu'il fallait quand même vérifier, si tant est que l'on pût encore vérifier quelque chose dans cet imbroglio. Il était facile de constater que les nerfs étaient en pelote et que même, parfois, le sang-froid venait à manquer. De toute part, l'on signalait la présence d'espions allemands, d'agents de la « cinquième colonne », et il est probable que beaucoup de pauvres hères inoffensifs furent affublés indûment de ce titre alors dangereux. Mais qu'y faire ? Il est indéniable que dans la cohorte des réfugiés, militaires et civils de tous âges qui commençaient à affluer de Belgique, des agents ennemis avaient beau jeu de se glisser, cependant qu'ici le contrôle s'avérait de plus en plus difficile au fur et à mesure que grossissait le flot de ceux qui fuyaient l'avance allemande.

Le jeudi 16, des bruits alarmants circulèrent : des avant-gardes ennemies, constituées d'éléments motorisés, de chars de combat, auraient été vues aux environs de Denain et de Valenciennes. D'autres seraient à proximité du Cateau. Le vendredi vers six heures de l'après-midi, en rentrant d'Amiens, je trouvai le Génie anglais occupé à établir en toute hâte des pièges antichars devant Arras, où l'on me dit que des blindés ennemis avaient été vus près de Cambrai. Je voulus en avoir le cœur net et partis dans cette direction. Mais, presque au but, il me fut conseillé de faire demi-tour. La nuit tombait et le secteur n'était pas sûr du tout.

Le samedi, voyage à Rambouillet, qu'après bien des ennuis et des retards sur les routes obstruées par les colonnes de fuyards, je finis tout de même par atteindre, pour en repartir le dimanche matin.

Sur la route du retour, à Beauvais, vers onze heures, nécessité de se mettre à l'abri, car la ville subissait un bombardement d'une rare violence.

A Amiens, où j'arrivai à quatorze heures, autre bombardement, non moins sévère que celui de Beauvais le matin : cratères creusés dans les rues par les bombes, maisons effondrées ou qui flambaient, câbles électriques coupés encombrant la chaussée, une foule qui tentait de fuir ces lieux dantesques, des sauveteurs qui s'affairaient et un peu partout, hélas ! des morts. Les explosions des torpilles et les éclatements de la DCA causaient un vacarme effrayant, auquel s'ajoutaient encore les cris de la multitude en panique. Je décidai de ne plus m'arrêter et, par la petite route de Bucquoy, je roulai rapidement vers Arras, que j'aperçus bientôt couverte d'un gigantesque champignon de fumée couleur suie. Là aussi les sinistres oiseaux à la croix noire venaient de semer la mort. Partout des cadavres. Des centaines et des centaines. Hommes, femmes, enfants et vieillards. Contre un mur, une femme mortellement blessée, tenant dans ses bras son bébé de deux ans environ, le crâne complètement ouvert. A ses côtés, deux enfants de trois et cinq ans qui pleuraient. Le tableau était horrible ! La gare était en ruines. Un train de réfugiés y avait été sauvagement bombardé et mitraillé. Des morts ! Toujours des morts ! Et, sur le ballast, de pauvres hardes ramassées à la hâte gisaient pêle-mêle avec des valises éventrées, bourrées jusqu'à l'éclatement de billets de banque ! Les grands immeubles des environs flambaient et la population se terrait, car les avions ennemis étaient toujours là, qui grondaient bruyamment, audacieusement bas, à quelques dizaines de mètres des toits.

Je stoppai brutalement rue Pasteur pour m'engouffrer dans l'immeuble qu'occupait, au numéro 8, mon ami l'architecte Henri Philippe et voir, alors que j'avais à peine fait dix pas, quatre militaires, paraissant complètement affolés, bondir dans ma voiture et… démarrer sans douceur à mon nez et à ma barbe. Je restai stupide dix secondes, puis réagissant, je crois bien que je lançai aux quatre fuyards le mot fameux de Cambronne. Le mot de la fin ! Plus de voiture. Tant pis ! Il allait falloir se débrouiller.

La maison de Henri Philippe était construite sur l'emplacement qu'occupait, voici pas mal de siècles, une église des Templiers. Ses caves profondes, superposées, solidement étayées par d'énormes colonnes en grès d'Artois qui feraient l'admiration de tous les férus d'archéologie, étaient capables de résister aux plus violents bombardements de l'époque. Aussi avaient-elles retenu, dès le premier jour, toute l'attention des services compétents de l'état-major britannique qui y avaient installé leurs postes de radio. C'est dans ces souterrains que je trouvai, au milieu d'une foule de gens qui étaient venus y chercher un abri, monsieur Philippe étendu, blessé au pied par un éclat qu'il venait de recevoir quelques instants auparavant, devant la gare. Il m'apprit que les organismes anglais qui se trouvaient chez lui étaient partis la veille et que l'état-major impérial, aussi, s'était replié. Il ne restait plus maintenant dans la ville que des troupes qui se préparaient au combat. A un combat à un contre dix, avec des moyens inégaux.

Les Allemands étaient là, devant. Peut-être pas très nombreux, mais leurs blindés, dont ils faisaient un usage judicieux, s'infiltraient partout, profitant de la panique qu'ils semaient et, surtout, ne trouvant en face d'eux rien qui fût vraiment capable de résister. La population n'avait pas une opinion exacte de la situation. Ceux que la peur ne tenaillait pas circulaient encore et essayaient d'avoir des nouvelles précises. Les plus braves recherchaient les agents de la trop fameuse cinquième colonne, dont de nombreux échantillons s'étaient certes faufilés un peu partout. Malheureusement, il y avait propension à en voir trop abondamment. Certains hommes en créaient pour jouer les bravaches et se donner quelque importance ou, plus simplement, trouver un motif plausible de quitter dare-dare ces lieux devenus malsains.

C'est ainsi que je surpris des individus, à qui leur charge commandait de rester, tenter de partir avec la voiture de monsieur Philippe. Et c'est pour m'être opposé à leur départ qu'ils vinrent, quelques instants après, avec un piquet d'hommes en armes, me chercher pour me conduire en un certain bureau - miraculeusement à peu près intact - de la gare.

Là, sans autre forme de procès, une espèce d'escogriffe, à la face d'autant plus sinistre qu'il était complètement ivre, me déclara en ricanant :

- Ce sont vos dernières heures ! Vous ne verrez plus le jour demain matin ; Vous êtes peut-être un brave type, mais vous avez eu tord de vous mêler de nos affaires.

Je pensai : « *parle toujours, mon bonhomme, on verra bien* ». Et je serrai dans ma poche la crosse de mon pistolet.

J'aurais pu produire à ces soûlards des « pièces à conviction ». Mais j'estime encore aujourd'hui avoir agi sagement en n'en faisant rien. Des papiers, c'est si facile à subtiliser quand, en pleine bagarre - ou plutôt en pleine pagaille - on veut se débarrasser de quelqu'un.

On amena un homme dans le bureau. Et de suite, vlan ! vlan ! Claques, taloches, coups de pieds et coups de poings tombèrent sur le pauvre bougre.

- Alors, toi aussi, tu es un espion allemand !

Et pan ! Et je te tabasse et vas-y !

Je m'avançai et je protestai, mais le pistolet du soudard ivre, chef de bande, se leva vers moi :

-Vous, taisez-vous !

Et s'adressant à l'homme que l'on venait de malmener et qui avait maintenant la figure en sang :

- Toi, explique-toi !

L'inculpé (?) n'eut pas de peine à prouver que, vieil habitant du faubourg, il était connu et inoffensif, ce à quoi les poivrots lui rétorquèrent qu'il n'avait eu que le malheur de tomber entre les mains de gens qui s'étaient trompés !

Après un passage à tabac comme celui qu'il avait reçu, l'excuse devait plutôt paraître saumâtre au bon vieux.

Je déclenchai un nouveau concert de hurlements et de menaces de la part de ces messieurs, lorsque : boum ! boum ! Boum ! Des explosions violentes ébranlèrent ce qui restait des murs et... les reîtres, si braves en présence d'un quinquagénaire incapable de se défendre, filèrent comme une volée de moineaux !

Les *Stuka* étaient revenus, histoire de rappeler qu'ils existaient. Moi, je restai seul au milieu de ce qui venait d'être un cabanon de fous furieux. C'est alors que je pensai que la plaisanterie avait assez duré et qu'il convenait de mettre un terme aux excentricités de cette bande de détraqués, dont la place n'était sûrement pas à quelques centaines de mètres d'un ennemi en face duquel il fallait garder tout son sang-froid.

Au central téléphonique où je me rendis, l'on me brancha avec le bureau du commandant de place, en l'occurrence le lieutenant Laplanche, de la garde mobile. J'obtins de suite la communication avec cet officier, qui arriva bientôt à la gare, accompagné de douze hommes. Je me fis reconnaître et donnai des explications sur ce qui venait de se passer. Ceux qui avaient montré de si belles aptitudes à la course lors des récentes explosions ne sont pas revenus.

- C'est bien, dit Laplanche. Demain, on réglera cela devant le général.

J'aurais bien voulu dire leur fait aux énergumènes de la nuit, mais, hélas ! le lendemain matin, lundi, le général partait avec son état-major. Les Boches engageaient la bataille pour s'emparer de la ville et les bravaches n'avaient pas attendu de les voir pour prendre le large.

Le combat pour la possession d'Arras fut chose épique. Les quelques Britanniques et Français qui y résistaient déployèrent un courage au-dessus de tout éloge et ce ne fut qu'après cinq journées terriblement dures et chargées de lourdes pertes de part et d'autre que les Allemands purent se dire maîtres de la situation.

Ce lundi matin, vers dix heures, je voulus quitter la ville pour aller vers Bapaume, Péronne, la Somme. Mais, à un kilomètre de là, je dus faire demi-tour. Les *Panzer* étaient juste devant, qui tentaient de forcer les minces barrages établis par les Anglais. Sous le soleil, déjà brûlant en cette mi-mai, l'aventure commençait.

S'abriter derrière les talus, les haies, pour échapper aux avions qui rôdaient continuellement dans le ciel et mitraillaient tout ce qui était en bas n'était pas drôle et ce ne fut pas la moindre surprise que d'arriver le soir, exténué, devant une petite ville comme Frévent qui, en principe, aurait dû se trouver à vingt-cinq kilomètres derrière le front, pour s'entendre dire : *« N'y allez pas, il y a des blindés sur la place ! »*

Rôder alors dans la campagne, par les petits chemins, les sentiers, pendant quarante-huit heures, pour tenter de gagner Dunkerque où finalement il était impossible d'arriver et finir par se faire coincer dans un petit village de l'Artois, n'avait rien de particulièrement agréable. C'est cependant ce qui m'arriva.

En cette aube du mercredi 22 mai 1940, à cinq heures très exactement, le grand portail de la ferme Hannedouche, à Caucourt, fut ébranlé par des coups violents. Harassé, je m'étais endormi dans la cuisine de cette accueillante demeure, lorsque je fus brutalement tiré de mon sommeil par la maîtresse de maison qui me secouait en disant : Ils sont là, ils sont là !

- Comment ? Ah ! Oui. Et bien, il faut leur ouvrir.

Lorsque la lourde porte tourna sur ses gonds, je me trouvai en présence de cinq officiers allemands qui me saluèrent poliment avec, me semble-t-il, un petit sourire goguenard au coin des lèvres.

- Nous voulons visiter la maison !

Et, ce disant, les cinq Germains s'avançaient dans la cour, se préoccupant peu de mon autorisation. De toute évidence, ils me prenaient pour le maître de céans qui, lui, était alors aux armées, quelque part en France.

La maison reçut la visite approfondie et c'est dans le plus pur français qu'un capitaine rondouillard me déclara :

- Nous nous installerons ici.

Cet « ici » représentait le bureau, la salle à manger et une chambre à coucher.

- La chambre sera réservée au commandant. Nous, nous coucherons par terre, comme nos hommes, sur la paille que vous ferez étaler dans la salle à manger.

Madame Hannedouche qui, derrière moi, écoutait parler le gros capitaine, n'avait plus qu'à fournir de quoi faire la litière des envahisseurs.

Trois journées affreusement longues et tristes se déroulèrent alors, à peine coupées par de menus incidents. Ce fut le rassemblement des hommes, que les soldats en uniforme vert ne tardèrent pas à relâcher dès qu'ils se furent assurés qu'aucun militaire ne s'était glissé parmi les civils. Ce fut aussi le camouflage d'armes, fusils, baïonnettes, pistolets, etc., auquel je procédai avec madame Hannedouche, pour ainsi dire sous les yeux de la soldatesque ennemie qui pullulait.

Grâce aux rudiments de langue allemande que je possédais, je pus entrer en rapport avec les officiers de la *Feldkommandantur* maintenant bien installée dans la maison. Pour eux, j'étais toujours le patron. Je leur racontai que j'étais inquiet au sujet de mes vieux parents qui, très effrayés, avaient voulu, juste avant l'arrivée des troupes allemandes, se retirer vers Paris, *« qu'ils n'ont certainement pu atteindre*, leur dis-je, *en raison de l'avance rapide de vos troupes et de l'encombrement des routes »*.

- Où croyez-vous qu'ils puissent être maintenant, me demanda le commandant.

- Au plus loin à Péronne. L'officier étala une vaste carte sur la table.

- Péronne ? Mais c'est dans la Somme. On se bat sur la Somme.

Ça, je le savais aussi bien que lui. Mais si je lui précisai cet endroit, c'est que j'avais mon idée. Je comptais bien obtenir mon laissez-passer pour me rendre dans cette direction, voir ce qui était advenu de ma famille qui se trouvait dans le petit village de Bertincourt, au-delà de Bapaume, puis, ensuite, essayer de trouver une fissure par où je pourrais me glisser pour rejoindre les lignes françaises.

- Mais si on se bat sur la Somme, mes parents n'ont certainement pu passer. Ils devraient donc se trouver dans ces parages.

- C'est probable.

- Dans ce cas, Monsieur, ne pourriez-vous pas me délivrer un sauf-conduit qui me permettrait d'aller à Péronne. Je suis persuadé que je les retrouverai sur la route.

Le Teuton passa sa main fine et blanche… sur son crâne poli au papier de verre.

- Alors à vos risques et périls.

Ouf ! J'avais gagné. Intérieurement, je jubilais profondément pendant que le grand Fridolin noircissait un petit papier qu'il couvrit de plusieurs cachets. Le « sésame » qui m'ouvrirait peut-être la route de la liberté !

Arrivé sans encombre chez les miens à Bertincourt, je dus bien vite déchanter. On se battait dur sur la Somme et il n'y avait vraiment pas moyen d'aller plus loin. Il n'était même pas possible d'être un peu tranquille dans ce coin ! Pendant que je piquais une sieste en laquelle j'espérais trouver un peu de réconfort physique (car le moral était resté bon) deux Boches à mine patibulaire, baïonnette au canon, vinrent m'extraire de ma douce torpeur pour me conduire en la cour de l'école où se trouvaient déjà d'autres hommes. J'eus beau exhiber mes papiers qui m'avaient été délivrés par la *Feldkommandantur* de Caucourt, le lieutenant qui se trouvait là ne voulut rien savoir :

- Je désire avoir des assurances sur votre identité, rétorqua-t-il.

Ce n'est que deux jours plus tard que, les troupes stationnées là ayant reçu l'ordre d'avancer, il fut possible de profiter du battement de quelques heures qui se produisit avant l'arrivée des nouveaux occupants, pour filer vers d'autres lieux.

Parti le matin à bicyclette, j'arrivai à Arras vers midi, pour apprendre de la bouche de mon ami Henri Philippe qu'une certaine « Rose », tenancière d'un café qui avait eu maille à partir avec les services spéciaux français et anglais avait déclaré à mon sujet :

- Je crois bien savoir où il niche, celui-là. Je vais aller l'accueillir avec deux officiers allemands !

Je savais combien le café en question avait été suspecté depuis le début de la guerre par les services de contre-espionnage, sans cependant que l'on ait jamais pu y faire la preuve de certaines intelligences avec l'ennemi.

J'appris qu'un personnel féminin « bien stylé » avait reçu les mercenaires du *Führer* de magnifique façon. Et c'est au moment où la conversation roula sur ce sujet que la fameuse Rose vint à passer. Que faire ?
- Madame je suis heureux de vous revoir saine et sauve, dis-je en m'avançant vers elle. Si votre café est ouvert, je me ferai un plaisir d'y aller prendre l'apéritif.

Ces paroles démontèrent la matrone chez qui je me retrouvai bientôt attablé, en compagnie de trois personnages fort officiels, que je ne nommerai pas, mais auxquels je ferai encore allusion en ce récit.
- Cette fois, ça y est ! Nous sommes fichus. Il n'y a plus rien à faire devant la force des Allemands.

Et la femme de s'étendre complaisamment sur l'accueil « chaleureux » que ces messieurs ont reçu chez elle.
- Il n'y a plus qu'à s'accorder avec eux !
- Vous croyez que c'est possible ?
- Bien sûr ! Pourquoi pas ? Il faut profiter du moment et travailler sans s'occuper de la source d'où vient l'argent !
- Vous avez peut-être raison.
- Certes, que j'ai raison ! Revenez donc me voir, nous en reparlerons.
- Avec plaisir, ma chère Rose. Je vais me reposer un instant, après quoi, je reviens vous trouver.

Si je m'étais bien tiré de cette première passe, je comprenais que je ne devais pas rester plus longtemps ici si je ne voulais pas tomber dans un infâme guêpier. Quelques instants après je me dirigeai vers Lille, où je savais trouver un refuge à peu près sûr chez de braves et honnêtes gens, monsieur et madame Robert-Landas, commerçants à Loos-Lez-Lille.

La « drôle de guerre » qui durait depuis huit mois avait pris fin le 10 mai 1940 avec la brutale attaque allemande. La bataille de France était perdue, mais l'espoir ne pouvait pas s'évanouir ainsi. Pour ma part, je ne savais ce qu'il me serait possible de faire, mais j'étais résolu à ne jamais accepter de vivre sous le joug de l'étranger. En fuyant cette ville d'Arras où je laissais de si bons amis, je m'enfonçais dans l'ombre, j'entrais dans la clandestinité. Une clandestinité qui devait durer quatre ans !

II. « On vous cherche, il faut partir »

Que la brillante capitale des Flandres françaises paraissait triste maintenant ! C'était pourtant l'été dans toute sa splendeur, mais que les taches grises des innombrables uniformes de la *Wehrmacht* jetaient donc une note lugubre dans les grandes artères de la ville qui, voici quelques jours encore, reflétaient la vie grouillante et gaie des laborieuses populations de la région !

Mais si l'Allemand foulait de sa lourde botte le pavé du Nord, il n'avait pas pour cela asservi les cœurs. Il ne tarderait d'ailleurs pas à le constater. S'il y eut des individus propres à s'accommoder de toutes les situations pourvu qu'ils puissent en tirer quelque bénéfice, l'énorme majorité des Français eut rapidement ce magnifique sursaut d'énergie qui allait permettre de vivre pendant plus de quatre ans avec l'espoir tenace de la victoire.

Les malheurs de la défaite et l'odieuse présence étrangère amenèrent rapidement le resserrement des Français entre eux, de gens qui pourtant, hier, étaient d'opinions politiques ou de confessions diamétralement opposées. L'on pensa bien vite à jouer quelque mauvaise niche à l'occupant, voire même à lui nuire militairement. Ce fut bien ainsi, je crois, que se constituèrent, avant le terme plus tard consacré, les premiers noyaux de résistance. Il n'y avait pas, alors, de contacts avec les états-majors de Londres. L'imprévisible rapide poussée allemande avait bouleversé tous les plans et, là-bas, dans la brumeuse capitale de l'Empire britannique devenue la forteresse qui se dressait devant le germanisme, des hommes de haute valeur allaient s'attacher à tout rénover, tout reconstituer. Ils devaient trouver, dans le nord de la France, des appuis efficaces.

La Résistance fut d'abord sporadique. En des endroits divers, il arrivait que l'on retrouvât, au petit jour, des militaires ennemis pour qui la guerre et les plaisirs de la récente victoire étaient à tout jamais terminés. Quelquefois, c'était au bord d'un chemin de banlieue, d'autres fois, c'était dans l'eau noire d'un canal que l'on trouvait un corps inerte. Ni les menaces de représailles, ni les fortes primes à la dénonciation qu'offrait la *Kommandantur* ne devaient entraver le geste de ceux qui portaient en leur cœur la haine de cette Allemagne qui, prétendant dominer le monde, envahissait la riche plaine flamande trois fois en moins de trois quarts de siècle, amenant avec elle le deuil, la misère, la désolation.

Il était resté là, après la brève campagne des Flandres, de nombreux militaires qui n'avaient pu se retirer avec leurs unités. Bien peu cependant furent pris. C'était à qui parmi la population, dans toutes les couches de la société, leur apporterait l'aide la plus complète. Pour les Français, la chose était relativement facile, mais pour les Britanniques, il n'en allait pas de même et beaucoup de ces malheureux durent parfois vivre de longs mois dans des abris fort précaires. Les champignonnières des environs de Lille, pour si inconfortables qu'elles fussent, en hébergèrent pendant longtemps. De braves gens s'étaient groupés pour fournir à ces hommes le minimum vital nécessaire : aliments et, surtout, vêtements chauds.

Peu à peu, des contacts se rétablissaient avec Londres et il fut possible d'effectuer quelques rapatriements. Toutes les voies étaient bonnes : la mer, devant les rivages de laquelle les Allemands n'ont jamais réussi à tisser un impénétrable filet ; la route et, avec l'aide combien précieuse d'héroïques cheminots, le rail, par lequel il était devenu réalisable de franchir la ligne frontière de la zone interdite sur la Somme ; l'air, où cependant la *Luftwaffe* qui prétendait alors régner en maîtresse ne pouvait empêcher certains voyages nocturnes des avions britanniques.

Aventure piquante : un beau jour, les murs de la région se couvrirent d'affiches portant ce titre énorme : « 100 000 francs de récompense à qui permettra d'arrêter... » et ici figurait le nom d'un lieutenant anglais ainsi que sa photo. Quinze jours passèrent, les affiches étaient toujours là, aussi alléchantes, l'officier britannique n'avait pas été arrêté et chacun se gaussait de la police allemande qui, cependant, redoublait d'activité. Mais, pour aussi balourd qu'il fût, l'Allemand s'aperçut qu'il était l'objet de la risée générale. Alors, un matin, changeant de tactique, il fit annoncer qu'il tenait l'homme recherché. L'après-midi, je prenais tranquillement un demi de bière avec le lieutenant anglais qui, le soir, partit pour son île inviolée où il arriva sans encombre !

Si l'envahisseur avait cru asservir plus facilement cette contrée de France en décrétant « zone interdite » toute la région s'étendant au nord d'une ligne passant sur la Somme et rejoignant par les Ardennes la frontière allemande, il s'était grossièrement trompé. Malgré la surveillance extrêmement sévère qu'il déployait, ce fut non seulement du courrier qui passa pour la zone Sud, mais aussi des hommes. Des hommes jeunes surtout, qui voulaient se battre et qui, à travers l'inconnu, par l'Espagne, tentaient de rejoindre l'Angleterre. Il convient de rendre hommage à tous ceux qui, courageusement, les aidèrent dans leur périlleuse entreprise. Parmi ceux-ci, les cheminots jouèrent un très grand rôle.

Léon Degand, commis principal à la SNCF, était alors un joyeux drille de quarante-six ans, dont le revers de veston largement garni de multiples rubans de toutes teintes disait assez éloquemment combien il avait fait son devoir pendant la première guerre mondiale. Pour lui, un Boche restait un Boche, c'est-à-dire l'être abhorré à qui l'on devait nuire autant que faire se pouvait. Et, personnellement, il ne s'en privait pas.

C'est pour avoir, un jour, devant le comptoir d'un café, effleuré d'un air moqueur ses décorations dont il était justement fier, qu'un sous-officier allemand reçut le plus bel uppercut qui soit, le laissant « groggy » pendant quelques instants. Quand il se releva, le Boche lui fit des excuses ! Celui-là ne fut d'ailleurs pas le seul à faire connaissance avec la poigne de Degand et l'on dit même à Lille qu'il y en a qui ne feront plus jamais allusion à leur rencontre avec le vindicatif cheminot.

Mais, s'il démontrait ainsi de temps à autre ses petits talents physiques, Degand faisait aussi un travail plus efficace. Combien d'hommes et de femmes ne fit-il pas passer de zone interdite en zone non occupée ? Ceux-là seuls qui n'eurent jamais en vain recours à ses services pourront le dire. Il me fut personnellement possible de les apprécier et j'en reparlerai sous peu.

Et cet inspecteur de police, à l'œil narquois, à la lèvre rieuse, qui, tranquillement, aidait ceux qui avaient maille à partir avec l'autorité occupante, ravitaillait les militaires anglais qui se cachaient, camouflait des armes dont il espérait bien qu'un jour elles serviraient. Emile Dehay, lui, ne faisait pas beaucoup de démonstrations publiques, mais il ne ménageait pas non plus le granit de ses poings lorsqu'il en avait l'occasion. C'est ainsi qu'un soir, entrant à dix heures dans un petit café du faubourg, il y trouva un Boche qui le toisa des pieds à la tête et, lui montrant la pendule :

- Il est dix heures, monsieur. Le couvre-feu est sonné depuis une heure.
- Mon petit, je suis Français et, en France, je suis chez moi !

Le Boche eut un geste malheureux du bras vers Dehay. Instantanément, il s'affala par terre, mis knock-out par un coup bien placé du terrible poing. Le prendre sous le bras comme un paquet de linge sale et aller le déposer à cent mètres de là dans un fossé, ce fut l'affaire d'un instant pour le policier rompu aux sports. On n'entendit plus jamais parler de l'affaire.

C'est au milieu de ce monde de bons Français, de braves gens qui n'étaient devenus des « durs » que du fait de l'Occupation, que j'évoluais. L'endroit où nous nous retrouvions souvent ? Un petit café de la banlieue, au 52 de la rue du Faubourg de Béthune, chez mademoiselle Delebois. Elle non plus, bon Dieu ! ne pouvait sentir, même de loin, le Fridolin. Elle était au courant de tous les « coups » et l'aide précieuse qu'elle apporta à ceux qui avaient des « ennuis » ne peut plus, aujourd'hui, être évaluée. C'est chez elle que se préparaient les fausses cartes d'identité pour les prisonniers évadés et, en général, tous ceux qui étaient traqués. Des policiers comme Dehay et certains de ses collègues, des employés de mairie comme Gaston Deflandre, d'autres dont il serait trop long de citer les noms, l'aidèrent dans sa tâche. Sous son apparence anodine, le café tenu par mademoiselle Suzanne Delebois était devenu une officine de la résistance active. Ceci lui valut plus tard pas mal d'ennuis et d'émotions fortes que cette vaillante femme de France supporta avec un courage au-dessus de tout éloge. Je peux dire que c'est grâce à son action, combinée avec celle d'un ami, son voisin d'en face, que je dois d'être, aujourd'hui, encore de ce monde.

Charles Ménard était un brave homme de commerçant, qui exploitait, au 45 rue du Faubourg de Béthune, un garage bien outillé, pendant que sa femme s'affairait dans son gentil magasin d'alimentation. Ménard, comme Degand, était un ancien de la Grande Guerre, un « dur » de l'autre guerre. Lui aussi, la vue d'un uniforme vert lui retournait les sangs. Avant l'invasion, c'est chez lui que je garais ma voiture, à toute heure du jour et de la nuit, lorsque le besoin m'appelait dans le coin. Lorsque je revins en juin 1940, après la débâcle, ce fut un véritable ami qui m'accueillit. Il savait que je devais me cacher. Tout le monde, comme lui, le savait, dans la maison : la mère, la jeune fille, le fils. Mais je pouvais avoir pleine confiance en ces braves gens. De ceux-là, comme de tous ceux que je côtoyais, je n'aurais jamais rien à craindre. Au contraire !

La vie se déroulait ainsi sans trop de heurts, entre bons Français, cherchant le maximum de moyens pour nuire à l'ennemi et, surtout, des contacts précis avec Londres.

Cela dura pour moi jusque vers la mi-février 1941, quand, un jour, un inconnu, puis deux, vinrent chez madame Robert, à Loos.

- Voyez-vous quelquefois monsieur Rendier ?

Madame Robert ne se fiait pas au premier venu.

- Non, monsieur, il n'est plus venu depuis mai 1940.

- Où croyez-vous qu'il puisse être ?

- Je suppose qu'il est parti dans la région parisienne, où je crois qu'il a de la famille.

Lorsque le fait me fut rapporté, je pensai immédiatement que le climat du Nord pouvait devenir malsain pour moi. Toutefois, s'il convenait d'être prudent, il ne fallait pas jeter le manche avant la cognée. Attendons, on verra bien.

Cette attente ne dura pas longtemps, d'ailleurs.

Par mesure de sécurité, je m'étais retiré dans une maison de la rue d'Emmerin, proche des portes de Béthune, d'où je ne sortais que rarement et avec la plus grande circonspection. Un soir que, vers neuf heures, je me trouvais avec quelques amis chez mademoiselle Delebois, la fille de monsieur et madame Robert fit irruption dans le café :

- Prenez garde ! Les Allemands sont à cent mètres d'ici, aux portes de Béthune, qui arrêtent tout le monde et épluchent les papiers d'identité !

- A cent mètres ? Bah ! c'est loin, ça. On est tranquille, alors.

Et mademoiselle Delebois, calmement, alla tirer les volets. Ce soir-là, on apprécia tout particulièrement un petit pastis dont, en ces temps de malheur, on ne trouvait plus d'échantillons partout.

L'institutrice, Jeanne Robert, fine et intelligente, douée de remarquables qualités morales et d'un patriotisme à toute épreuve, allait avoir à subir, elle aussi, de multiples et dangereuses aventures. Elle ne se doutait guère en ce soir de février qu'elle serait obligée, pour échapper à la *Gestapo* qui apprit qu'elle m'avait prêté aide, de me suivre pendant quatre ans dans mes pérégrinations. Pour la commodité de ce récit, je lui restituerai de suite le nom sous lequel elle fut généralement connue : madame Delattre.

Le lendemain de cette soirée quelque peu troublée, en mettant le nez à la fenêtre, je vis que la *Feldgendarmerie* avait établi des barrages aux portes de Béthune, que l'on vérifiait les papiers et… que l'on embarquait pas mal de pauvres bougres dans des camions bien gardés.

Le surlendemain, c'était pareil. Les jours suivants aussi. Décidément, mieux valait ne pas se hasarder par-là. Je ne sortis plus.

Le 28 février, à onze heures du matin, je faisais un peu d'aquarelle pour me distraire, lorsque le timbre électrique vibra dans l'appartement où j'étais seul. De la fenêtre du premier étage, je vis une parente de mademoiselle Delebois qui m'adressa un petit signe discret. J'eus de suite l'impression que quelque chose d'anormal et de grave se passait. J'en aurais du reste confirmation dès que j'aurais entrouvert l'huis à la bonne dame.

- Suzanne vous fait dire de ne pas sortir d'ici. Dès que madame Delattre sortira de l'école, elle viendra vous voir et vous mettra au courant. En attendant, surtout, ne bougez pas.

Et la messagère s'en alla, sans que j'aie pu lui faire donner d'autres précisions. D'ailleurs, en avais-je bien besoin ? De toute évidence, ça n'allait pas et je n'avais plus qu'à me tenir sur mes gardes. Je bouclai rapidement une légère valise contenant un peu de linge et des objets de première nécessité… et j'attendis.

A treize heures, madame Delattre vint me rejoindre.

- Il faut partir de toute urgence. On vous cherche. Les Allemands ont arrêté hier toute la famille Ménard, sauf la jeune fille, pour tenter de leur faire dire où vous étiez. Monsieur Ménard et son fils ont été relâchés ce matin. Ils n'ont pas parlé, mais ils sont certainement surveillés et doivent servir d'appât. Madame Ménard n'est pas encore rentrée. Il n'y a pas une minute à perdre.

- C'est bien. Je me doutais qu'il se passait quelque chose de ce genre. Je m'en vais.

M'en aller, c'était très bien. Mais il me fallait un gîte sûr. Je pensai de suite à Léon Degand. Madame Delattre m'accompagna et, avant deux heures, me voici chez le « dur » des cheminots. En quelques mots, je lui narrai ce qui m'arrivait.

- T'en fais pas, mon vieux. Ici tu es chez toi. Tu n'as qu'à t'y installer en attendant d'avoir trouvé une solution.

- Merci, mon vieux Léon. Je savais que je pouvais compter sur toi.

Avec de tels hommes, pas besoin de grandes phrases. A cinq heures, Degand me dit :

- J'ai une course à faire en ville, au bout du boulevard de la Liberté. En te maquillant un peu, peut-être pourrais-tu venir avec moi. Après tout ils ne chercheront pas partout à la fois.
- D'accord. Deux minutes et je suis à toi.

Cette sortie, au milieu du danger que je pouvais trouver à chaque pas, me tentait. Elle devait, par surcroît, devenir fort instructive pour moi.

La *Gestapo* avait installé son siège dans un grand immeuble du boulevard de la Liberté. Juste du côté de l'endroit où nous nous dirigions. Bien sûr, je ne commis pas l'imprudence d'aller passer sous le nez de ces messieurs, sur le trottoir où se trouvait l'immeuble, malgré mon déguisement assez réussi : béret basque que je ne portais jamais, lunettes, vieux costume. Et combien j'eus raison !

En arrivant à cent mètres du « bureau des aveux spontanés », je vis arriver en sens inverse, roulant à gauche, une Renault noire qui s'arrêta juste devant le porche de l'antre de la police allemande. De la voiture descendit une femme que je reconnus parfaitement : cette délicieuse « Rose », la tenancière du café d'Arras, vêtue de son classique « enver-daim » et coiffée de son feutre violine. Elle était accompagnée d'un individu que je connaissais mieux qu'elle encore, une sorte d'homme qui fricotait un peu de tout et que je savais propre à pas grand-chose, le propriétaire de la Renault noire, à l'allure très sportive sous le complet de l'homme d'affaires, veston noir, pantalon rayé, larges lunettes d'écaille.

Cette fois, ce fut comme si un voile me tombait des yeux. Je ne savais pas comment ces deux êtres avaient été amenés à me chercher à Lille, mais j'avais la conviction que la chasse qui m'était donnée ici n'avait pu être déclenchée qu'à leur instigation. Et je me remémorai certains faits : l'individu au type « homme d'affaires » n'avait-il pas eu l'audace de venir, voici quelques mois, chercher après moi dans ma famille, jouant alternativement de la corde sensible sentimentale de l'amitié qu'il éprouvait pour moi, puis de la menace ? N'était-ce pas lui qui, quelque temps avant guerre, au cours d'une réunion d'amis, proclamait qu'il aimait mieux être Allemand vivant que Français mort ?

Le triste sire avait maintenant trouvé sa voie. Comme je n'aurais plus l'occasion dans mon récit de faire allusion à cette tourbe, je préciserai qu'à la Libération l'homme fut condamné avec sursis à une mince peine de prison pour un menu larcin, un acte de pillage commis au préjudice de l'un de ses amis. Je crois pouvoir déplorer qu'il ne lui ait pas été demandé d'autres comptes.

Au bout du boulevard de la Liberté, face au monument des fusillés, j'entrai au café du Globe. J'y retrouvai le brigadier Parris et le sous-chef Charpentier, de la Sûreté nationale, à qui je racontai mon aventure de ce matin.

- Mon vieux, cette fois, il ne te reste plus qu'à filer d'ici si tu ne veux pas te faire crocheter.

C'est bien ce que je pensais aussi.

L'Angleterre, voilà quel serait mon but. Hélas ! je jouais de malheur. Les départs par avion s'avéraient, pour l'instant, quasi impossibles. Et, cependant, je ne pouvais plus attendre. Tous mes amis étaient surveillés, suivis à tout instant. La famille Ménard, que les sbires de la *Gestapo* avaient remise en liberté au grand complet, ne trouvait cependant aucun instant de répit. A tout moment, elle subissait l'intrusion chez elle de ces messieurs qui se faisaient tour à tour persuasifs et menaçants. J'ai su plus tard par quelles transes ces bons et grands amis étaient passés. Je dirai plus loin ce que fut leur interrogatoire. C'est madame Delattre qui fut à son tour suivie. Le filet se resserrait. La situation devenait intenable. Cette fois, il fallait partir.

C'est Degand qui se chargea de l'opération. Un wagon de marchandises plombé dans lequel il avait réussi à m'introduire au nez des Boches, le 20 mars au soir, me déposa le 21 au matin, sans encombre, en gare de Paris La Chapelle. Un premier grand pas était franchi, puisque j'étais hors de la zone interdite. Il me restait maintenant à gagner la France non occupée.

Le dimanche 23, à midi, je descendis du car qui m'amenait d'Angoulême à La Rochefoucault. En traversant la petite ville, ma mallette à la main, il me semblait bien que les habitants, sur le pas de leur porte, me considéraient comme une bête curieuse. Mais quoi ! on avait encore bien le droit de voyager !

A l'auberge que l'on m'avait indiquée, à l'extrémité de la ville, la femme leva les bras au ciel dès que je lui demandai un passeur pour m'aider à gagner la zone libre.

- Un passeur ! Mais, mon pauvre monsieur, on en a arrêté onze ce matin et mon mari avec ! Et aussi une trentaine d'hommes qui, comme vous, venaient par ici avec un petit bagage dans l'intention de passer de l'autre côté. Je me demande même comment vous avez pu arriver jusqu'ici. A peu près sûr, cette fois, que vous ne pourrez pas retraverser la ville ! Il vaut mieux que vous partiez d'ici tout de suite.

- Madame, si je dois me faire prendre en repartant, ce n'est pas la peine que je tente l'expérience. Je veux partir en avant et je vais aviser de ce que je peux faire. En attendant, puisque chez vous c'est un restaurant, je vous demande de bien vouloir me servir à déjeuner.

La femme parut médusée de ce que, devant cet orage amoncelé sur tout ce qui était clandestin dans la petite cité, j'émette la prétention de manger.

- Ah ! bien, alors ça ! Bon ! Je vais vous servir.

Dire que j'avais bien faim serait inexact. Mais je me forçai à manger. Dans un coin, un jeune homme de vingt-sept à trente ans m'observait depuis un moment. Lorsque j'en fus au café - un jus national - il se décida :

- Vous désirez passer de l'autre côté, monsieur ?
- J'y tiens absolument.
- La chose est très difficile et, avec votre valise, vous vous ferez immédiatement repérer.
- N'importe comment, il faut que je passe.
- Puis-je vous faire une proposition ?
- Je vous écoute.
- Je suis « frontalier ». J'habite ici à côté, dans le secteur libre, mais j'ai un laissez-passer qui me permet de franchir la ligne. Si, moi, je porte votre valise sur ma bicyclette, on ne me demandera rien et vous, les mains dans les poches, comme un promeneur, vous avez beaucoup de chance de vous en tirer.

Ma valise ? Elle ne contenait pas grand-chose et, d'ailleurs, qu'est-ce que cela, quand votre peau est en jeu !
- D'accord. Marché conclu. Dites-moi ce que je dois faire.
- Vous irez devant, sur la route, là, tout droit. A deux kilomètres environ, en haut de la côte, vous trouverez sans doute les gendarmes allemands. Faites comme si de rien n'était. Ils vous prendront sans doute pour quelqu'un du coin et vous passerez. Sitôt après, je vous ferai franchir la ligne de démarcation.
- Entendu. Je pars de suite.

Tout se passa comme prévu. En cette belle après-midi de mars, les promeneurs étaient nombreux. Un de plus ou de moins, cela ne se remarquait pas et les deux gendarmes allemands que je vis en haut de la côte ne prirent nullement garde à moi.

Mon guide me rattrapa bientôt et, après avoir fait une courte halte en sa petite demeure tapie au milieu des bois, entreprit de me faire franchir la ligne à travers la futaie épaisse et les marécages où l'on s'enfonçait jusqu'au-dessus de la cheville. A sept heures du soir, j'étais à Chasseneuil, en France libre !

C'est ainsi que Jean Soumagne, forestier au hameau des Houillères, près La Rochefoucault, me tira du guêpier dans lequel je m'étais fourvoyé en arrivant presque au but.

Je n'ai jamais revu cet homme. J'ignore complètement ce qu'il est devenu. Si ces lignes lui tombent un jour sous les yeux, qu'il y trouve l'expression de la gratitude de l'inconnu qu'il a si complaisamment aidé en des circonstances difficiles.

III. Premiers contacts avec la zone dite libre

Quinze jours après avoir franchi la ligne de démarcation, j'élisais domicile à Pau. De la capitale du Béarn, je pouvais me rendre facilement à Castétis, petit village des basses Pyrénées, situé juste sur la ligne de démarcation, avant Orthez. Là, j'avais retrouvé une honorable institutrice du Nord, madame Leleu, qui s'était repliée devant l'avance allemande. Par son truchement, grâce au courrier qu'astucieusement elle allait déposer à la poste d'Orthez, en zone occupée, je pus reprendre contact avec mes amis restés à Lille.

Là-bas, tout n'allait pas pour le mieux. Les recherches ayant pour but de s'emparer de moi n'avaient pas cessé et plusieurs de mes amis avaient été sérieusement inquiétés. Bientôt, la position de madame Delattre devint intenable et elle ne tarda pas à fuir son Nord natal. Le 2 juillet, elle arriva à Castétis, par Orthez. C'est un vieux douanier allemand, qui semblait beaucoup moins apprécier la guerre déclenchée par son *Führer* que la bouteille qui lui fut offerte pour ce service, qui fit franchir la ligne de démarcation à la jeune institutrice.

A Pau, il était presque impossible de se faire des relations intéressantes, susceptibles de nous procurer des contacts efficaces. J'étais un inconnu et les gens se méfiaient de tout, surtout dans les milieux bourgeois, fort fermés. D'ailleurs, il convenait de ne pas commettre d'imprudence, car les Vichyssois étaient nombreux.

Madame Delattre, qui avait reçu l'hospitalité de son amie madame Leleu, à Castétis, m'avait mis au courant des faits m'intéressant directement, qui s'étaient produits dans le Nord.

Non seulement la police allemande avait établi des barrages aux portes de Béthune à Lille, mais elle avait fait surveiller les domiciles de mes amis qui, eux-mêmes, étaient souvent suivis lorsqu'ils sortaient. Cette surveillance avait duré des semaines et des semaines. Je n'aurais vraiment jamais cru présenter un tel intérêt !

Lorsque la famille de Charles Ménard fut arrêtée, voici comment les choses se passèrent : d'une voiture stoppant brutalement devant la maison du garagiste, des hommes bondirent qui envahirent l'immeuble en quelques secondes.

- Où est-il ? Où est « le grand » ?

Le grand, c'est ainsi que l'on me désignait chez Ménard.

- Legrand ? Connais personne portant ce nom, répondit tranquillement Charles Ménard.
- C'est faux ! Il vient souvent chez vous. Tous les jours !

Et il entra dans la cuisine comme s'il était chez lui.
- Messieurs, je vous assure que je n'ai aucun ami ni client qui s'appelle Legrand.
- C'est bon, on va voir. Fouillez toute la maison, ordonna le chef, cramoisi de fureur.

Tout y passa. Les meubles furent vidés, les papiers et les photos compulsés et, naturellement, les sbires ne trouvèrent rien.
- Suivez-nous, monsieur. Et madame aussi, et votre fils.

Charles Ménard eut le temps de glisser aux siens :
- Surtout, il ne faut rien dire.

Au siège de la *Gestapo*, l'interrogatoire dura longtemps, longtemps. Les menaces violentes alternaient avec les plus pathétiques accents de la persuasion. Charles Ménard resta impassible, sa défense ne varia pas :
- Je ne connais pas de Legrand, je ne sais pas de quoi vous voulez me parler.
Quant au jeune Marcel Ménard, il ne céda en rien, pour le cran, à son père, et ce ne fut pas la menace d'un revolver constamment appliqué entre ses yeux qui le fit fléchir. Brave gosse ! Quel beau courage, à seize ans !

Le samedi matin, le père et le fils furent remis en liberté. C'est alors que, évitant de venir lui-même me trouver, Charles Ménard me fit prévenir par une parente de mademoiselle Delebois. Madame Ménard, elle, ne sortit de là que plus tard. Si les policiers ennemis avaient cru avoir plus facilement raison d'une femme, ils s'étaient trompés. L'épouse du garagiste était digne de son mari et elle berna proprement ces brutes imbéciles qui avaient la prétention de jouer les Sherlock Holmes.

Les Allemands revinrent souvent, presque quotidiennement, chez Ménard, mais cette fois avec un air patelin qui les rendait encore plus odieux aux courageux commerçants. La surveillance avait pris une forme plus souple.

Et madame Delattre m'apprit alors ce qu'il fallait bien qu'elle me dise, mais qu'elle avait réservé pour le dernier moment, tant elle jugeait la chose difficile et pénible : si les Allemands avaient mis une réelle obstination à me trouver, et ce sans résultat pour eux, aucun moyen n'avait été négligé pour y arriver. Leur digne collaboratrice, la femme Rose, avait fait rendre contre moi, par le tribunal d'Arras, une condamnation par défaut, sous le prétexte le plus fallacieux qui soit, en se portant personnellement partie civile !

Elle avait eu probablement la tâche facilitée par certaines personnes de Lille, fort suspectes, qui firent le voyage d'Arras pour s'occuper spécialement de moi… et vraisemblablement indiquer en quel endroit l'on avait des chances de me trouver.

Ainsi, la police française, qui avait alors mission de m'arrêter, aurait, en ce faisant, joué inconsciemment le rôle de pourvoyeuse de la *Gestapo*, qui n'aurait pas tardé à me réclamer.

Je fus un instant « assommé » par cette nouvelle et il m'était impossible d'aller me justifier sans me remettre entre les mains de l'ennemi.

Lorsque, après la Libération, le tribunal révisa cette affaire, mes avocats, maître Nux d'Auch et maître Dauthelle d'Arras, eurent la surprise de ne trouver au dossier aucune pièce qui, à l'époque, aurait pu normalement entraîner cette condamnation. Je n'avais que le tort d'avoir fait défaut à l'audience, et pour cause !

J'anticiperai en disant de suite que le président du tribunal qui rejugea l'affaire déclara qu'il ne trouvait absolument rien qui pût justifier la moindre action judiciaire contre moi et, au contraire, il établit un parallèle entre l'action que j'avais menée pendant la guerre et celle de mon accusatrice, qui avait tout de même été condamnée pour collaboration… « économique » (!) avec l'ennemi. Le procureur de la République se leva pour dire qu'il ne pouvait d'aucune façon requérir contre moi et c'est ainsi que je fus relaxé de toutes poursuites dans cette affaire infamante montée de toutes pièces par la femme Rose et ses amis Boches et pro-Boches.

Certains journaux, supprimés à la Libération, avaient, tel le *Grand Echo du Nord* en 1941, monté cette affaire en épingle. Ceux qui, aux côtés de la Rose, jouaient contre moi la carte allemande, avaient trouvé des journalistes assez souples pour faire publier des articles nettement susceptibles de me discréditer, affirmant, pour étayer l'accusation, que j'avais disparu de la région depuis avril 1940. Or, on a vu que, jusqu'au jour de l'invasion, j'étais sans cesse resté sur place et que, mieux, dès mon retour dans la ville au début de juin 1940, j'avais pris quelques consommations chez mon accusatrice « en compagnie de trois personnages officiels »[1].

Lors de la révision du procès, après la Libération, je crus utile de démontrer au tribunal sur quelles arguties avait été basée l'accusation portée contre moi. Pour ce faire, je demandai le témoignage de B., l'un des trois hommes qui s'étaient trouvés avec moi au café Rose. Mais celui-ci rétorqua qu'il cherchait sa tranquillité et qu'il ne voulait plus se mêler de rien, qu'il ne pourrait témoigner et que ses compagnons feraient certainement comme lui !

Ainsi donc, il était impossible d'obtenir le moindre témoignage *impartial* de ces fonctionnaires dont le rôle aurait été cependant d'aider, d'éclairer la justice en son action ! Durant les années terribles qui venaient de s'écouler, j'avais vu trop de couards et de finassiers pour être surpris par une telle attitude, mais c'est toujours avec un peu d'écœurement que je pense et suis obligé de faire allusion à ceux qui marchandent la vérité.

---

1. Voir page 22.

Aujourd'hui encore[1] il m'arrive, lorsque j'établis ma fiche dans un hôtel, d'être interpellé par la police qui, décidément, met beaucoup de constance à garder mon nom sur une fiche rouge, alors que depuis plusieurs années la fiche de cessation de recherches aurait dû l'en faire sortir. Ce qui a fait dire à un ami qui m'accompagnait un jour où cette aventure m'arriva que certains fichiers étaient décidément mal tenus, chose bien vexante pour ceux qui n'avaient été condamnés sous l'Occupation que parce qu'ils avaient fait leur devoir.

J'ai dit que cette nouvelle, lorsqu'elle me fut rapportée, m'avait un instant assommé. Mais cette défaillance ne fut que de très courte durée et, au contraire, si j'avais eu besoin d'un stimulant, cette aventure n'aurait que plus vivement contribué à me faire déployer, avec mes maigres moyens, tous mes efforts pour la libération.

Dans l'impossibilité de reprendre ses fonctions dans le Nord sans encourir un mortel danger, madame Delattre avait demandé à l'inspection académique de Lille l'autorisation d'exercer en zone non occupée. Ce qui lui fut immédiatement accordé. Mais encore fallait-il trouver un poste en France libre. C'est à Tarbes que la jeune institutrice fit sa première démarche. Elle exposa franchement son cas à l'inspecteur d'académie qui exerçait là en 1941. Mais cet homme était d'une curiosité qu'avec juste raison, en ces temps troublés, l'on pouvait considérer comme anormale.

- Comment s'appelle celui que vous avez aidé ? Où est-il en ce moment ? etc.

- Monsieur l'inspecteur, vous devez comprendre que ce sont là des questions auxquelles il ne m'est pas possible de répondre.

- Si vous n'avez pas confiance en moi, je ne vois pas pourquoi j'en aurais en vous.

- Il s'agit là d'un secret qui ne m'appartient pas, monsieur, et je ne peux rien vous dire de plus que ce que je vous ai rapporté.

- C'est bien. Je verrai *tout de même* à vous octroyer un poste.

Mais les jours et les semaines passèrent et, le 4 octobre, alors que la rentrée des classes s'était effectuée le 1er, madame Delattre n'avait toujours pas de poste ! Téléphonant à Tarbes, il lui fut purement et simplement répondu qu'il n'y avait rien pour elle !

C'est alors que, se rendant à Auch, elle exposa à nouveau son cas à l'inspection académique du Gers. Là, elle devait trouver des fonctionnaires compréhensifs, véritables Français, qui, sans l'ombre d'une hésitation, lui confièrent le petit poste de Castelnau-sur-l'Auvignon, à huit kilomètres de Condom.

Peu après, je m'installai moi-même à Agen, où je n'allais pas tarder à pouvoir m'occuper activement et efficacement.

---

1. L'auteur écrit ces lignes vers 1947. NDLR.

IV. Réseau Victoire

C'est à Agen, « la ville des fruits », qu'il fut possible de constituer quelque chose de véritablement positif, une organisation qui serait le point de départ de multiples ramifications s'étendant sur toute la région Sud-Ouest et même, ainsi qu'on le verra, bien au-delà de la zone non occupée.

Dans le chef-lieu du Lot-et-Garonne, il était une imprimerie effectuant un peu tous les genres de travaux, y compris l'impression de journaux qui, cela va sans dire, étaient, comme tous ceux de l'époque, plus ou moins collaborationnistes. Souvent plus que moins. C'est là, chez Sainte-Lanne, que je trouvai un modeste emploi d'imprimeur, partie que je connaissais fort bien pour avoir dirigé avant guerre d'importantes maisons d'art graphique. C'était pour moi, outre un appoint sérieux à mes moyens d'existence, une couverture de premier plan et, peut-être, la possibilité de rendre des services pour lesquels l'imprimerie est indispensable.

Le 150e régiment d'infanterie avait ses effectifs répartis en trois garnisons : Cahors, Marmande et Agen. C'est dans cette dernière ville que se trouvait son état-major. C'est là aussi que j'entrai rapidement en relation avec certains éléments des cadres de ce beau régiment.

Le sergent-chef Pierre Wallerand était un grand garçon de vingt-cinq ans environ, d'allure sportive et, ce qui ne gâtait rien, fort intelligent. Ce fin Picard s'était conduit en héros lors de la campagne de 40 et, au régiment, l'on citait encore en exemple ses brillants faits d'armes. Ce fut par lui que mes rapports s'établirent avec les militaires de la garnison.

Puisque Wallerand était comme moi un homme du Nord, il était normal que nous sympathisions rapidement. A remâcher notre rancœur, nous arrivâmes bien vite à conclure qu'il fallait « faire quelque chose ».

C'est à Pâques 1942 que furent jetées les bases d'une organisation sérieuse de Résistance, capable de prendre immédiatement les armes contre l'envahisseur en cas de débarquement des Alliés. Wallerand était en congé pour quelques jours et, tous deux, nous étions partis à Castelnau-sur-l'Auvignon. D'Agen, cela faisait quarante kilomètres que l'on tirait à bicyclette. Toute la journée, au cours de nos promenades dans la campagne, notre conversation roula sur le sujet qui nous tenait tant à cœur et, le soir, madame Delattre, se retirant pour la nuit chez le maire du village Roger Larribeau, nous abandonna son appartement et aussi… quelques bouteilles de ce petit vin du pays qui réveillerait un mort. Le lendemain matin, il n'y avait plus de vin, mais nous avions établi un plan concret. Wallerand, qui connaissait bien ses collègues du 150e RI, enrôlerait parmi eux les éléments les plus sûrs pour former la base de l'organisation que nous voulions constituer.

En opérant ainsi, nous nous assurions l'avantage considérable d'avoir de suite à notre disposition des cadres habitués au maniement des armes. Ces sous-officiers avaient tous, ou presque tous, fait la campagne de 40. Ils étaient aguerris et généralement fort aimés de leurs subordonnés dont ils connaissaient presque toujours, homme par homme, la pensée intime. Ils pouvaient presque instantanément entraîner à leur suite, pour la bonne cause, une troupe nombreuse et disciplinée qui, chose essentielle, était relativement bien armée.

Le recrutement, bien qu'effectué avec toute la prudence qui s'imposait, donna vite des résultats appréciables et, dans le courant de l'été, l'adhésion d'une trentaine de sous-officiers laissait augurer, rien qu'à Agen, la participation au mouvement de quelque deux cents hommes armés. A Marmande et à Cahors, un travail similaire avait été fait avec succès. A la fin août, la première réunion -clandestine bien entendu- de ces militaires jeunes et ardents qui ne demandaient qu'à combattre pour la libération, consacrait la constitution du mouvement de résistance *Victoire*.

C'est parmi ces sous-officiers du 150e RI que l'on trouvait des hommes qui jouèrent plus tard un rôle important dans la campagne de France en 1944. Si *Victoire* était à l'origine un groupement militaire, il ne tarderait pas à déborder sur l'élément civil. Le jeune sergent Maurice Dupont, qui avait été un brillant combattant en 40, avait fait la connaissance d'un fonctionnaire alsacien replié à Agen. De ses contacts avec cet homme qui avait refusé de vivre côte à côte avec l'Allemand, il avait acquis la certitude qu'il avait affaire à un ardent patriote. C'est ainsi que je fus amené à rendre visite à Maurice Jacob, chef de division à la préfecture du Haut-Rhin, replié en Lot-et-Garonne avec son administration. Maurice Jacob dirigeait ici le service des réfugiés.

Figure remarquable, franche, honnête, reflétant une intelligence supérieure, Maurice Jacob faisait naître spontanément chez qui le rencontrait une atmosphère de chaude sympathie que la suite des relations ne faisait que renforcer. Autour de lui, dans son service, lorsqu'on prononçait le nom de Maurice, c'était avec admiration. Pour lui, ses subordonnés, qu'il avait su choisir, étaient ses amis. Pour eux, c'était un chef en qui les Alsaciens farouchement Français mettaient leur confiance, leur espoir de participer un jour à la lutte libératrice, à ses côtés, sous son impulsion, sous ses ordres.

Un soir, chez Maurice, je fis la connaissance de la plupart de ses hommes : Lavalette, Meisterman, Paul Blazy, Marco Diener et d'autres. Ils me dirent leur volonté de combattre le Boche, partout et n'importe comment, pour rentrer librement dans leur petite patrie délivrée du joug odieux. Je leur fis alors connaître l'existence d'un groupement dans lequel, aussi, l'on ne comptait que des hommes qui voulaient se battre pour chasser l'envahisseur. Après leur avoir fait sentir tout le danger d'adhérer et de travailler au sein d'une pareille organisation clandestine, je leur demandai s'ils pouvaient, eux, tous les Alsaciens et Lorrains chassés de leurs foyers, se grouper pour former l'élément civil de notre association. Ils furent unanimes :

- Nous le ferons ! et Maurice sera le chef. C'est lui, désormais, que vous verrez pour toutes les questions nous concernant.

- Fort bien. Et de combien d'hommes croyez-vous pouvoir disposer en cas d'action contre les Allemands ?

- Pour l'instant, nous ne recruterons que quelques éléments sûrs dont nous aurons besoin pour former nos cadres. Mais, dès que le moment sera venu, presque tous les Alsaciens et Lorrains qui se trouvent encore en Lot-et-Garonne - ce sont eux qui n'ont pas voulu rentrer vivre avec les Boches - se rangeront à nos côtés.

- Et cela fait combien d'hommes ?

- Environ trois mille.

Trois mille hommes ! L'appoint était sérieux pour le groupement *Victoire*. Mais un problème difficile à résoudre à cette époque allait se poser : comment armer un pareil effectif ?

V. Le ciel nous aidera

Le groupement *Victoire*, en cette fin d'été 1942, semblait bien être, dans la région, avec ses effectifs, ses cadres et l'armement militaire dont il aurait pu disposer, le mouvement de résistance le plus puissant. Mais il lui manquait, comme à la plupart des organisations similaires à l'époque, le lien qui permettrait de développer son action : la liaison directe avec l'état-major de Londres. Ses dirigeants étaient certains de pouvoir un jour prochain établir le contact tant recherché, mais les agents du grand quartier général interallié se rencontraient moins facilement que les sbires de la *Gestapo* ou de la police de Vichy.

Un dimanche matin, une réunion de tous les dirigeants des associations de résistance de la région eut lieu à Agen, chez un directeur d'école laïque. Il y avait là des représentants de *Combat*, *Franc-Tireur*, *Libération*, etc., Wallerand et moi pour *Victoire* et un certain Verdal, qui se disait agent du deuxième bureau de Londres. Ce fut ce dernier qui présida la séance d'où il me semble, aujourd'hui encore, qu'aurait pu sortir alors l'unification des mouvements de Résistance dans le chef-lieu du Lot-et-Garonne.

- Ici, nous jouons le jeu, déclara péremptoirement Verdal. Celui qui trahit sera immédiatement « liquidé » et, si nous ne le trouvons pas, nous nous en prendrons même à sa famille !

Vis-à-vis des hommes qui se trouvaient là il n'était peut-être pas nécessaire de tenir pareil langage qui, de surcroît, avait pour eux quelque chose d'insultant. L'on procéda à une sorte de dénombrement des effectifs et certains chefs d'organisation ne furent pas précisément modestes. Quant aux armes, elles s'avéraient à peu près inexistantes : une ou deux vieilles « pétoires », un peu plus de pistolets et révolvers de calibres et modèles bien divers, depuis le système à barillet jusqu'à l'automatique… 6,35, et peu, sinon aucune mitraillette. D'armes lourdes, personne ne put déclarer en détenir. Seul, en cas de nécessité, le groupement *Victoire* aurait été capable d'entrer en lice avec l'excellant matériel du 150e RI.

En résumé, beaucoup de bonnes volontés, mais presque pas de moyens et surtout, jusqu'à présent, un manque de cohésion. Il fut décidé que *Victoire* fournirait éventuellement aux autres associations les cadres dont elles pourraient avoir besoin dans les futurs combats, chacun toutefois gardant son autonomie absolue. En principe, les résolutions importantes seraient également prises en commun et, pour l'instant, chacun s'abstiendrait de faire la moindre démonstration capable de révéler l'existence d'une opposition sérieuse à l'ennemi ou au Gouvernement de Vichy.

Verdal avait bien fait allusion à des armes qui viendraient un jour, à des instructions précises qui émaneraient de Londres, mais il fallait se rendre à l'évidence : jusqu'à présent rien n'avait été fait et il n'était pas difficile de constater qu'il n'y aurait aucun contact suivi avec le grand quartier général des forces alliées ou de la France libre. Au sortir de cette réunion, Wallerand et moi-même décidâmes de trouver coûte que coûte ce lien qui nous rattacherait aux services de Londres, sans lesquels nous ne serions restés qu'un groupement de gens de bonne volonté mais incapables de quelque action d'envergure coordonnée avec les opérations des forces alliées. De plus, l'adhésion des Alsaciens-Lorrains réfugiés dans la région nous mettait dans l'obligation impérieuse d'obtenir rapidement des armes. Partout, en tous lieux, dans tous les milieux, les moindres paroles, les actes les plus bénins étaient observés par les hommes de *Victoire*. Il fallait trouver un mot, un geste, qui nous mettrait sur la piste ! Ce fut un mutilé de la campagne de 1940, le sous-officier Larigaudière, qui saisit le fil.

Se trouvant chez des amis, il y entendit parler de terrains assez vastes, plats, bien dégagés, pas trop proches des habitations, qui seraient recherchés par certaines personnes. Hum ! toutes ces conditions requises pour des terrains à la campagne, ça ressemblait furieusement à ce qu'aurait lui-même voulu Larrigaudière si on lui avait demandé de trouver un endroit propice à effectuer l'un de ces parachutages dont on commençait à entendre vaguement parler sous le manteau. Chargé d'approfondir la chose, le sergent Maurice Lefebvre et Larrigaudière reçurent rapidement la confirmation que ce que nous soupçonnions était exact quant à la destination des terrains recherchés. Et c'est ainsi que, par l'entremise de monsieur Leurquin, chargé d'affaires de Belgique à Agen, nous entrâmes en rapport avec « Rodolphe », qui n'était autre que le capitaine Henri Sévenet, des Services secrets du Grand quartier général interallié. « Rodolphe », grand garçon sportif de vingt-six ans, venait d'arriver d'Angleterre. Il avait été parachuté quelques semaines auparavant et il tentait maintenant de s'assurer la collaboration d'hommes sûrs et énergiques, capables de constituer des noyaux de résistance qui auraient leur rôle à jouer plus tard, lorsque l'heure serait venue de bouter dehors l'envahisseur. Pour l'instant, il ne s'agissait que de réunir quelques hommes d'une discrétion absolue pour recevoir les parachutages d'armes que Londres envoyait.

Wallerand eut une première entrevue avec « Rodolphe » et celui-ci fut séduit par l'organisation du mouvement *Victoire*, qui assurait une sécurité relativement grande, puisque le cloisonnement qui avait été pratiqué ne permettait pas à l'adhérent du deuxième échelon de connaître les noms des chefs. Et la sécurité était un atout d'importance dans le jeu serré qu'il faudrait jouer. Rentrant quelques jours plus tard à Agen, j'eus le plaisir de faire moi-même la connaissance de cet inconnu qui nous était déjà si cher, puisqu'il venait de « là-haut ». Son impression sur le groupement *Victoire* avait été excellente et il allait préparer quelques opérations aériennes capables de nous procurer l'armement qui manquait pour les amis de

Maurice Jacob, les Alsaciens-Lorrains. Dès que je lui eus expliqué comment j'avais été amené à chercher refuge dans le Sud-Ouest, Sévenet me dit :
- Mon vieux, cela, c'est le passé. Là-haut, tout a été changé, rénové. Maintenant il ne te reste plus qu'à repartir. Si tu acceptes, tope là. Tu es des nôtres.

Une vigoureuse poignée de mains scella l'accord.
- C'est bien. Je vais à Lyon avertir le patron et prendre mes dispositions pour obtenir un premier parachutage. Je serai de retour dans quelques jours.

Une semaine ne s'était pas écoulée qu'en effet « Rodolphe » revenait.
- Le patron est d'accord sur toute la ligne. Un parachutage est demandé pour samedi prochain. Nous obtiendrons confirmation de l'opération par un message diffusé le soir sur les antennes de la BBC, dans les messages personnels de la France libre, libellé ainsi : *« Victoire embrasse Joseph »*.

Pour recevoir un parachutage, il fallait un terrain propice, de dimensions suffisantes, non boisé et surtout assez éloigné de toute agglomération mais avec, à proximité, un endroit où l'on puisse de suite cacher le matériel reçu. Pour nous, qui ne connaissions pas encore très bien cette Gascogne dans laquelle nous allions opérer, où trouver un endroit plus propice, réunissant aussi bien les qualités requises, qu'à Castelnau-sur-l'Auvignon, le petit village où madame Delattre exerçait maintenant sa profession d'institutrice ? Accompagné de Wallerand, je rendis visite à la jeune femme à qui nous exposâmes notre projet. Elle accepta d'enthousiasme de nous aider et mit sa maison à notre entière disposition. Mais cette aide, pour aussi précieuse qu'elle fût, ne pouvait nous suffire. Il nous fallait aussi, sur place, quelques hommes, des « cachettes » favorables et nous voulions opérer sur le terrain d'un propriétaire qui nous aurait donné préalablement son accord.
- Allez donc voir le maire, nous dit madame Delattre. Je le connais maintenant très bien, vous pouvez lui parler franchement.

Roger Larribeau ne manifesta aucune surprise lorsque nous lui exposâmes ce que nous attendions de lui.
- Mais ma maison, mes granges, et moi-même, tout est à votre disposition. Faites comme bon vous semblera. Les terrains propices aux parachutages ne doivent pas manquer par ici. Pour ma part, j'en ai quelques-uns qui pourraient peut-être faire votre affaire, mais mon ami « Pino » en a de beaux et je suis sûr qu'il sera heureux d'être avec nous.

« Pino » ? C'était Joseph Novarini, un modeste cultivateur. Il bondit presque de joie lorsque nous nous ouvrîmes à lui.
- Bien sûr que vous pouvez compter sur moi ! Sur moi et tout ce qui est à moi !
- Merci « Pino ». On nous avait bien dit que vous et Roger Larribeau étiez de grands cœurs, de vrais Français.
- C'est bon, ça va ! Et c'est pour quand ce parachutage ?

Quelle impatience, grands dieux !

- Pour bientôt, mon vieux « Pino ». Pour très bientôt.

Ce samedi-là, vers deux heures de l'après-midi, accompagné de « Rodolphe » et de Maurice Lefebvre, je quittai Agen à bicyclette pour aller à Castelnau-sur-l'Auvignon. Wallerand et ses amis du 150e RI viendraient, le soir, nous rejoindre chez l'institutrice du petit village. C'est dans la maison d'école que nous attendrions l'heure de nous rendre sur le terrain pour y recevoir les précieux colis qui devaient arriver d'outre-Manche. Madame Delattre avait préparé un réconfortant repas qui devait nous remettre des fatigues de la route. Quelques rasades d'armagnac allaient nous aider à supporter la fraîcheur nocturne. A onze heures du soir, tout le monde partit pour le terrain choisi. Chacun se vit assigner son poste par Sévenet. L'on disposa trois lampes rouges en triangle -un triangle de cent mètres de côté- et une lampe blanche, placée à la pointe du vent, donna en morse l'indicatif convenu, la lettre *R*. Un groupe d'hommes se tenait en retrait, dans l'ombre de la haie, prêt à la réception.

Hélas ! ce soir-là, l'attente fut vaine. Le temps était peu favorable, le ciel couvert. A trois heures du matin, la lune disparut. Il n'y avait plus qu'à rentrer.

- Ce sera pour demain, dit « Rodolphe ».

Et, après un copieux petit-déjeuner servi par l'institutrice, les militaires repartirent pour Agen où ils reprirent leur service, comme si de rien n'était.

Trois jours de suite, ils revinrent ainsi, presque sans dormir, soutenus par l'espoir de réaliser une première opération. En vain ! Le beau temps n'était pas de la partie et les hommes qui attendaient n'eurent pas la satisfaction de manier les lourds containers d'armes. La déception était grande, mais l'espoir d'être plus heureux une prochaine fois restait vivace.

«Victoire embrasse Joseph », le message prometteur, fut encore radiodiffusé plusieurs fois par Londres. Chaque fois, je partis précipitamment pour Castelnau où Roger Larribeau et Novarini me tinrent compagnie, la moitié de la nuit, sur le terrain. Vainement. Il n'y eut pas plus de résultats que la première fois. Cependant, en Lot-et-Garonne, et débordant même sur les départements limitrophes, les groupements que nous avions constitués avaient pris de l'ampleur. Il fallait absolument des armes.

- La première opération a été remise pour des raisons que j'ignore, dit Sévenet. Mais ayez confiance. Le ciel nous aidera ! Je vais examiner cela avec le patron. Je reviendrai très bientôt.

VI. Occupation allemande et infiltration alliée

A Agen, l'organisation de Résistance *Victoire* s'était singulièrement étendue. Chez les militaires, elle comptait maintenant des adhérents à la base aérienne et des éléments civils étaient venus, parallèlement au mouvement de Maurice Jacob, se rattacher à l'association mère. En Gironde, le sergent Maurice Dupont avait fait des adeptes à La Réole et dans les environs. En Dordogne, c'est l'adjudant Fernand Gaucher qui avait fait un recrutement sérieux. Tout cela parfaitement cloisonné, étanche, les différents groupes s'ignorant entre eux. Mais, partout, il fallait faire face au même leitmotiv : « *quand nous donnerez-vous des armes ?* »

Le voyage de « Rodolphe » à Lyon avait pour but d'apporter rapidement une solution à cet angoissant problème. Mais, pendant le séjour de notre ami dans le Sud-Ouest, des événements importants s'étaient déroulés là-bas, dans la capitale des « soyeux ». Joseph (le patron) avait été arrêté ainsi que la plupart de ses amis et l'équipe de tête se trouvait ainsi complètement désorganisée. Les arrestations avaient été opérées par la police française agissant pour le Gouvernement de Vichy. C'est le lieutenant de « Rodolphe », « Gontrand », qui vint à Agen nous faire part de cette « tuile ». Il fallait attendre quelques jours que l'orage soit passé, après quoi, avec une prudence accrue, l'on pourrait reprendre le travail. Effectivement, le 9 novembre, « Rodolphe » revint à Agen.

- Ça va très mal, à Lyon. La plupart de nos amis ont été arrêtés, mais j'ai pu retrouver une autre équipe possédant un poste émetteur. La liaison n'est donc pas coupée et l'on continue le travail. En ce début de novembre 1942, il n'était plus question, en zone sud, que d'une nouvelle poussée des Allemands qui allaient envahir la France libre et particulièrement les côtes de la Méditerranée, pour faire le pendant à l'occupation de l'Afrique du Nord par les Américains. A Agen, toutes les conversations avaient trait aux divisions blindées massées à Langon, sur la ligne de démarcation, à quelque cent kilomètres de là. Il était probable que l'on n'allait pas tarder à les voir ! Au 150e RI, l'on vivait en pleine fièvre. Que convenait-il de faire ? Certains parlaient d'engager le combat, d'autres de tenter, par les Pyrénées et l'Espagne, de rejoindre l'Afrique du Nord ou l'Angleterre. Plus calmement, certains préconisaient d'attendre la suite des événements.

- Ne bougez pas conseilla « Rodolphe ». Londres n'a donné aucune instruction pour mener maintenant une action armée. Nous n'aurions donc pas de chances d'être soutenus. Attendons. Une grande réunion des cadres du 150e RI appartenant à *Victoire* se tint au café des Arcades, près de la caserne Lacuée. Les conseils de prudence avaient calmé les plus excités, mais l'idée de se battre ne réunit qu'une faible minorité des voix, les militaires ne voulaient cependant pas se laisser prendre comme dans une souricière et la version qui prévalut alors fut qu'il fallait partir, quitter le quartier avec tout le matériel qu'il était possible d'emmener, cacher ce matériel dans la campagne et ensuite se disperser. Ce point de vue réunissait à peu près l'unanimité, mais Wallerand ne s'y rallia pas :

- Nous ne pouvons faire cela. Réfléchissez à la situation dans laquelle nous nous mettrions : désertion en masse compliquée de vol de matériel de guerre. Je ne peux croire que nos chefs nous laisseraient, passivement, prendre par les Allemands. Il faut attendre !

Vives discussions, d'où, finalement, ne sortit aucune décision. Vingt-quatre heures se passèrent en échanges de vues, en réunions animées et, vraisemblablement, il allait être décidé que le maximum de matériel serait enlevé et camouflé quand... les Allemands arrivèrent, coupant court à toute velléité de fuite !

- Impossible de mener une action en force, m'avait dit « Rodolphe ». Mais il faut faire autre chose : tu devrais aller jusqu'à Limoges ; dans un petit village des environs, tu y trouveras la demeure de « Gauthier ». C'est notre chef à tous en zone non occupée. Lui possède des explosifs. Il faudrait en ramener une charge suffisante pour aller ensuite, avec quelques amis, faire sauter l'embranchement ferroviaire de Capdenac. C'est une opération qui m'a été demandée par Londres.

Ceci se passait le 9 novembre au soir.

- C'est bien. Après-demain, je serai à Capdenac avec le matériel nécessaire.

Je désignai deux hommes du 150e à Agen, qui me rejoindraient là-bas avec trois collègues de Cahors. Je comptais partir le lendemain pour Limoges. Hélas ! le 10 novembre, les trains ne circulaient plus. L'invasion de la zone sud par les Allemands était déclenchée et tout trafic sur les grandes lignes était interrompu, sauf pour l'envahisseur. Cette circonstance, toutefois, devait me sauver, car « Gauthier », le chef chez qui je devais me rendre dans le Limousin (de son vrai nom le commandant de Saint-Paul), venait à son tour d'être arrêté par la police française et, vraisemblablement, je serais tombé dans le traquenard tendu à son domicile. Tous ces hommes et femmes de l'organisation, « Joseph » (Aaron) et ses amis, ainsi que le commandant de Saint-Paul, furent condamnés par un tribunal lyonnais à des peines diverses allant de la prison à temps aux travaux forcés à perpétuité. Ils furent considérés comme inculpés de droit commun et la sentence fut prononcée contre eux, pour *« participation à association de malfaiteurs »*. Ceux qui ne furent pas arrêtés, mais dont les noms étaient connus, se virent eux aussi gratifiés d'une condamnation qui les frappait par défaut. Le jeu qu'ils avaient à jouer devenait extrêmement serré. Le Boche n'était plus le seul ennemi. Lorsque les Allemands entrèrent dans Agen, je quittai définitivement l'emploi que j'occupais à l'imprimerie de *l'Agenais*. Il était maintenant nécessaire que j'aie la liberté totale de mes mouvements. De plus, j'avais tiré de mon passage dans cette maison tous les avantages que je pouvais en attendre pour l'instant : j'avais en ma possession de nombreuses fausses cartes d'identité en blanc, d'une imitation parfaite. Toutes avaient été tirées clandestinement sur les presses de la Maison Saint-Lanne, à l'insu de ce dernier, bien entendu. Mon séjour dans cette imprimerie m'avait en outre permis de me créer quelques amitiés parmi le personnel. Ces relations devaient être bientôt extrêmement précieuses à notre organisation : Hélène Falbet, jeune femme d'un prisonnier, accepta immédiatement d'héberger nos nouveaux amis tel que « Rodolphe » qui, lorsqu'ils étaient de passage à Agen, ne pouvaient sans risques descendre dans un hôtel. On verra par la suite quel rôle dangereux elle joua et quelle sorte d'officine des services secrets devint la maison qu'elle occupait -et mettait si gracieusement à notre disposition- 3, rue de Cessac.

Le 11 novembre 1942 les colonnes allemandes déferlaient à travers Agen, sous un ciel morose, que la grisaille des uniformes de la *Wehrmacht* rendait encore plus triste. Ce jour-là, je m'en allai à Castelnau-sur-l'Auvignon. « Rodolphe » m'avait dit qu'il était possible que le parachutage tant attendu ait lieu en fin de semaine. Une fois de plus, là-haut, l'on allait veiller. Mais, comme précédemment, il ne se produisit rien et, le lundi midi, je repris la route d'Agen. « Rodolphe » m'attendait là-bas dans un petit restaurant du boulevard Carnot, où ceux de *Victoire* avaient l'habitude de se retrouver. Il n'était pas seul.

- J'ai amené un ami avec moi, dit-il. Il n'y a pas longtemps qu'il est arrivé de Londres et il devait se rendre à Lyon auprès de « Joseph ». Après ce qui vient de se passer là-bas, ce n'est guère possible. Peux-tu le prendre ici et lui assurer sa sécurité ?

- D'accord.

- Il pourra nous aider considérablement dans notre travail et me suppléer utilement dans la région, ce qui me permettra de disposer de plus de temps pour essayer de recoller les morceaux à Lyon et ailleurs, car la situation n'est pas brillante. Pour les parachutages et contacts directs, il sera toujours sur place, ce qui sera beaucoup plus commode. Qu'en penses-tu ?

- Ça va mon vieux « Rodolphe ». Il vient de « là-bas », ça nous suffit.

Le petit homme que j'avais en face de moi n'avait pas desserré les dents, ni cessé de m'observer de son œil bleu acier, perçant, dans lequel dansait comme une petite flamme inquiétante. Un regard qui fouille jusqu'à l'âme. Nous nous serrâmes la main, fortement. Et l'homme se présenta :

- Capitaine « Hilaire », des Services secrets.

Il me sembla qu'il s'exprimait avec quelques difficultés. En tous cas, son accent britannique était très prononcé. C'est chez madame Falbet, rue de Cessac, que l'officier anglais reçut l'hospitalité. « Hilaire » venait de mettre le pied sur le sol de Gascogne. Qui aurait pensé, alors, que ce petit homme désireux de passer inaperçu allait faire tant parler de lui ?

VII. Beaucoup de bruit pour rien

Le capitaine « Hilaire » resta exactement huit jours à Agen. Il sortait peu, car il savait que son terrible accent pouvait le trahir. S'il allait parfois en ville, il tenait à ce qu'un ami l'accompagne, de façon à n'avoir pas à parler. C'était plus prudent. Pendant ce temps, « Rodolphe » était parti tenter de reprendre contact avec un opérateur radio du service. Il voulait que l'on presse l'opération aérienne demandée pour Castelnau-sur-l'Auvignon. Bientôt, il reviendrait à Agen en nous apprenant que le nécessaire avait été fait. Il ne nous restait donc plus qu'à attendre le fameux message *« Victoire embrasse Joseph »*. « Rodolphe » avait rapporté avec lui un appareil compliqué, une merveille de petit poste émetteur-récepteur, un S-Phone, qui permettrait de converser avec l'équipage de l'appareil qui, pour nous, viendrait bientôt survoler la campagne gasconne. Nous écoutions toutes les émissions de la France libre, mais mal sans doute (les brouilleurs étaient vraiment horripilants) car nous n'avions pas discerné le message qui nous était destiné. Wallerand et des amis vinrent nous signaler que la veille, dimanche, ils avaient entendu, à 9 h 15 du soir, la formule magique : *« Victoire embrasse Joseph »*. De toute façon, il eût été, alors, trop tard pour nous rendre à Castelnau à bicyclette. Nous pensions bien que le message repasserait l'un des jours suivants et nous prîmes nos dispositions pour être alors sur place. Le lundi après-midi, « Hilaire » et moi partîmes pour Castelnau-sur-l'Auvignon, moi portant sur mon porte-bagages le S-Phone et « Hilaire » suant et soufflant, car il n'avait pas fait de bicyclette depuis vingt ans, suivant péniblement.

Combien de fois me posa-t-il la question : *« Il y a encore loin ? »* Imperturbablement je répondais : *« Nous approchons »*. L'air avec lequel il me considérait alors donnait une envie folle de pouffer de rire.

A la tombée de la nuit, nous entrâmes dans le village, où la maison de l'institutrice nous parut bien accueillante, avec son grand feu qui flambait gaiement dans l'immense cheminée et le repas qui, mijotant à côté, dégageait un appétissant fumet.

C'est ainsi que, le 22 novembre 1942, le capitaine George Starr, alias « Hilaire », des services secrets britanniques, arriva dans l'antique capitale des marquis de Fieumarcon, Castelnau de las Loubères, Castelnau des loups !

Le maire Roger Larribeau et « Pino » furent aussitôt informés de la présence du nouveau venu. Une opération aérienne allait avoir lieu et il était nécessaire que ces deux fidèles amis y prêtent leur concours. Seulement voilà, il y avait un hic ! Comment savoir si le message *« Victoire embrasse Joseph »* passerait ce soir, si l'événement tant attendu se produirait dans quelques heures, ou s'il était remis à plus tard ? Il n'y avait pas d'électricité à Castelnau et, de ce fait, pas de poste récepteur. Alors, tant pis : à onze heures du soir, on serait sur le terrain, ou plutôt, chez « Pino », en face du terrain, devant l'âtre où flambait une énorme bûche. La cheminée ferait excellemment office de poste d'écoute. Il faisait très froid dehors. Quelque moins douze degrés. Pour sortir, « Hilaire » avait endossé une confortable canadienne en provenance directe de Londres, que « Rodolphe » m'avait laissée quelques semaines plus tôt. Sur ce chaud vêtement, il ajusta son S-Phone, appareil émetteur-récepteur soutenu par des bretelles sur la poitrine, groupe de piles à la ceinture. Ainsi paré, il pourrait converser avec les amis, s'ils venaient ce soir dans le ciel de Gascogne. Il n'y avait plus qu'à attendre. A la ferme Novarini, tout le monde était au lit, sauf « Pino » qui avait placé sur la table un pot du petit vin blanc récolté sur le domaine et... l'inévitable flacon d'armagnac. « Hilaire » donna des nouvelles d'outre-Manche, raconta des histoires londoniennes. De temps à autre, un homme se levait et sortait écouter les bruits de la nuit. N'était-ce pas un lointain ronronnement de moteur que l'on avait perçu ? Mais non, fausse alerte. Et à trois heures du matin il n'y aurait plus qu'à rentrer, ayant attendu en vain.

Le maire avait mis une chambre à notre disposition et nous aurions au moins la consolation de trouver un lit douillet, convenablement chauffé, grâce au moine qu'y avait glissé madame Larribeau. Cette attente nocturne allait se répéter le lendemain, le surlendemain et ainsi jusqu'à la nuit du 27 novembre. Le 27 novembre 1942 ! N'est-ce pas cette nuit-là que la belle flotte allait se saborder à Toulon ? C'est cette nuit-là aussi que Castelnau de las Loubères allait connaître sa première opération aérienne. Une opération qui ferait beaucoup de bruit.

Comme d'habitude, l'on se retrouva à onze heures du soir chez « Pino ». Vin blanc, armagnac, histoires, le temps passait quand, tout à coup, à une heure du matin, un bruit lointain vint interrompre la conversation. Chacun tendit l'oreille, retint son souffle. Pas d'erreur ! le ronronnement s'accentua, s'enfla rapidement. C'était bien le bruit d'un moteur d'avion ! Tout le monde se précipita dehors sur le terrain qui faisait face à la ferme, entre le chemin de la Romieu et les rocs qui surplombent l'Auvignon. J'effectuai une course rapide pour disposer en vaste triangle de cent mètres de côté mes trois lampes rouges et je me plaçai à la pointe, dans le sens du vent, avec une lampe blanche, prêt à donner en morse la lettre convenue. « Hilaire » était allé se plaquer contre une haie et avait mis son S-Phone en mouvement. Larribeau et « Pino » attendaient, à l'abri d'un bouquet de pins.

Une minute, deux minutes se passèrent. L'avion tourna autour de l'endroit. Brusquement, « Hilaire » me cria : *« Il est là-bas ! »*. Et son index pointa vers la vallée de l'Auvignon, entre Castelnau et Caussens. L'œil perçant de l'officier britannique avait repéré le grand oiseau noir glissant entre deux nuages, dans un rayon de lune. J'émis rapidement, en morse, la conventionnelle lettre *R*. « Ti-tâââ-ti ». Un feu blanc brilla un instant sous la carlingue de l'avion et laissa supposer que le terrain où nous étions avait été vu de là-haut. L'appareil continua son vol. Le bruit s'atténua, puis revint, s'enfla, gronda et voici l'énorme oiseau qui se détacha, tout noir, sous la voûte étoilée. Brutalement il piqua sur le triangle dessiné par les lampes rouges. « Hilaire » appela dans le micro de son S-Phone cependant que j'émettais toujours la lettre *R*. Mais l'avion, descendu à une centaine de mètres, se redressa... et passa. Il n'avait rien parachuté et « Hilaire » n'avait obtenu aucune réponse.

Le bruit des moteurs ne se dissipait pas. L'appareil était toujours dans le voisinage et, en effet, quelques minutes après, débouchant de l'horizon de La Romieu, il repiqua sur le terrain... pour repartir comme la première fois, sans s'éloigner définitivement. Il revint une troisième fois, toujours sans résultat.

Puis, ne se gênant plus, les aviateurs allèrent amorcer leur virage à quelques centaines de mètres du terrain au-dessus duquel ils venaient de décrire une ronde infernale, piquant sur les lampes rouges et rasant les toits du village où tout le monde était maintenant éveillé et en émoi. Les puissants moteurs du gros bombardier faisaient trembler les vitres et les habitants de Castelnau, là-bas à quelques mètres, se demandaient ce qui se passait dans le ciel de leur village. Dans le lointain, la sirène de Condom mugit lugubrement l'alerte. « Hilaire » était enragé. Maintenant, il hurlait dans son micro :

- Mais réponds donc, salaud ! Mais réponds, bon Dieu !

J'émettais toujours la lettre *R*. En vain... Ce petit jeu dura exactement une heure vingt minutes. Courant le risque d'être découverts, nous ramassâmes les lampes et quittâmes le terrain, ce qui entraîna le départ de l'appareil britannique.

Que s'était-il passé, pour que cette opération ne donne aucun résultat ? On devait longtemps l'ignorer. Puis, finalement, l'on apprit que ce soir-là était réservé à une conversation de documentation et qu'il ne devait y avoir aucun parachutage de matériel. Seulement, le S-Phone d'« Hilaire » avait mal fonctionné. S'il émettait, sa réceptivité était nulle. Ceux de là-haut entendaient très bien les vitupérations d'« Hilaire » qui, lui, ne pouvait capter leurs réponses.

Quelles réactions allait provoquer dans le village cette longue et bruyante opération ? Le matin, à huit heures, nous étions debout. Il fallait avoir l'air de gens qui, s'étant couchés tôt, avaient passé une nuit sans histoire, plongés dans le sommeil du juste. « Hilaire » sortit lentement de chez Larribeau, cigarette aux lèvres et, traversant le village à petits pas, vint me rejoindre à l'école où je l'avais précédé. Il était encore un inconnu pour ceux de Castelnau et, sauf un timide « bonjour », il ne se hasardait pas à lier conversation avec les villageois. C'est que son terrible accent était toujours là !

- Je voudrais savoir ce que l'on raconte dans le village. Il y a des groupes en conversation animée dans la rue...

- Je vais voir ça.

Me saisissant de deux seaux, me voilà parti au puits, à l'autre bout du village, chercher de l'eau. Je n'avais pas fait vingt mètres que me voici interpellé :

- Alors, vous avez entendu ça, cette nuit ?

- Quoi, ça ?

- Eh bé ! mais les avions !

- Les avions ? Ah oui. Il m'a bien semblé, à un certain moment, entendre un avion, mais je n'y ai pas fait attention et je me suis rendormi.

- Macaréou ! vous avez le sommeil dur, vous. Il en est passé pendant une heure, des avions !

- Et en rasant les toits. Hil dé pute ! A croire qu'ils allaient accrocher les cheminées !

- J'aurais bien voulu voir ça...

Et là-dessus, me voilà parti remplir mes seaux d'eau. Au retour, je pus rassurer « Hilaire ». Dans le village, aucun soupçon. Ils avaient entendu des avions, sans plus. Madame Delattre, à son tour, sous couvert d'une tournée d'approvisionnement, partit aux nouvelles. Partout, il n'était question que des fameux avions. Ce villageois en avait compté six ! Celui-là, douze ! Ce troisième, vingt-quatre ! Et cet autre, d'approuver :

- C'est juste. Vingt-quatre, par groupe de trois !

Mais que pouvaient-ils bien faire, tous ces avions, au-dessus de la région ? Naturellement, l'on trouve partout des gens qui ont réponse à tout :

- Exercices de nuit.

- Patrouilles de surveillance.

Et le milicien du coin, toujours fort bien renseigné (évidemment !) devait déclarer, dès que fut connu le sabordage de Toulon :

- C'était les avions allemands qui allaient mouiller des mines devant le port de Toulon !

Un seul, un brave homme de cultivateur, avait vu juste :

- Des histoires, tout ça ! Il n'y avait qu'un seul avion, mais il a tourné continuellement ici dessus. Je l'ai vu, moi !

... Naturellement, ce ne pouvait être qu'un avion allemand car que serait venu faire un appareil allié, la nuit, dans le ciel du petit village perdu de Castelnau-sur-l'Auvignon ? Nous pouvions donc être rassurés et nous préparer à recevoir l'oiseau une prochaine fois. En raison du résultat négatif de la nuit précédente, il reviendrait sûrement !

VIII. Castelnau devient un PC de la Résistance

Séduit par le calme et surtout par la sécurité que lui procurait le petit village gascon de Castelnau des Loups, « Hilaire » m'avait demandé s'il était possible qu'il s'y installât définitivement. Le maire et l'institutrice, consultés, ne firent aucune objection. Par conséquent, moi, je n'y vis pas d'inconvénient. Comme couverture, madame Delattre raconterait que « monsieur Wattremez » (c'est le nom qu'avait adopté « Hilaire ») était un ami de la famille qui, las de la vie pleine de tracasseries que l'on menait en zone interdite, voulait se retirer ici en attendant la fin de la guerre. C'était là une petite histoire qui prendrait fort bien parmi les habitants de l'endroit. Tellement bien, qu'« Hilaire » put rester ici, tranquillement, pendant dix-neuf mois.

Au début, la maison du maire fut son hôtel. La maison d'école fut son restaurant en même temps que son bureau. Ces dispositions intérieures étant prises, il était possible de faire le point. D'abord, il faudrait attendre une nouvelle opération aérienne qui, nous l'espérions, serait plus fructueuse que la précédente. C'était en prévision de cela qu'il importait de faire recharger les batteries du S-Phone, complètement à plat depuis la nuit du 27 novembre. Je les emportai à Condom où je me mis à la recherche du spécialiste qui serait capable de me les rendre le soir, chargées à bloc. Les deux premiers que je vis n'avaient pas l'outillage nécessaire. Finalement, je tombai dans une maison où l'on voulut bien se charger du travail. En effet, à six heures du soir, lorsque je me présentai, les batteries étaient à « bloc ». Toutefois, l'homme s'étonna un peu devant ces engins qui n'étaient pas vraiment de type courant.

- Que faites-vous donc avec cela ?
- C'est pour un petit poste de TSF que j'ai depuis fort longtemps et que je voudrais bien remettre en mouvement !
- Mais vous auriez plus de commodité à le faire marcher sur le secteur.
- Oui, à la condition d'avoir le courant.
- Ah ! il n'y a pas le courant où vous êtes. Alors… Et… il y a longtemps que vous habitez la région ? Parce que vous n'êtes pas d'ici, ça s'entend…
- Je suis arrivé du Nord au moment de l'évacuation.

Et pour couper court à cet interrogatoire que je trouvais quelque peu inquisiteur, j'enfourchai ma bicyclette et je filai, chargé de mes précieuses batteries. « Hilaire » pouvait attendre une nouvelle venue des amis de là-haut.

Le lendemain matin, je partis pour Agen, où l'organisation des groupements de Résistance réclamait ma présence. Chez les militaires du 150e RI, c'était la grande effervescence. Le coup de force des Allemands s'emparant brutalement des casernements français et du matériel de l'armée d'armistice ne laissa pas aux hommes d'autres ressources que de se disperser. Ce fut la fin de l'organisation militaire de *Victoire*, d'où l'on ne put plus que tirer les meilleurs éléments qui s'attachèrent à continuer la lutte. Du même coup, nous avions perdu la disposition des armes du 150e RI. Chez les Alsaciens-Lorrains de Maurice Jacob, le travail de concentration continuait dans le plus grand secret. Ces hommes désiraient cependant sentir derrière eux un appui sérieux. Ils croyaient que le moment était venu d'entrer en action et ils voulaient des armes. Des éléments civils de *Victoire*, indépendants du groupe Jacob, continuaient aussi leur action clandestine. Chacun s'efforçait de jouer un rôle vraiment utile. Un groupe motocycliste n'avait-il pas été formé sous l'impulsion de monsieur Dulouard, mécanicien à Agen ? Il allait falloir faire un nouveau pas en avant afin de donner des apaisements à tout ce monde, qu'il s'agissait de bien tenir en main. C'est pour m'entretenir de tout cela avec « Hilaire » que je rentrai à Castelnau. J'y trouvai l'institutrice fort ennuyée. Elle venait d'apprendre que, dans la commune voisine de La Romieu, les gens jasaient :

- Il paraît que la gendarmerie recherche un homme qui se dit réfugié du Nord, mais qui serait en réalité un agent allié qui correspondrait par radio avec Londres !

La nouvelle n'était pas brillante, bien sûr, mais, me remémorant les faits de ces jours derniers, je pensais bientôt qu'il ne pouvait s'agir d'« Hilaire » mais plutôt de moi-même. Je rassurai madame Delattre et lui demandai de ne rien dire de ceci à son nouveau compagnon. J'avais de bonnes raisons de croire qu'il ne serait pas suspecté et que, pour ce qui me concernait, la maréchaussée du coin ne s'attacherait pas à mes guêtres.

Après leur démobilisation, la plupart des militaires du groupement *Victoire* n'avaient eu d'autre ressource que de rentrer dans leur famille. D'autres avaient trouvé un emploi sur place et nous restâmes en contact avec eux. Wallerand, lui, n'était pas fait pour de longues attentes dans la clandestinité. A ce jeune militaire, ardent et fougueux, il fallait de l'action. Bientôt, par les Pyrénées, à travers l'Espagne, il rejoindrait l'Afrique du Nord. Cet ami des jours sombres et aussi d'espérance, je ne le reverrais plus jamais. Passé en Angleterre en 1943, il y subit le dur entraînement des commandos. Promu lieutenant, il fut parmi les premiers à débarquer, le 6 juin 1944, sur la côte normande[1]. Au moment où il foulait victorieusement le sol de France, la mort le faucha à la tête de sa section.

---

1 Les renseignements reçus en 1947 étaient faux. Pierre Wallerand est mort lors d'une opération en France en 1943 (voir encart photographique, page II).

Le sergent-chef Pierre Wallerand, héros de 1940, le fondateur de *Victoire*, n'était plus. Le lieutenant Pierre Wallerand était tombé pour la cause à laquelle il avait tout sacrifié : la liberté de son pays. Son corps ne fut jamais retrouvé, mais ses amis conservent pieusement, en leur cœur, le souvenir de ce grand garçon qui, malgré son grade subalterne, était vraiment un chef.

L'adjudant Fernand Gaucher, du comité directeur de *Victoire*, passa rapidement au service exclusif de notre organisation. Sa démobilisation lui laissa des loisirs complets. Sous le nom de « Gérard », il s'occupa entièrement du secteur au nord de la Garonne que j'avais jusqu'ici à peu près complètement prospecté moi-même. Son domicile du Passage d'Agen étant éloigné et les relations peu commodes avec Castelnau, il ne tarda pas à venir s'installer, lui aussi, avec sa famille, dans le petit village du Fieumarcon.

Le sergent Maurice Dupont, jouant maintenant, sous le nom d'« Yvan », le rôle de courrier, en attendant qu'un arrivage d'armes lui permette de reprendre celui, plus conforme à ses aptitudes, d'instructeur, avait aussi élu domicile dans la petite commune du Condomois. Gaucher, Dupont, deux militaires démobilisés, qui ne savaient où aller ni que faire et qui se retirèrent là pour être auprès d'amis et vivre de leur maigre solde, c'étaient là des arguments qui ne prêtaient à aucune suspicion. Au contraire, les villageois se firent un plaisir de les recevoir et, bientôt, ils évoluèrent là comme de vieux copains que l'on avait toujours connus. Certains jours, la maison d'école se transformait en véritable campement. « Rodolphe » ou son second, « Gontrand », étaient fréquemment présents. Tout ce monde voyageait et se remuait... discrètement. C'était chez madame Delattre que se tenaient les petits « conseils de guerre », qu'avaient lieu les échanges de vues, que s'établissaient les plans. Là-haut, sur la colline abrupte, dans les vieux murs de Castelnau de las Loubères, se forgeait l'outil qui aiderait, dans la région, à saper la puissance de l'envahisseur. L'école était devenue le PC de « terroristes » qui allaient mener la vie dure à l'Allemand. L'on attendait toujours un problématique parachutage. Mais le temps passait et rien ne venait. Afin d'éviter d'inutiles veillées chez « Pino », le soir, ce serait alternativement Gérard ou moi-même, selon les hasards de notre présence à Castelnau, qui irait à Gazaupouy, à huit kilomètres de là, écouter la radio. Sous la pluie, dans la boue, ce n'était parfois pas une mince corvée, mais nous la faisions bien volontiers, avec l'espoir tenace que nous rentrerions annoncer qu'un message avait été diffusé à notre intention. Souvent, Roger Larribeau nous accompagnait.

« Hilaire », lui, ne se hasardait pas trop à sortir encore. La chose n'était d'ailleurs pas indispensable car, pour l'instant, il ne s'agissait seulement que de créer de nouveaux noyaux et de maintenir de fréquents contacts avec ceux qui existaient déjà, de façon à faire patienter tout ce monde qui attendait quelque chose de plus concret que des promesses. Voyages en

Lot-et-Garonne, en Gironde, en Dordogne, dans le Gers et toute la région pyrénéenne se succédèrent donc sans interruption. Tous ces efforts finirent par donner un jour des résultats probants. Vers Noël 1942, « Rodolphe » arriva à l'école. Un courrier de l'organisation lyonnaise, qui avait pu échapper à la grande rafle de la police vichyssoise, était à Toulouse. Ce courrier - une femme - était activement recherché. Son rapatriement en Angleterre s'imposait d'urgence et « Rodolphe » vint demander qu'on lui fasse passer les Pyrénées. Ce fut Maurice Dupont (« Yvan ») qui se chargea de cette mission. « Hilaire » exprima le désir formel de voir le passage se faire à tout prix. Mais l'on était en plein hiver, la montagne était impraticable. Malgré tous ses efforts, « Yvan », qui était arrivé, au prix de multiples dangers, à quelques kilomètres de la frontière espagnole, ne put remplir sa mission avec succès et il ramena « Danièle » à Agen, dans la maison de la rue de Cessac, chez madame Falbet.

Cette grande fille de vingt-quatre ans, énergique, allait aussi jouer son rôle dans notre organisation du Sud-Ouest. D'Agen, elle viendrait très souvent à Castelnau. Se sachant recherchée, elle travestissait son aspect physique de façon parfaite. Les femmes excellent dans cet art. De brune qu'elle était, elle devint blonde. Son nom de guerre, « Danièle », étant connu à Lyon, elle s'appela désormais « Catherine ». Denise Bloch n'en était pas à un changement d'identité près. Et « Catherine » fit bientôt un excellent courrier spécial, qui assura les missions délicates. L'ardeur qu'elle montrait dans la lutte était doublée d'un véritable talent pour déjouer les embûches de l'ennemi.

C'est ainsi qu'un jour où elle montait d'Agen à Castelnau par le vieux car qui assurait la liaison entre le chef-lieu du Lot-et-Garonne et Condom, elle fut surprise, ainsi que tous les voyageurs, par un déploiement de forces de police qui se mirent à fouiller tous les bagages. Elle était dans la foule qui attendait pour monter dans le car. Plus moyen de partir et sa petite valise contenait des documents fort compromettants. Mais « Catherine » garda son sang-froid. Elle avisa un militaire allemand qui, ne tombant pas sous le coup de la fouille, s'apprêtait à monter dans l'autobus. Alors, dans le plus pur allemand (car « Catherine » était polyglotte) et avec le sourire le plus engageant, elle lui dit :

- Pardon, monsieur ! Il y a tellement de monde que je crains de ne pas avoir de place assise. Voudriez-vous prendre ma valise et la déposer sur une banquette à côté de vous ? Je serai, ainsi, sûre de ne pas devoir faire le voyage debout…

L'Allemand fut charmé. C'est lui qui passa la dangereuse valise sous le nez des policiers. Avec de pareils éléments, l'équipe de Castelnau pouvait travailler avec succès.

IX. « Hilaire »

Le 14 novembre 1942, l'officier qui arrivait de Londres prit contact, à Agen, avec les résistants du Sud-Ouest. Son nom est revenu maintes fois dans les pages qui précèdent et, cependant, cet agent des services secrets n'a pas encore été plus explicitement présenté au lecteur. De taille plutôt petite, ce qui frappait de prime abord en cet homme, c'était son regard. Un regard profond qui fouillait tout, dur, inquiétant même, ainsi que je l'ai écrit précédemment en relatant ma première rencontre avec lui. Son aspect physique n'avait rien de commun avec celui du classique anglo-saxon. Avec sa chevelure alors brune et abondante, sa lèvre surmontée d'une petite moustache à la Clark Gable, il faisait plutôt penser à un Balkanique échappé de ses arides montagnes natales, qu'à un fils d'Albion.

Longtemps, très longtemps, George Starr, alias « Hilaire », qui se ferait appeler « Gaston », resta, même pour ceux qui vivaient quotidiennement à ses côtés, une énigme. Je n'apprendrai à bien le connaître - et d'autres après moi - qu'à la suite des séjours que je fis en Angleterre et, surtout, après la Libération. « Hilaire » n'était cependant pas avare de confidences sur sa famille et sur lui-même. Sans que jamais quiconque ait commis l'indiscrétion de lui poser une question à ce sujet, il nous dépeignait ce qu'avait été sa jeunesse, il nous disait ce qu'était sa famille. Quelquefois, cela nous semblait bien gênant, car, en effet, pour notre compte, nous n'éprouvions pas le besoin de donner de pareilles précisions, inutiles sinon inopportunes. Mais, après tout, ces confidences pouvaient n'avoir que peu d'importance. Sa famille, à lui, était à l'abri de l'autre côté du Chanel et nous nous disions aussi parfois que tout ceci pouvait n'être qu'un biais destiné, en cas de malheur, à égarer les recherches faites sur son compte ou sur les siens, encore qu'il nous ait appris que son frère opérait en France, pour le même service que lui.

- Moi, je crois en la chance, disait fréquemment « Hilaire ».

Et de nous préciser que ses ancêtres avaient émigré en Amérique au XVIIe siècle et que sa famille (dont nous ignorions alors le véritable nom), avait pour devise : *« Vivre en espoir »*. Il eût donc été étonnant que le descendant d'une pareille famille soit un sombre pessimiste !

J'ai toujours eu horreur des indiscrets. C'est pour cela que j'attendis la fin de la campagne de France pour demander, en Angleterre où je venais d'être renvoyé, à connaître la famille d'« Hilaire ». Ce faisant, je ne voulais que lui rendre une simple visite de courtoisie, dans la ville industrielle du comté de Staffs où elle habitait, et parler du fils que j'avais connu et qui tardait à rentrer.

A certains moments parfait gentleman, George Starr savait, en une volte-face déconcertante, se donner l'apparence, quelques secondes plus tard, du dernier des rustauds. C'était l'homme qui se prêtait à tout, qui s'adaptait, sans transition, à tous les milieux. A Castelnau, on le voyait tour à tour homme du monde (s'il recevait une visite de quelque qualité), paysan ou... homme d'intérieur. Chez l'institutrice n'essuyait-il pas la vaisselle, ne cirait-il pas les chaussures ? C'était, en tout cas, à cette époque, un compagnon peu encombrant, qui semblait pouvoir être un parfait camarade. Si Roger Larribeau, maire de Castelnau, avait fait très légalement délivrer une carte d'identité à « l'ingénieur du Nord » qui venait attendre la fin de la guerre dans le petit village qu'il administrait, « Serge Wattremez » n'avait pas encore, pour cela, reçu plein droit de cité auprès des habitants. Et pour cause : « Hilaire », qui se méfiait de son terrible accent, évitait les conversations. Cependant, la glace devait être bientôt rompue. Ce dimanche-là, 10 janvier 1943, « Tonton » (c'est ainsi que nous appelions « Hilaire » dans l'intimité) s'était levé avec un cafard monstre. Il pensait à sa femme, à ses enfants, qui étaient en Espagne et dont il était sans nouvelles. Madame Delattre, rentrant d'une tournée d'approvisionnement, avait rapporté une bonbonne d'un petit vin de Noa, dont je ne vous dis que ça ! « Tonton » y a tâté... assez copieusement. Après le dîner, il alla se faire offrir le café chez Larribeau et, après le café, l'armagnac. Un armagnac de qualité, mais raide, comme on en boit à la campagne. Un flacon y passa, puis deux ! Hilaire parla un peu de tout, de lui, de ses succès colombophiles avant guerre lorsqu'il habitait Bruxelles et aussi à l'armée, où il était au début de la guerre, sergent au colombier militaire. Il sortit, invita ceux qui passaient et... emmena tout le monde dans une maison où il n'avait jamais eu la moindre fréquentation, chez monsieur Maupomé. Re-vin blanc, re-armagnac, et notre homme était de plus en plus loquace...

Cela n'allait-il pas devenir dangereux ?

Après la maison de Maupomé, ce fut celle de Pino qui eut sa visite. Et les libations continuèrent. Madame Delattre et moi le surveillions de très près pour qu'il ne commette pas d'imprudence. A tel point qu'il s'en aperçut et nous dit tout net :

- Si vous ne me f... pas la paix, je raconte tout !

Mais l'agent secret n'avait pas perdu à ce point le sens des réalités et, de lui-même, lorsqu'il sentit que le jeu avait assez duré, il rentra se coucher chez Roger Larribeau. Cette petite aventure nous donna l'impression que cet homme possédait, lorsqu'il le voulait, une belle dose de self-control... Nous concevions qu'après tout, s'il avait déjà été pris en Belgique par la *Gestapo* comme il nous l'avait raconté, il avait très bien pu tout celer à l'ennemi, malgré la torture qu'il nous disait avoir subie et dont il montra les traces : trois très petites marques en losange, l'une au bras, l'autre dans le dos, la troisième à la cheville. Doué d'une mémoire prodigieuse, « Hilaire » pouvait souvent se dispenser de prendre des notes, aussi compromettantes pour ceux qu'elles visaient que pour lui et les gens qui l'hébergeaient. Physionomiste remarquable, il lui suffisait d'avoir vu quelqu'un ou quelque chose une fois pour le reconnaître, même fort longtemps après. J'anticiperai en citant, pour preuve, le petit fait suivant : alors qu'un jour d'août 1943, nous nous trouvions chez des amis à Seissan, au sud d'Auch, un chien entra dans la maison. « Hilaire » dit :

- Je connais ce chien.

Eclat de rire général.

- Oui, je connais ce chien. Son maître est comme ça et comme ça, genre un peu zazou, vingt-cinq ans à peu près et sa maîtresse est une grande jeune femme blonde, élégante, qui porte des souliers à talons plats.

Nos amis se regardèrent étonnés.

- C'est exact. Ils sont arrivés ici, chez des parents, depuis quelques jours.

- Je les ai vus dans le train, entre Agen et Toulouse, courant février !

Au même moment entra la jeune femme qui venait rechercher son chien. « Hilaire » ne s'était nullement trompé ! Voilà quel était l'homme que, le 14 novembre 1942, le capitaine Sévenet amena en Gascogne. Il venait tout droit de Cannes, où il était resté terré depuis son arrivée sur le sol de France, quelque trois mois plus tôt.

X. Le filet se tisse

Les prospections de Gérard, d'« Yvan » et les miennes, avaient permis de garnir la région du Sud-Ouest des premiers noyaux de Résistance autour desquels viendraient s'agglomérer, en temps utile, les éléments de combat nécessaires. En Dordogne et en Gironde, Gérard avait fait un recrutement assez important d'hommes sûrs, capables de former les « comités de réception » pour les prochains parachutages. Propriétaires terriens, maires, fonctionnaires divers, gendarmes, on trouvait un peu tout dans ce monde que l'adjudant Gaucher avait groupé pour la bonne cause. Dans le Gers, je n'avais pas encore réussi, à part Castelnau, à mettre grand-chose sur pied. Par mesure de sécurité, il avait d'ailleurs été décidé que l'on ne prendrait pas trop de contacts autour du lieu de résidence. Au début 1943, c'est vers Pau, le Béarn, que j'orientai mes efforts. J'avais eu là-bas, pendant le bref séjour que j'y avais fait en 1942, un charmant camarade fort actif et profondément anti-allemand. Il pouvait être appelé à rendre des services d'autant plus grands que, lui aussi, était employé dans une imprimerie. Et l'imprimerie, on allait en avoir besoin. Non pas pour y fabriquer des tracts de propagande, mais bien plutôt tous les faux papiers qui seraient d'une utilité primordiale pour certains agents et patriotes traqués. Albert Ascazo avait pris place chez nous. Je revoyais souvent madame Leleu, l'institutrice de Castétis, dont, en dernière ressource, la maison aurait pu nous fournir un provisoire abri. C'est en allant chez elle que, plusieurs fois, j'eus l'occasion de rendre visite à la famille de l'ex-ministre Champetier de Ribes, arrêté sur l'ordre de Vichy. Mais c'est Agen qui restait le grand centre de la Résistance active de la région. « Rodolphe » y venait fréquemment, ainsi que son second, « Gontrand », qui avait troqué son nom aristocratique et repéré depuis l'affaire de Lyon, contre celui, beaucoup plus insignifiant, d'« Amédée ». Parfois, un agent lyonnais descendait rapidement au chef-lieu du Lot-et-Garonne. Tout ce monde se retrouvait chez madame Falbet, dont la maison constituait maintenant une sorte de succursale du PC de Castelnau. Le chargé d'affaires de Belgique, monsieur Leurquin, restait en liaison fréquente avec nous. Ce brave homme avait souvent des « tuyaux » intéressants à nous confier. De plus, il était d'une discrétion absolue et jamais ne posait de question sur notre travail, le développement de notre réseau. « Rodolphe » n'oubliait pas que c'était par lui qu'il était entré en rapport avec nous et il lui en gardait une grande reconnaissance. Mais il ne voulait voir que lui et rien que lui. L'ami de Leurquin, Antoine Merchez, commerçant belge habitant Agen depuis plus de vingt ans, qui avait cependant aidé à provoquer la première rencontre du capitaine Sévenet avec les dirigeants

de *Victoire*, n'assistait plus à ces entrevues fort intéressantes. Mieux, il les ignorait, comme il ignorait alors « Hilaire » et son installation dans la région.
- C'est un brave homme, disait « Rodolphe », un anti-Boche à tout crin, et l'on peut compter sur lui en cas de nécessité. Toutefois, pour l'instant, limitons le cercle des confidences. Sauf pour quelques rares initiés, l'endroit où nous avions établi notre PC restait inconnu de tous, de même que notre succursale d'Agen, la maison Falbet.

L'un de nous se trouvant en permanence à Agen, nous y avions établi une série de « boîtes aux lettres » qui permettaient à nos correspondants de nous toucher rapidement. Gérard avait situé la sienne dans une église, derrière un tronc. La mienne se trouvait à l'hôtel du Coq d'Or, où cependant le patron ignorait de quoi il s'agissait lorsque des lettres lui étaient remises pour moi. Nous retrouvions fréquemment Maurice Jacob et ses amis dans un café du boulevard, le café Riche. Un jour, ayant pu récupérer des explosifs du 150e RI, nous les portâmes à Jacob. Aidé de ses amis, il les cacha dans le jardin de la Préfecture. A l'imprimerie de *l'Agenais*, outre madame Falbet, j'avais fait la connaissance d'un diable de petit homme, dont les qualités étaient certaines. Pierre Duffoir, en 1939-40, avait fait son devoir comme tout Français digne de ce nom. Rentré chez lui après la débâcle, il avait pris chez Saint-Lanne l'emploi d'opérateur qui lui permettait d'assurer la subsistance de sa famille, en attendant des jours meilleurs. Mais il en avait assez, plus qu'assez, de « taper » des journaux de collaboration. C'est avec joie qu'il accepta mon offre de… « faire quelque chose d'utile ». Son nom reviendra souvent en ce récit, car Pierre Duffoir devait devenir mon coéquipier jusqu'à la fin de la campagne de France. De temps à autre, Gérard ou moi rendions visite à nos amis du 150e dissout, nous rencontrions Verdal ou l'un des chefs de groupements de résistance que nous avions connus lors de notre réunion… première et dernière : Grolotte, Banabéra. Un élément fort actif, qui joua par la suite un rôle important, vint se joindre à nous : Etienne Gardes, employé à la Banque de France. Grâce à Gardes, vinrent par la suite nous rejoindre des hommes tels que Combecave, receveur principal des postes, Bergon, Arrès, Lapoque, Sébelin, Lavergne, etc.

Dans le Lot-et-Garonne, la progression s'effectuait donc rapidement. A Condom, j'étais entré en rapport avec un contrôleur du ravitaillement, du nom de Rouzier. Par ses fonctions, ce fonctionnaire pouvait être pour nous un excellent observateur dans toute la région. Rouzier ne tarda pas à nous présenter un de ses collègues, Marcel Maës, chef du ravitaillement de la ville de Condom. Lui aussi nous rendrait dans l'avenir de très grands services.

Un beau jour « Rodolphe » arriva tout joyeux. Un de ses collègues s'était installé à Toulouse et cet « organisateur » avait amené avec lui son opérateur radio. Cette heureuse circonstance allait nous permettre d'être constamment en rapport avec Londres. « Hilaire » jubilait. Le capitaine Peerchuts (« Eugène ») se mit complaisamment à la disposition de son collègue qui opérait en Gascogne et le radio « Urbain » ne manquait jamais ses émissions ou réceptions pour nous. Dès lors, s'établit un va-et-vient entre Castelnau et Toulouse, via Agen. Tantôt c'était « Hilaire » qui faisait le voyage, tantôt « Catherine ». Cette liaison directe nous donna de grands espoirs. L'hiver, ce mauvais hiver qui, avec ses pluies, ses neiges, ses brouillards, avait interdit toute opération aérienne, allait se terminer. Nous pouvions donc, maintenant, escompter recevoir sous peu les parachutages qui nous étaient si nécessaires. Des terrains furent choisis un peu partout et le dispositif de réception était en place, sauf dans la région de Pau où, vraiment, l'on n'arrivait pas à constituer un noyau solide. Il fut décidé que je tenterais encore une démarche par là et « Hilaire » m'accompagnerait. Je le reprendrais à Toulouse où il était à ce moment auprès d'Eugène. Au jour et heure convenus, je me trouvai donc en face de la gare de Toulouse, au café Régina. Je vis « Hilaire » passer sans s'arrêter, rapidement. Je le suivis et il me fit signe de m'écarter. Ça devait gazer fort, dans le coin. J'attendis un moment et enfin « Hilaire » vint me rejoindre :

- Vous avez les tickets ?
- Les voici.
- Bien. Allons au café en attendant l'heure du train.

Devant un demi, à l'écart des autres consommateurs, je pus lui poser quelques questions :

- Qu'y a-t-il qui ne va pas ?
- « Rodolphe » joue un jeu très dangereux. Il fréquente assidûment un agent de la *Gestapo* dont il espère tirer des renseignements intéressants, mais je me demande si l'autre ne se doute de rien. Il m'a présenté à lui, mais je n'ai pas parlé pendant tout le temps que nous avons passé ensemble. Toutefois, je crains que le type ne nous ait fait suivre.
- On verra bien. Pour l'instant, il vaut mieux partir. Nous allons passer prudemment sur le quai.

A la gare, il n'y avait rien d'anormal et « Hilaire » poussa un « ouf ! » de soulagement quand le train démarra. A Pau, nous rencontrâmes une personnalité que j'avais connue l'année précédente. Nous voulions, avec cet homme qui paraissait avoir beaucoup d'allant, mettre sur pied une organisation similaire à celles qui existaient dans les autres régions. Notre interlocuteur voulait des garanties et c'était normal.

- Pourriez-vous me donner la preuve que vous êtes bien mandaté par Londres ?
- Que désirez-vous ? un message ?
- J'aimerais autant, avec une indication, faire prendre le renseignement là-haut.
- Entendu. Et « Hilaire » porta quelques mots sur un petit bout de papier.

- Je vous remercie. Je vais aviser.

Là-dessus nous nous séparâmes. Le lendemain, je revis M. Pr... (la personne de la veille).

- Vous êtes sûr de l'homme avec qui vous étiez hier ?
- Absolument. Pourquoi ?
- Mais il a un formidable accent allemand !

J'éclatai de rire :

- Vous ne savez donc pas discerner l'accent anglais de l'accent allemand ?
- Ce n'est pas un Anglais, mais un Allemand !

J'eus beau sortir tous les arguments possibles et imaginables, le bonhomme ne voulut rien entendre. Il se retrancha derrière « la prudence qui s'impose » et... une fois de plus, l'affaire en resta là. Je n'arrivai pas, à Pau, à constituer quelque chose de cohérent. Il n'y avait que mon ami Ascazo qui ne rechignait pas à rendre les services pour lesquels on le sollicitait. Lorsque je racontai la chose à « Hilaire », il sourit :

- Ils voudraient faire beaucoup de choses et ne courir aucun risque, peut-être. Ça ne va pas ensemble.

Au début de l'après-midi, nous prenions tranquillement un bock au Continental en attendant l'heure du train, lorsque je vis le regard d'« Hilaire » se durcir et se fixer sur la porte d'entrée.

- Que regardez-vous ainsi ?
- Il est là ! Le type de la *Gestapo* de Toulouse.

Je me retournai doucement et je vis un homme de haute taille, élancé, brun, posté devant la porte. Il était accompagné d'un individu ayant à peu près les mêmes caractéristiques que lui. Après un coup d'œil circulaire sur le café, leurs yeux se tournèrent vers nous et... les deux hommes s'avancèrent.

Tirant deux chaises, ils s'installèrent à la même table et, tout en consommant, leurs regards restèrent fixement posés sur nous. Hilaire et moi avions pris un air impassible, mais nous nous demandions ce qui allait arriver. Doucement, je tâtai la crosse du pistolet que j'avais dans ma poche. Nous étions sur la banquette et les deux hommes s'étaient placés en face des intervalles des tables, obstruant les étroits passages par où nous aurions pu foncer. Le jeu dura ainsi dix minutes. Dix siècles ! Et toujours ces regards obstinément fixés sur nous. Effrontément, même. Ils ne baissaient pas les yeux lorsque je les regardais... de mon air le plus innocent. Il fallait en finir. Je me levai pour aller aux lavabos.

- Pardon, monsieur, voudriez-vous me laisser passer ?

L'homme se leva. Je passai tranquillement et... il me suivit. J'allai aux lavabos, il fit comme moi. Je revins, lui aussi. Je repris ma place, lui la sienne.

Cette fois, tant pis ; mieux vallait la bagarre que de continuer ainsi. En apparence, j'étais toujours calme et c'est en baillant légèrement que je demandai à « Hilaire » :

- Alors, on s'en va ?
- Oui.
- Garçon, payez-vous, je vous prie.

Je tendis un billet. L'homme aussi. Nous nous mîmes debout. Les autres firent de même. Je pensai : « *Cette fois, ça va chauffer* ». Mais nous sortîmes sans que rien ne se soit produit. Devant le Continental, il y avait quelques Allemands en uniforme. Les deux sbires de la *Gestapo* engagèrent la conversation avec eux. « Hilaire » et moi partîmes comme deux flâneurs, doucement, très doucement, avec l'apparence de gens qui ont l'esprit parfaitement tranquille. Nous nous arrêtions aux vitrines des magasins et nous avions l'air de discuter sur les articles qui y étaient exposés. En réalité, nous observions ce qui se passait derrière. Nos deux hommes étaient là, à quelque distance. Nous continuâmes en promeneurs, mais dès que nous arrivâmes à l'angle de l'une de ces rues secondaires qui aboutissaient à la rue du Maréchal Joffre, nous prîmes le pas allongé pour nous engouffrer, à cinquante mètres de là, dans un salon de thé qui, ouvrant ses vitrines sur deux rues, nous permettrait d'observer ce qui se passait dehors. On était en pleine guerre et le ravitaillement n'était pas brillant, mais La Minaudière offrait quand même à ses clients des gâteaux qui n'étaient pas mauvais du tout. Nous en absorbâmes pendant une heure, le regard rivé à l'extérieur. Nous n'y voyions plus rien d'anormal et nous en déduisîmes que si nous avions été réellement surveillés, ceux qui s'étaient attachés à nos pas avaient perdu notre trace. Nous allâmes à la gare où, rien ne nous semblant suspect, nous prîmes le premier train en partance vers Toulouse et nous descendîmes à Lourdes où, à l'hôtel qui nous hébergea, nous fûmes les voisins de gros officiers Boches qui ripaillaient et menaient grand tapage. Hilaire et moi avions l'impression d'avoir échappé à un grand danger, mais nous n'en eûmes jamais la certitude. De Lourdes, nous rentrâmes le lendemain à Castelnau-sur-l'Auvignon, où de nouveaux plans furent projetés.

Le printemps était précoce dans le Sud-Ouest. Avec le beau temps, nous allions ouvrir la série des grandes opérations aériennes qui allaient nous apporter ce que nous attendions depuis six mois : des armes. C'est « Gérard » qui, dans la Gironde, reçut les premiers containers qui tombèrent du ciel. « Hilaire » fit pour la première fois une incursion rapide et discrète dans cette région de La Réole, dont il avait entendu parler mais où il n'avait encore jamais mis les pieds. Il alla vérifier le contenu des précieux colis qui constituaient l'embryon d'arsenal qui allait nous permettre d'alimenter les groupements que nous supervisions. L'opération avait marché à souhait. Le brave Barrière -un régisseur de Domaine qui travaillait avec nous- avait bien fait les choses. Il avait su choisir son monde et personne n'avait été mis en éveil dans la région. Les armes et les explosifs furent soigneusement camouflés pour ne voir le jour que lorsque Londres en donnerait l'ordre. Les adhérents des groupements avaient appris que le matériel de guerre était enfin arrivé, mais ils ignoraient complètement où il était caché. Certes, l'on pouvait accorder pleine confiance à tous, mais, dans la joie de ce premier succès, une imprudence pouvait être commise, qui serait fatale. Toutes les mesures de sécurité s'imposaient. Ce premier parachutage fut rapidement suivi de quelques autres, dans la région de Marmande, en Lot-et-Garonne. Une partie du matériel arrivé là fut ramenée à Agen, ou plutôt près d'Agen. Maurice Jacob, sous couvert d'aide à apporter aux enfants des réfugiés alsaciens-lorrains, avait loué, à douze kilomètres du chef-lieu du Lot-et-Garonne, un château inhabité entouré d'un parc. Il était censé devoir y recevoir les enfants nécessitant un séjour à la campagne. En réalité, le château de la Clotte devait devenir l'arsenal de la Résistance du département. Une camionnette de la préfecture, pilotée par Meisterman, Diener ou Blazy, allait recueillir le matériel parachuté qui était ramené à la Clotte. Un jour, je revis Verdal. Après une discussion orageuse, dont le fond n'était qu'une ridicule question de prestige, je me vis forcé de sortir l'argument massue :

- La lutte que nous menons a un but commun. Tous ceux qui dépendent directement de là-haut ont des instructions semblables. Il faut donc travailler la main dans la main en laissant à l'écart toute puérile question de prestige. Ainsi, vous qui avez évité de vous adresser à nous, vous travaillez cependant avec notre collègue « Eugène ». Mais vous vous trouvez dans notre rayon d'action et « Eugène » nous a franchement mis au courant des faits. Lui, ou nous, c'est pareil. Alors, quand je viendrai encore vous voir, descendez donc un peu de votre piédestal pour me parler. Les situations d'apparence élevées ne m'ont jamais troublé. Ou bien nous travaillons en parfaite intelligence, en collaboration étroite, ou... je demanderai que l'on vous coupe les ponts. Stupeur en face ! Dans l'avenir, si nos rapports ne furent empreints d'une belle amitié, ils furent néanmoins corrects.

Fréquemment, je passais à ma « boîte aux lettres », à l'hôtel du Coq d'Or. Ce jour-là, il y avait un pli pour moi. On me demandait de venir d'urgence à La Réole, chez Bajolle, commis à la Régie des Tabacs et notre première recrue dans la petite cité girondine. Bajolle m'apprit qu'il avait recueilli deux aviateurs américains... tombés à Saint-Nazaire et qui avaient réussi à venir jusqu'à La Réole sans se faire prendre. Ils étaient pour l'instant cachés dans une ferme des environs où les propriétaires fort hospitaliers prenaient grand soin d'eux, mais où ils ne pourraient tout de même pas rester longtemps. J'allai voir les deux hommes volants. Ils ne connaissent pas un seul mot de français ! Je les photographiai afin de leur fabriquer à chacun une fausse carte d'identité, puis je revins à Agen, trouver notre ami Merchez :

- Antoine, tu m'as quelquefois parlé de ton gendre qui, par l'Espagne, est parti pour rejoindre l'Afrique du Nord. Tu m'as dit aussi que c'était ta fille Maguy qui avait trouvé le passage aux Pyrénées. J'ai besoin d'urgence

d'avoir des indications précises quant à ce passage et il sera nécessaire que ton ami qui a conduit ton gendre jusqu'à proximité de la frontière se dévoue une seconde fois. J'ai deux hommes à faire passer de suite.
- Bien. Pour le passage, Maguy va te donner les indications. Quant au transport, il faudrait que tu ailles voir pour cela monsieur Ordy, entrepreneur à Sainte-Livrade.

Je notai soigneusement tout ce que me dit mademoiselle Merchez -ou, plutôt, pardon ! Madame Rebert- et je partis de suite pour Sainte-Livrade.

L'entrepreneur Ordy ne marqua aucun étonnement à ma demande. Nous avions rapidement fait connaissance et savions que nous pouvions nous fier l'un à l'autre.
- C'est bon. Dans quatre jours, je prendrai ces deux hommes à La Réole et je les transporterai jusqu'à quatre kilomètres de la frontière espagnole. Ce soir, je vous « redescends » à Agen.

Le lendemain à Castelnau, grâce aux imprimés fabriqués clandestinement six mois plus tôt à l'imprimerie de *l'Agenais*, j'établis deux cartes d'identité pour les aviateurs américains. Aussitôt, « Gérard » alla leur porter et prit sur place toutes les dispositions pour leur départ. Tout se passa fort bien et, peu après, nos hommes étaient en Espagne.

Un message de Londres annonça à « Hilaire » l'arrivée prochaine, pour son secteur, d'un officier instructeur. Son aide nous serait bien utile pour faire aux combattants improvisés que seraient demain les résistants et maquisards, des démonstrations parfaitement documentées du matériel dont ils auraient à se servir. « Denis » (c'est le nom que devait porter ce lieutenant) devait être parachuté au sein de l'organisation d'« Eugène ». Mais… l'homme propose et Dieu dispose. Le 12 avril 1943, la *Gestapo* arrêta à Toulouse « Eugène » ainsi que son radio « Urbain ». C'est en se rendant à Toulouse, deux jours plus tard, qu'« Hilaire » apprit la catastrophe. Heures d'angoisse à Castelnau. Outre que la liaison était coupée, l'on se demandait si les Allemands n'arriveraient pas à remonter la filière qui les conduirait à notre organisation. Mais « Eugène » sut être fort devant la souffrance et l'ennemi ignora toujours qu'il avait, à portée de main, l'une des plus belles prises de la région. A Agen, « Hilaire » eut, à son tour, une entrevue avec Verdal. Celui-ci accepta, « Eugène » n'étant plus là, de travailler directement avec nous. En même temps, un autre homme de confiance d'« Eugène » passa à notre organisation. C'est ainsi que « Philibert » (Philippe de Gunzbourg) remua tout le secteur s'étendant des Landes à la Dordogne. Il amena avec lui quelques-uns de ses amis qui, un peu plus tard, jouèrent un rôle actif dans la lutte clandestine qui se déroulait dans le Sud-Ouest. Tout cela faisait maintenant beaucoup de monde, qu'il fallait absolument satisfaire. De partout venait la même demande : « Donnez-nous des armes ! ».

Il fallait à tout prix rétablir le contact avec Londres dans les délais les plus brefs. Je tentai l'opération par le Nord, avec mes anciens amis. Sans succès. Nous piétinions…

Roger Larribeau nous avait parlé plusieurs fois d'une personne politique du Gers, dont la sœur, madame Fernand Baurens, habitant Condom, avait eu l'occasion de nous rendre quelques services. L'ex-député Louis Dubosc avait ainsi entendu parler de nous et il manifestait l'intention de nous voir. Larribeau nous dit :

- Dubosc doit aller prochainement en Espagne. Peut-être, là-bas, pourrait-il vous rendre service. De toute façon, maintenant, il connaît votre présence à Castelnau.

C'est donc à Condom, rue de la Monnaie, chez madame Fernand Baurens (dont le mari était prisonnier de guerre), que nous rencontrâmes pour la première fois Louis Dubosc. « Hilaire » lui demanda d'emporter un rapport qui, remis à certaine personne dans la péninsule, mettrait vite Londres au courant de notre situation en Gascogne. Dubosc accepta et, quelques semaines plus tard, à son retour, il rapporta effectivement un petit papier bref - deux lignes - faisant connaître qu'il avait parfaitement exécuté sa mission. Mais comme notre position était vraiment critique, il valait mieux tenter, par différents moyens, de reprendre le contact si indispensable avec le grand quartier général. Et l'idée de l'un de nous se rendant à Londres fut alors évoquée. Ce fut une femme, l'intrépide « Catherine », qui réussit ce tour de force. A la fin avril, notre compagne quitta Castelnau. Il fut décidé que Dupont (« Yvan ») l'accompagnerait jusqu'à la frontière pyrénéenne, puis reviendrait. Mais arrivé là-bas, au seuil de l'Espagne, « Yvan » se rendit compte qu'il encourait des risques énormes en essayant de franchir de nouveau la zone interdite. Il passa donc la montagne avec « Catherine ». Plus tard, à Londres, je retrouvai notre compagne. Elle me dit tout ce qu'avait eu de pénible leur ascension des Pyrénées :

- Nous étions à bout de forces, les vêtements en haillons. Seule, j'y serais restée. Mais « Yvan » a été admirable. Combien de fois ne m'a-t-il pas dit : *« Allons, ma petite sœur, du courage ! Pense à ce que tu vas faire là-bas ».*

- De l'autre côté, les Espagnols nous ont arrêtés presque aussitôt. « Yvan » a été interné. Moi, je me suis déclarée sujet britannique et, galanterie espagnole envers une faible femme, je n'ai pas été inquiétée. Heureusement, car j'ai voulu mettre les bouchées doubles pour arriver vite à Londres. Pensez donc que les policiers espagnols m'avaient pris le rapport écrit que m'avait donné « Hilaire », lequel rapport donnait des indications trop précises pour ne pas être dangereuses si elles étaient communiquées aux Allemands. Or, j'avais constaté rapidement des choses troublantes en arrivant en Espagne…

« Catherine » battit tous les records puisque vingt jours plus tard elle était à Londres, où, de vive voix, elle put clairement exposer notre situation.

Cette périlleuse mission, effectuée par une femme, permit de rétablir définitivement le contact sans lequel toute notre activité risquait de devenir inopérante. En traversant l'Espagne, elle avait retrouvé, à Lérida, les deux aviateurs américains que, quelque temps plus tôt, nous avions fait partir de La Réole. Le lieutenant « Denis », qui devait être réceptionné par « Eugène », avait bien été parachuté, mais en quel endroit ? Qui l'avait reçu ? Questions auxquelles il ne nous était pas possible de répondre pour l'instant. Avec « Gérard », je fis quelques voyages dans la région de Lyon, afin d'y récupérer du matériel -plus spécialement des postes de radio- envoyé là-bas à des équipes qui étaient maintenant en grande difficulté. Ce ne fut pas chose bien facile, mais nous avions la chance d'être aidés par nos bons amis qui, à Lyon, se dépensaient sans compter. Nous ramenâmes à Castelnau des postes de gonio qui pouvaient nous être utiles. Sur les rives du Rhône, tout n'allait pas non plus très bien et nous nous occupâmes quelque peu de ce qui s'y passait, d'autant plus que les maquisards de Haute-Savoie descendaient assez souvent à Oullins, près de Lyon, chez « Papillon », demander l'aide qui leur manquait pour continuer à vivre dans la montagne. C'est un courrier de l'organisation lyonnaise « Liliace » - une femme - qui était venu à Castelnau lancer un appel pour que nous nous attachions à reformer là-bas un groupement capable de reprendre la succession du groupe de « Joseph » et de « Gauthier ». Ceci nécessita de fréquents voyages à Lyon, mais nous permit de retrouver un moyen de communication direct avec Londres, puisque nous pouvions entrer en rapport avec « Arnaud », capitaine radio qui opérait à Annecy. Les messages brefs furent ainsi passés par radio et un échange de courrier plus explicite se fit par la Suisse, dont les Allemands n'arrivaient pas à fermer la frontière de façon suffisamment hermétique pour empêcher le passage des courriers secrets.

L'Agenais Pierre Duffoir, « Félix », alla donc souvent, très souvent, là-bas, dans la grande cité des soyeux et dans les Alpes, pour remplir avec succès sa dangereuse mission de courrier spécial. Ce diable de petit homme était vraiment doué pour passer partout, pour déjouer tous les pièges. Il était infatigable, se satisfaisait de quelques heures de sommeil prises dans le train... quand il y trouvait une place. Maintenant, il pleuvait littéralement des containers. Partout s'entassaient les armes, les munitions, les explosifs. « Gérard » était l'un des plus importants réceptionnaires dans son secteur de Gironde. « Philibert » et son équipe s'agitaient dans les Landes. « Hilaire » était maintenant devenu un gros pourvoyeur de matériel de guerre. Un jour, arriva à Agen un certain « Raymond », lieutenant du capitaine « Arnaud », l'opérateur d'Annecy. Au cours de la conversation que j'eus avec lui, il m'apprit qu'un officier du service se trouvait maintenant à Montélimar et il me donna quelques indications qui permettraient d'entrer en rapport avec lui. Dès que je lui fis part de la chose, « Hilaire » manifesta l'intention de rencontrer ce collègue. Nous voilà donc partis pour le royaume du nougat. Là-bas, le directeur de coopérative que nous rencontrâmes ne se découvrit pas facilement. Après bien des réticences, monsieur Dauja nous dit qu'il verrait ce qu'il pouvait faire et il demanda à « Hilaire » de revenir le lendemain. Avec beaucoup de discrétion, il nous surveilla pendant les quelques heures que nous passâmes à Montélimar et vint à la gare constater que nous prenions bien le train pour Lyon, où « Hilaire » voulait rencontrer nos amis et « Gérard » et « Félix » qui s'y trouvaient en ce moment. A Oullins, près de Lyon, nous retrouvâmes, chez « Papillon », le chef d'une organisation lyonnaise, « Adolphe », ainsi que « Liliace », « Gérard » et « Félix ». Des parachutages seraient bien nécessaires pour les organisations renaissantes du Rhône, ainsi que pour les maquis de Savoie. Ensemble, nous établîmes le plan de ces opérations et je notai sur un bout de papier les coordonnées des terrains et les messages par lesquels la BBC annoncerait l'arrivée des avions porteurs de containers. Le lendemain matin, à huit heures, « Hilaire » et moi étions à la gare de Lyon-Perrache. Mon compagnon prit le train pour Montélimar et moi celui qui, à 8 h 15, devait me conduire à Châteauroux, où je voulais revoir Rouzier, l'ex-contrôleur du ravitaillement de Condom, qui venait d'être muté dans la cité berrichone. Je portai dans ma poche trois documents : la liste des parachutages préparés la veille et les deux lettres d'« Arnaud » pour son lieutenant « Raymond », qui se trouvait à Cannes. Nous nous séparâmes sur le quai de la gare et me voici bientôt installé dans un confortable compartiment de première classe où, comme par hasard, ne se trouvaient qu'une femme avec ses enfants et un homme, alors que, partout ailleurs, le train était bondé. A peine avais-je pris place que deux grands diables de sous-officiers allemands firent irruption et nous firent descendre du train, l'homme qui était assis en face et moi-même. Sous la menace de leurs revolvers, ils nous firent rapidement traverser voies et quais, puis nous introduisirent *manu militari* dans le bureau de la *Gestapo* installé à l'intérieur de la gare. Cette fois ce n'était pas une plaisanterie. Une sentinelle s'était placée à l'entrée, interdisant toute velléité de fuite. Je pensai aux documents que je portais. S'ils étaient découverts, ce serait la catastrophe. Par le plus grand des hasards, je n'avais pas pris cette fois-là, avant de partir de Castelnau, le Colt qui, pourtant, ne quittait pas souvent ma poche. Ma situation était bien précaire et je me dis qu'il était indispensable que je garde mon sang-froid. Du regard, j'inspectai les lieux. A droite, un immense bureau derrière lequel trônait un adjudant impassible. Dans le fond, une demi-douzaine de butors, parmi lesquels j'en remarquai un à la face particulièrement bestiale. Tous nous regardaient en ricanant. Les deux sous-officiers qui nous avaient amenés donnaient force explications à leur collègue et, à travers leur rauque charabia, je saisis plusieurs fois le mot « gaulliste ». Dès qu'ils eurent fini leur sorte de déposition, ils saluèrent et

Historique photographique du réseau *Victoire** créé en avril 1942, à Castelnau-sur-l'Auvignon

Ce recueil n'est qu'un modeste témoignage, une goutte d'eau dans l'immense marée de la Résistance qui permit de refouler l'occupant dans ses terres. Jeanne Robert a essayé de réunir le plus possible de photographies de tous ceux qui, se joignant à cette aventure, n'avaient qu'un seul but : délivrer la France du vert de gris qui la rongeait, tout simplement, sans souci d'arrivisme ni de profit... Bien au contraire, cette lutte se fit au détriment de leur tranquillité, de leur situation, de leurs biens, de leur santé et, pour beaucoup, de leur vie.

Un grand nombre de photographies de femmes prouve, s'il en est besoin, le rôle dévoué, efficace et souvent indispensable des femmes dans ce travail de sape. Ce rôle, en maints endroits, semble être passé inaperçu...

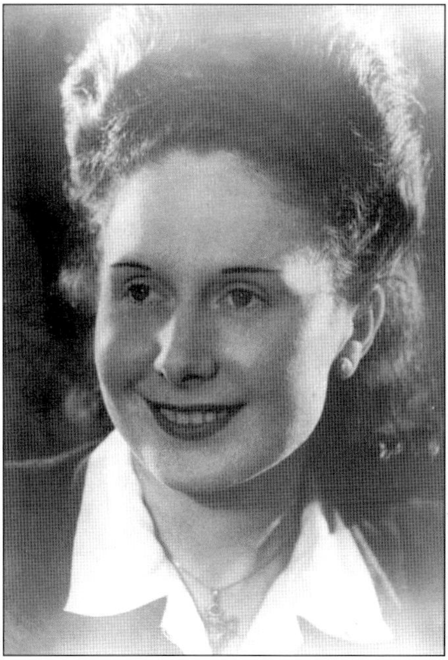

Jeanne Robert. La coiffure qui, en octobre 1943, permit de dissimuler une bonne liasse de billets.

Maurice Rouneau. Capitaine Martin Rendier, alias « Albert » (Member of British Empire, à titre militaire).

* par Jeanne Robert (Delattre) alias Josette Rendier, Roger Larribeau, Maurice Rouneau (Rendier) et Pierre Wallerand.

Adjudant-chef au 150ᵉ RI d'Agen en 1942, Pierre Wallerand (ci-contre en 1939 à Biencourt) a été co-fondateur du réseau Victoire à Castelnau-sur-l'Auvignon, le 12 avril 1942. A la dissolution du 150ᵉ RI, il s'est évadé, a rejoint l'Afrique du Nord et s'est réengagé. Chef d'un groupe débarqué sur la côte normande pour une mission de renseignement, il trouva son canot gonflable mitraillé. Voulant absolument rendre compte du résultat de la mission, il périt d'hypothermie à quelques mètres des côtes. C'était la nuit de Noël 1943. Ramené et enterré dans son village, les Allemands lui ont rendu les honneurs.

Pierre Wallerand en janvier 1940 près de Cocheran (Moselle).

Maurice Lefèbvre et Pierre Wallerand en décembre 1939 à Cocheran.

George Starr alias colonel « Hilaire », « Serge Watremez », « Gaston », « Tonton ». Officier anglais des réseaux Buckmaster (SOE) qui réussit l'exploit de maintenir son PC dans le logement de l'école de Castelnau-sur-l'Auvignon du 22 novembre 1942 au 21 juin 1944.
Ci-contre, à droite, le colonel « Hilaire ».

Juste avant mon évasion de Lille vers la zone libre, je donne des indications à Jeannette Cuvelier, ma confidente, qui m'aida beaucoup en acceptant de recevoir et transmettre mon courrier à Lille.

Ma mère, Marguerite Robert-Landas, résistante de la première heure, en mai 1940, participa, revolver au poing, aux combats des FFI contre les Allemands à Loos-lez-Lille en 1944.

Léon Degand, cheminot en gare de Lille, était un enragé de la Résistance. Il prenait des vêtements civils et les vivres que nous collections dès fin mai 1940, pour les porter aux soldats français et anglais, camouflés dans les champignonnières de Loos-lez-Lille et les aidait à s'échapper. Il a permis (en les enfermant, comme il le fit pour Rouneau-Rendier) à un très grand nombre de « récalcitrants » de franchir la ligne de zone interdite dans un wagon plombé. Non content de cela, il se promenait à Lille, dès le 18 juin 1940, avec une canne à pêche sur chaque épaule… et il mit KO (c'est peu dire) un soldat allemand qui se moquait des décorations de la première guerre mondiale qu'il portait avec provocation depuis leur arrivée.

Madame Leleu et son fils Marcel (institutrice de Lille) à Castetis. Ils m'aidèrent à franchir la ligne de démarcation et nous furent ensuite d'un grand secours pour permettre à « Hilaire » de faire parvenir et de recevoir des messages à un agent SOE (réseau Hilaire-Buckmaster) en zone occupée.

Quelques membres de la famille de Roger Larribeau (maire de Castelnau) : Roger à gauche ; Simone, la fille aînée, et le petit-fils Raymond, à droite.

La famille Novarini (Pino et Tina avec le dernier né, Serge) à Castelnau. Ils ont adhéré au réseau Victoire *dès Pâques 1942, mettant immédiatement un grand terrain, dont ils étaient fermiers, à la disposition de futurs parachutages. Le message pour les premiers parachutages prévus était : «* Victoire *embrasse* Joseph *».*

Franco et Henriette, les deux aînés, ont bien compris ce qui se passait, mais ils n'ont jamais trahi le secret.

Une partie de la famille Mora (la famille de Tina Novarini) à Beraut (Gers) : de gauche à droite, Pino Novarini, Denise Mora (épouse Cassagne), Henriette Novarini, Bertho Mora, Rina Mora et monsieur Cassagne. Toute cette famille, les parents, le frère aîné, ont participé très tôt au reseau Victoire *qui s'intégra ensuite dans le réseau* Hilaire-Buckmaster*. A Bérault, les frères Carbonneau, amis de Roger Larribeau, apportèrent aussi leur aide.*

Condom

Emile Bourdettes.

Albert Bordes.

Olivier Prieur.

Madame Bordes et ses trois filles.

Monsieur Bordes.

Jean Corne, à cette époque greffier à Condom, son épouse et leur deux fils, Pierre et Francis.

Olivier Prieur, toujours prêt à transporter dans sa V8 ceux du réseau qui avaient à se déplacer pour les parachutages, Jean Corne, Albert Bordes, Emile Bourdettes, Maurice Doucet furent les premiers Condomois à connaître le groupement Victoire et à y adhérer. Olivier Prieur transporta les sept aviateurs de la RAF dont l'avion s'était écrasé près d'Arx, dans les Landes, le 13 août 1943. Les vêtements civils, qui permirent aux Anglais le passage des Pyrénées et la traversée de l'Espagne, furent fournis par les époux Sorbé de Seissan (Gers). Les aviateurs furent hébergés par les familles Darroux à Fourcès, Perini et Labadie. Olivier Prieur fut aussi très souvent le chauffeur de la radio d'« Hilaire », « Annette », pour ses émissions.
Les familles Bourdettes, Bordes, Corne, Espiau se dévouèrent sans compter pour le groupement Victoire, puis pour le réseau Hilaire-Buckmaster *(SOE). Un hommage est à rendre à madame Baurens, libraire à Condom, cousine de Roger Larribeau et dont le frère, Louis Dubosc, fournit à « Albert » et à « Hilaire » de faux papiers « officiels » leur permettant de circuler. N'oublions pas l'équipe Cantal, Herlin, Portaix et Castagnos.*
Dès son arrivée à Castelnau-sur-l'Auvignon en octobre 1941, Roger Larribeau conduisit Jeanne Robert chez André Pujos pour l'entretien de son vélo. Par la suite, et jusqu'à la Libération, il continua à entretenir avec la plus grande discrétion les bicyclettes des amis en difficulté : il était alors très rare d'obtenir des pneus et des chambres à air de rechange et pourtant nous ne pouvions guère nous passer de ce moyen de déplacement. Mis en confiance, nous lui demandions de recharger les accus indispensables au fonctionnement du poste récepteur. Il ne posa jamais de questions bien qu'il eût parfaitement compris ce dont il s'agissait.
Avant de continuer citons Abel Sempé, maire d'Aignan, qui devint capitaine au bataillon de l'Armagnac, ainsi qu'Alexandre Baurens, député-maire de Valence-sur-Baïse.

Maurice et Jeannette Epiau.

Marius et Etiennette Sorbé (Seissan, Gers).

Ces deux couples, adhérents dès sa création au réseau Victoire, étaient des amis sûrs, fidèles et dévoués que nous regrettons tous. La maison de Marius et Etiennette était toujours prête à nous accueillir chaleureusement, pour le gîte et le couvert lors de nos voyages dans les Pyrénées. Le colonel « Hilaire » y séjourna souvent. Leur fille, Geneviève (12 ans à cette époque) s'en souvient parfaitement.

Rendons hommage à Gaston et Andrée Geay-Le Bechec. Ils appartenaient tous deux au groupe qui œuvra dans l'ombre dès le 1er juillet 1943, puis forma la deuxième compagnie du bataillon de l'Armagnac. Le PC de ce groupe siégeait à l'usine à gaz de Condom. Andrée Geay en était la secrétaire. Le capitaine Rendier mis au courant de l'existence du groupe contacta Jean Le Bechec, père d'Andrée. Le groupe Romain *bénéficia des parachutages du réseau* Hilaire-Buckmaster *et eut une action importante dans la libération du Sud-Ouest. Gaston Geay devint lieutenant au sein du bataillon de l'Armagnac. Leur fils, Alain, par ses travaux d'historien, s'attache à maintenir le souvenir de la Résistance.*
N'oublions pas la famille Pujol, de Montréal (Gers). Elle eut un rôle important dans les activités du réseau Victoire *puis* Hilaire-Buckmaster *(Wheelwright). Les Pujol, père et fils, ont rejoint le maquis de Castelnau le 6 juin 1944. Ces derniers et le colonel André Lalanne accompagnèrent « Annette », la radio d'« Hilaire », et l'aidèrent à s'échapper de Castelnau, avec son poste, le 21 juin 1944. Le courage, le sang-froid et la gentillesse d'Yvonne Cormeau, dite « Annette », sont restés légendaires chez les résistants et les maquisards qui l'ont connue. André Lalanne, natif de Condom, fut, en 1943, affecté au service interallié de parachutages dans le Gers. Le 6 juin 1944, il commandait le corps-franc de Castelnau. Il participa aux différents combats pour la libération du Gers, avec le bataillon de l'Armagnac. Il fit une brillante carrière dans l'armée de l'air. Promu lieutenant-colonel, il périt, hélas, dans un accident d'avion, en service commandé dans le Pacifique, le 5 juin 1971. Son courage, qui n'avait d'égal que sa gentillesse, lui valut de nombreuses décorations françaises et étrangères. Une promotion de l'armée de l'air porta son nom. Son jeune frère, Maurice, a, lui aussi, rejoint le maquis de Castelnau le 6 juin 1944. Après le 21 juin, il fut incorporé au bataillon de l'Armagnac. Chaque année, il est fidèle à la commémoration de la bataille de Castelnau-sur-l'Auvignon.*

Monsieur et madame Darroux, de Fourcès (Gers). Leur café permettait une rencontre facile des résistants du secteur et ils ne ménageaient pas leur aide (hébergement des aviateurs anglais d'Arx, cache d'armes, etc.).

Gaston Geay. *Andrée Geay-Le Bechec* *Monsieur et madame Pujol.*

Le lieutenant-colonel André Lalanne

Madame et monsieur Depis, de Larroque -sur-l'Osse.

Pierre Pujol.

Citons ici Charles et Solange Lauray. Ce couple adhéra dès le début de l'année 1943 au réseau Victoire *puis au réseau* Hilaire-Buckmaster, *tout en restant attaché au groupe* Prunus, *et mit ses terrains à la disposition du réseau pour les parachutages. Le message* « la déshydratation est épatante », *du 12 août 1943, annonça le premier parachutage chez les Lauray. Ce fut une réussite. Charles, ses parents et Solange s'engagèrent à fond dans la Résistance. « Annette », l'opératrice radio, fit de nombreuses émissions chez eux.*

Les employés de l'imprimerie d'Agen où travaillaient Maurice Rouneau, Pierre Duffoir et Hélène Falbet. Le patron ignorait l'activité de ses employés… et l'impression de cartes d'identité par Rouneau.

Hélène Falbet et son fils André, à cette époque.

Solange et Charles Lauray.

Georgette Avian (sœur de Pierre Duffoir) et Hélène Falbet : le sourire et le courage…

Pierre Duffoir (alias « Félix »), Paulette (son épouse) et Josette (leur fille) : ces dernières ont beaucoup souffert pendant le passage des Pyrénées.

Paul Mifsud.

Madame Duffoir, mère de Pierre, et sa fille Georgette ont été arrêtées par la Gestapo à Agen en 1943. Elles ont tellement bien joué les innocentes qu'elles ont été relâchées. Madame Béliard, sœur de madame Duffoir, et son mari aidèrent aussi les agents du réseau à Paris.

Fernand Gaucher (dit « Gérard ») fut parmi les premiers à rejoindre le réseau. Il vint habiter à Castelnau avec son épouse et ses deux fils, après la dissolution du 150e RI, consécutive à l'arrivée des Allemands à Agen. Il fut arrêté à La Réole, transportant dans sa valise un poste émetteur. Il mourut en déportation.

« Catherine » (recherchée à Lyon sous le pseudonyme « Danielle »), alias « Denise Bloch », jeune femme de 24 ans d'origine juive, arriva à Castelnau vers Noël 1942. Elle partagea sa résidence entre Agen (Chez Hélène Falbet) et Castelnau où l'institutrice lui installa une chambre. Quelques mois plus tard, elle traversa les Pyrénées avec Maurice Dupont et rejoignit à Londres le QG du colonel Buckmaster. Revenue à Paris en qualité de radio, elle y fut arrêtée et fusillée.

Maurice Dupont, sous-officier du 150e RI, fut hébergé par Jeanne Robert dans son appartement de fonction à l'école de Castelnau. Les anciens élèves se souviennent fort bien de ce jeune homme qui avait installé un mât dans la cour de l'école et hissait le drapeau chaque matin... Il jouait le rôle de moniteur de gymnastique.

Agen

Maurice Jacob. C'est au château de la Clotte, près d'Agen, que les époux Jacob, leur fils Paul et madame Blazy ont été arrêtés, après que les Allemands y découvrirent une cache d'armes. Tous furent relâchés sauf Maurice. Ce dernier, chef de division à la préfecture du Haut-Rhin, se replia à Agen avec son administration et dirigea le service des réfugiés alsaciens-lorrains. Comme lui, ses hommes, dont Lavalette, Blasy, Mesterman, Diener et d'autres, adhèrent très tôt au groupement Victoire. Maurice Jacob fut déporté en août 1943 et ne revint jamais.

Groupe d'adhérents agenais au réseau Victoire *(1942-1943). Au centre José Arostegui.*

Pierre Labayle, brasseur à Montréjeau (Haute-Garonne), lors de son arrestation par la Gestapo en septembre 1943 et à sa libération des bagnes nazis en 1945. Il ne survécut pas longtemps à la souffrance endurée. Son activité résistante fut exemplaire et efficace. Il fit connaître au réseau Victoire *ses amis fidèles, qu'il avait à Montréjeau et dans la région ; ces derniers servirent le réseau* Hilaire-Buckmaster *jusqu'à la Libération.*

Monsieur Bernadet, épicier à Montréjeau, dont la voiture transporta bien des hommes et du matériel, et madame Mauléon qui reçut de nombreux agents chez elle à Aventignan (petit village près de Montréjeau).

Juliette Mansencal, son mari Roland, son neveu Jean Campan et ses deux nièces Jeanne et Juliette ont donné l'hospitalité à nombre de résistants, tout en prenant contact avec le guide Bordes pour leurs passages des Pyrénées.

Madame Duffaza fut incarcérée à la prison Saint-Michel à Toulouse. Paul Duffaza fut déporté en 1944. Ce couple eut la même activité que la famille Mansencal. Dans leur camionnette, ils transportèrent de nombreux résistants vers les lieux de rendez-vous avec le guide Bordes. Pour Jeanne Robert ce fut chez monsieur Verdier, chef de gare à Salechan (Hautes-Pyrénées).

Citons, ici, quelques compagnons de route, lors de l'ascension du pic de Burat. Paul Mifsud (de Saint-Martory, Haute-Garonne) gagna l'Afrique du Nord et s'engagea dans la Marine nationale. Jean Joubert (de Saint-Martory) tué à Centeno près de Cassino (Italie). Et aussi Mougin, Cartouzou (diamantaire à Paris), Félix Andiano. Quant à Bordes, alias « Blanchard », « Borderès », qui effectua de nombreux passages pour le réseau, il trouva la mort dans des circonstances dramatiques et regrettables.

Quelques Français du réseau *Buckmaster* à Londres, début 1944

Jacques Debrie (identité réelle : Gustave Duclos) de Fabas (Ariège).

Paulette Duffoir d'Agen.

De droite à gauche, au premier plan : Pierre Duffoir, Jean Campan, instituteur à Mazères près de Montréjeau, Gérard Dedieu, instituteur à Viella (Gers). Des agents du réseau Victoire eurent un entraînement accéléré au parachutisme à Ringway, près de Manchester.

Castelnau-sur-l'Auvignon après le 21 juin 1944

Avant d'échapper à l'encerclement des Allemands, les maquisards ont fait sauter la tour qui contenait les armes et les munitions. Puis, les Allemands ont détruit l'unique rue du village.

Ce qui reste de la mairie-école…

Chaque année, si possible le 21 juin, les anciens du réseau se retrouvent, se souviennent et se recueillent devant le monument aux Morts de Castelnau-sur-l'Auvignon. On reconnaît le docteur Deyries, le médecin du maquis, Roger Larribeau, maire sous l'Occupation, Camillo, chef des guerrilleros espagnols, Abel Abeillé, maire de Condom et ancien du maquis de Castelnau et du réseau Victoire.

Au premier plan : Pierre Péré du bataillon de l'Armagnac, Jeanne Robert, Abel Sempé, Roger Larribeau, Camillo et, derrière lui, monsieur Louvet et son petit-fils Bernard.

Solange Lauray, Jeanne Robert et monsieur Defrances, maire de Castelnau, déposent les gerbes des associations de Résistants. Derrière eux, on reconnaît, de gauche à droite, des anciens du bataillon de l'Armagnac : Gobbi, Lafitte, Abeille, Joseph, Trillo et le président de l'ADCVR d'Auch, G. Facquer.

Dévoilement de la plaque apposée sur le mur des groupes mairie-école.

Jeanne Robert et Armand Larribeau (fils aîné de Roger Larribeau) dévoilent la plaque qui donne un nom à l'unique rue de Castelnau, avenue du 21 juin 1944. A droite, le maire Jacques Verouzan.

La gerbe des anciens du réseau Victoire *est déposée par Solange Lauray, Hélène Falbet (cachée) et Jeanne Robert.*

Le colonel Maurice Buckmaster à la réunion des anciens du réseau en 1967.

se retirèrent. Je me retournai alors vers le militaire qui, derrière son vaste bureau, n'avait soufflé mot :
- Monsieur, je présume qu'il y a un malentendu. Vous serait-il possible de me dire pourquoi j'ai été amené ici ?

Dans un français passable, l'homme répondit :
- Je ne peux vous donner aucune explication. C'est le capitaine qui s'occupera de vous.
- Mais puis-je voir de suite cet officier ? Il est 8 h 05 et mon train part à 8 h 15. Je voudrais ne pas le manquer.
- Impossible, le capitaine déjeune.
- Ne pourriez-vous le faire prévenir ?
- Je n'en ai pas le droit. Il viendra lorsqu'il aura terminé.

Il était inutile d'insister d'avantage. Je savais seulement que je disposais de quelques instants de répit. Il fallait que je les mette à profit pour essayer de faire disparaître les papiers que je portais. Mais comment ? Je tirai une chaise.
- Me permettez-vous de m'asseoir ?
- Certainement.

Je sortis de ma poche un paquet de cigarettes.
- Fumez-vous ?
- Volontiers.

Intérieurement, je pensai que le bonhomme n'était pas trop revêche. Du feu, quelques bouffées et je repris, d'un air désinvolte, cependant que je sentais une sueur glacée qui me coulait dans le dos et sous les bras :
- Vous plaisez-vous, à Lyon ?
- Oui, assez.
- La ville n'est évidemment pas mal, à par ses brouillards…

Et la conversation s'orienta dans ce sens. Mais si j'entretenais ainsi l'attention du Boche, ma pensée était tout entière aux documents que je tâtais dans la poche intérieure gauche de mon veston. Il fallait agir vite. J'alimentai la conversation sans désemparer, comme si j'avais pris mon parti d'avoir raté mon train. Et, tout en devisant, je tirai de ma poche l'une des fameuses lettres. Je l'enlevai de l'enveloppe et fis semblant de lire. Je serais bien incapable de dire lequel des papiers je tenais alors en main, mais je sentais que, jusqu'à présent, je maîtrisais. Rien de mon émoi n'avait transpercé. Pourvu que ça dure ! L'Allemand n'avait pas bronché. Un homme de corvée balayait le bureau. Je fixai alors bien mon interlocuteur dans les yeux, puis je m'embarquai dans une longue diatribe contre *« cette guerre stupide qui oppose deux grands peuples comme les nôtres, faits pour vivre en paix »*, etc. Et, pendant ce temps, je déchirai le papier que je tenais à la main en menus morceaux… que je lançai devant le balai du soldat de chambrée.

Aucune réaction chez le Boche ! Très rapidement, j'agis de même pour un deuxième document. L'adjudant d'en face n'avait toujours pas bougé !

Mais il me restait encore un papier en poche. Lequel, je l'ignorais. Ce que je savais, c'est que, maintenant, le temps pressait et l'homme de corvée avait fini de balayer le bureau. Alors je jouai le grand jeu. Je sortis le dernier document et je le roulai en boule. Puis, me levant, j'offris une nouvelle cigarette au sous-officier. Pendant qu'il l'allumait, je lançai mon papier dans la corbeille. Ouf ! personne n'avait bronché. Quelques instants après, on vint vider la corbeille dont le contenu passa à la poubelle...

Le capitaine allemand ayant fini d'avaler son petit-déjeuner fit son entrée quelques minutes plus tard. Il m'examina d'un air peu amène, mais vérifia d'abord les papiers de l'homme que l'on avait amené en même temps que moi. Après lui avoir tâté le poches, il le laissera partir sans explication. Ce n'était décidément pas à lui qu'on en voulait. Se tournant vers moi, l'officier se mit en devoir de me fouiller. Comme je m'étais débarrassé de ce que j'avais de compromettant, je me sentais beaucoup plus sûr.

- Voulez-vous me permettre de vider mes poches ?

- Faites !

J'étalai alors sur le bureau tout ce que je possédais. Seule une importante somme d'argent dont j'étais porteur pouvait être gênante. Elle provoqua d'ailleurs immédiatement cette question :

- Pour quoi faire, tout cet argent ?

- Je suis propriétaire en Armagnac. Je traite d'importantes affaires d'alcool qui m'obligent à avoir parfois sur moi de grosses sommes. Ma carte d'identité vous confirmera d'ailleurs ma qualité. Et je lui montrai ladite carte qui portait bien, en effet, « *Profession : Propriétaire* ».

Cette carte était un faux... authentique. Elle était régulièrement inscrite aux registres d'immatriculation, grâce à la complaisance de monsieur Carrère, maire de Beaumont, près de Condom. S'il n'y avait qu'une vérification superficielle, je courais la chance de m'en tirer. L'officier parut ébranlé. Il n'avait rien trouvé de suspect sur moi. Je décidai alors de porter un grand coup :

- Monsieur, vous m'avez fouillé, mais vous n'avez pas tout vu. Ma serviette est là, sur cette chaise. Voulez-vous vérifier son contenu ?

Cette fois, je lus un étonnement profond dans son regard et c'est sans aucune conviction qu'il compulsa rapidement le contenu de ma serviette. Après quelques instants de conversation avec le sous-officier de service et un individu en civil qui l'accompagnait et se disait interprète, il se retourna vers moi et m'expliqua que j'étais monté dans un compartiment réservé dont l'affiche « *Nur für Wehrmacht* » avait été arrachée, que l'on avait cru que c'était moi qui avais commis ce « délit » (je ne comprenais alors pas pourquoi il m'avait pareillement fouillé !), mais que l'on avait dû faire erreur et... j'étais libre. Il se réservait seulement de prendre bonne note de mon identité. Et, saluant impeccablement, il se retira. Je me demandai si cette attitude ne cachait pas un piège. Aussi ne me montrai-je pas pressé de partir et, riant de l'aventure, je tirai mes cigarettes et en grillai une nouvelle avec le sous-officier. Une demi-heure plus tard, je sortis tranquillement de la gare de Perrache et m'en allai en flânant, m'assurant bien que je n'étais pas suivi. Sur les quais, non loin du sinistre hôtel Terminus (où se trouvait la chambre des « aveux spontanés » à laquelle j'avais bien pensé durant l'heure qui venait de s'écouler), je rencontrai « Liliace », « Gérard » et « Félix », à qui je contai rapidement ma mésaventure. Pour me faire oublier mes émotions, dirent-ils, ils m'emmenèrent faire un bon dîner chez « Filoche », Oullins… où, vu ma chance (!), ils me laissèrent régler l'addition !

Pour « Arnaud », la situation était devenue précaire à Annecy. Il se vit bientôt obligé de filer, car il était sérieusement repéré. Il m'avait raconté lui-même son dernier « pépin » en Haute-Savoie : un jour qu'il était occupé à émettre, on vint l'avertir qu'il y avait un déploiement de gendarmerie allemande dans le quartier et qu'une voiture gonio de la *Gestapo* se trouvait tout près. Impassible, « Arnaud » termina son émission. Puis, replaçant son poste dans la valise, il sortit. Il y avait des Allemands casqués plein la rue et ils commençaient à envahir les immeubles. Une traction noire s'arrêta à vingt mètres. Sans doute la voiture gonio. Arnaud prit son air le plus innocent, comme quelqu'un qui n'était nullement visé par ce déploiement de forces, puis il alla, placidement, boucler sa petite valise sur le porte-bagages de sa bicyclette appuyée contre un mur, pendant que les Allemands s'engouffraient dans la maison dont il venait de sortir.

Encore un regard sur la scène qui se déroulait et il alla tout doucement, comme quelqu'un qui n'était pas pressé. Son flegme et la balourdise teutonne venaient de le sauver. Il n'en était pas moins vrai qu'« Arnaud » était brûlé, car les recherches se multipliaient. Il fallait qu'il parte. C'est pour cela qu'il arriva bientôt à Agen, chez madame Falbet, accompagné de « Gervais », lieutenant instructeur qui travaillait dans la région d'Aix-en-Provence. Tous deux voulaient franchir les Pyrénées et, par l'Espagne, gagner l'Angleterre. Avant de partir, « Arnaud » nous laissa le moyen de continuer à correspondre avec Londres, par la Suisse. « Félix » n'en avait pas fini de ses longs et scabreux voyages dans les Alpes. C'est moi qui fus chargé de conduire « Arnaud » et « Gervais » jusqu'aux Pyrénées. Sur le quai de la gare de Toulouse (prodige ou hasard ?) « Arnaud » retrouva un ami qui lui avait assuré aide et hébergement lors de son arrivée en France. Cette circonstance fortuite fit que Pierre Labayle, brasseur à Montréjeau, en Haute-Garonne, entra bientôt dans le giron de notre organisation. A Pau, nous rendîmes visite à Ascazo. Avec lui, nous allâmes voir le passeur qui devait faire franchir la montagne aux deux agents alliés. Mais ce passeur venait d'avoir un accident grave et il n'était pas en état de reprendre la montagne avant une huitaine de jours. Déveine constante chaque fois que l'on touchait à la capitale du Béarn ! Comme je me méfiais maintenant de tout ce qui pouvait nous arriver dans la cité des bords de Gave, je décidai que nous allions coucher à Lourdes. Depuis notre départ d'Agen, « Arnaud » portait sous son bras une boîte à chaussures enveloppée dans un vieux journal. Comme à la gare de Lourdes je vis une demi-douzaine d'agents de la police d'Etat qui interpellaient par-ci par-là des voyageurs, je lui demandai :

- Tu n'as pas de marché noir, par hasard, dans ta boîte ?

- T'en fais pas, mon vieux, je ne suis pas assez fou pour m'encombrer de puérilités !

A l'hôtel Terminus, nous avions retenu trois chambres. Après un brin de toilette, j'allai retrouver « Arnaud », que je trouvai juché sur une chaise, occupé à percher son fameux paquet au faîte d'une immense armoire à glace.

- Mais qu'est-ce que tu trimballes donc de si précieux avec toi, que tu éprouves le besoin de le camoufler là-haut ?

Alors son visage s'illumina d'un large sourire.

- Tiens, regarde.

Dans le carton, je vis, parfaitement rangées, six magnifiques grenades.

- Tu comprends, me dit « Arnaud », si les Fritz venaient à m'em... poisonner dans la montagne, avec ça, je leur jouerais un petit air !

Evidemment le capitaine radio ne s'embarrassait pas de puérilités ! Le lendemain, à Montréjeau, nous retrouvâmes Pierre Labayle. C'était lui qui assurerait le passage des Pyrénées aux deux officiers des services secrets, après leur avoir fourni des papiers leur permettant d'évoluer dans la zone frontière interdite. Outre le grand service qu'il rendait à nos deux amis, Pierre Labayle m'apprit une nouvelle du plus haut intérêt : c'était lui qui, près de Montréjeau, avait reçu, dans la nuit du 12 au 13 avril 1943, l'instructeur « Denis ». Ce dernier se trouvait toujours dans la région où il avait trouvé l'aide la plus complète auprès des amis de monsieur Labayle. Il était nécessaire que je rentre au PC de Castelnau, mais je promis à l'industriel montréjeaulais de revenir le voir très bientôt pour m'occuper du cas « Denis ». Pierre Labayle me ramena jusqu'à Auch dans sa puissante voiture, en faisant un détour par Pis, toute petite commune du Gers, où le fils de l'un de ses amis, monsieur Pujo, exerçait les fonctions d'instituteur. Monsieur Pujo avait été dans le temps en rapport avec un agent de Londres nommé « Martin » qui avait promis des parachutages d'armes. Mais « Martin » avait eu à Toulouse de graves ennuis et avait dû rentrer en Grande-Bretagne. J'affirmai à Pujo que je pouvais lui procurer ce qu'il attendait de Martin et, aussitôt, nous voilà partis, dans la voiture de monsieur Labayle, repérer le terrain de parachutage qui avait été prévu. C'est ainsi que commencèrent mes relations avec messieurs Lauray, père et fils, industriels à Miramont-Latour, près de Fleurance, à l'est du département du Gers. Les Lauray étaient de fort braves gens qui exploitaient un petit atelier de construction mécanique. Ils ne demandaient pas mieux que de participer à une action efficace contre l'Allemand, mais ils étaient maintenant quelque peu sceptiques. On leur avait promis tant de choses qui n'avaient jamais été tenues. Je les rassurai en leur certifiant que cette fois ils auraient satisfaction et je leur demandai de rassembler leur « comité de réception ». Je reviendrais les voir pour les mettre au courant des dispositions prises. De son côté, « Félix » avait « mis dans le bain » un de ses parents, monsieur Coulanges, cultivateur à Saint-Vincent-de-Lamonjoie, petite localité située au sud du département du Lot-et-Garonne. La ferme de monsieur Coulanges était parfaitement isolée et entourée de vastes terrains se prêtant à merveille à une opération aérienne nocturne. Celle-ci ne tarda pas à avoir lieu, avec un plein succès. « Hilaire » y participa et, cette fois plus heureux que le 27 novembre 1942 à Castelnau, put avoir une conversation par S-Phone avec l'équipage de l'avion venu de Londres. C'est ainsi que nous apprîmes qu'une très prochaine opération aurait lieu sur un nouveau terrain, au nord d'Agen, près de Beauville. A la ferme Coulanges, la réception avait été assurée par l'équipe spéciale de Maurice Jacob : Marco Diener, Paul Blazy, Meisterman, Maginot, etc., « Hilaire » et moi-même, ainsi qu'une nouvelle recrue de « Félix », l'Agenais Cazeneuve, jeune négociant du boulevard de la République (c'est Cazeneuve qui avait procuré le terrain de Beauville). Les lourds containers furent cachés dans un champ de topinambours. Le lendemain matin, ils furent enlevés par une camionnette de la préfecture conduite par Meisterman et transportés à « l'arsenal », en l'occurrence le château de la Clotte. Je profitai du véhicule pour porter à Beauville une merveille de petit appareil gonio, l'Eurêka, qui devait guider l'avion juste au-dessus de l'endroit où il devait larguer son chargement. Cet appareil a souvent été improprement dénommé « Rébecca », cette désignation devant uniquement s'appliquer au récepteur se trouvant à bord de l'avion. La nuit qui suivit celle du parachutage de Saint-Vincent-de-Lamonjoie vit une nouvelle opération à Beauville. A part un container égaré qui ne fut retrouvé que le lendemain dans la matinée, tout s'y passa bien. Pour donner le change à l'ennemi, les avions britanniques qui effectuaient ces missions nocturnes allaient parfois à quelques dizaines de kilomètres de l'endroit où ils devaient parachuter répandre sur les villes une pluie de tracts anti-allemands. La nuit de l'opération de Beauville, ils survolèrent Agen, où les sirènes d'alarme mirent la population en émoi. Mais les paquets de tracts ne se délièrent pas et, le lendemain matin, la gendarmerie reçut l'ordre de les récupérer. Ce qu'elle fit, mais pour qu'un grand nombre de ces papiers soient redistribués le soir par… un gendarme, nommé Tucom, qui faisait partie de notre organisation. En Gironde et en Dordogne, « Gérard » se dépensait sans compter. Lui qui avait eu la chance de réceptionner le premier parachutage continuait à recevoir des « parapluies ». Vers le début du mois d'août, l'un des arrivages contenait un poste émetteur-récepteur. Signe avant-coureur ! « Hilaire » n'avait-il pas été informé dernièrement de l'arrivée prochaine d'un opérateur de radio ? Une grande partie du matériel réceptionné allait à la Clotte, où, maintenant, il y avait du monde en permanence. Madame Jacob, pour justifier les allées et venues, y avait pris sa résidence avec son fils et madame Blazy. Quoi de plus normal que tous ces Alsaciens et Lorrains se retrouvassent là, le soir et le dimanche, entre eux qui, par surcroît, appartenaient à la même administration préfectorale ? Souvent, le dimanche, c'était l'astiquage des armes amenées dans la semaine, le dénombrement de tout ce matériel qui était ensuite soigneusement camouflé. « Hilaire » était souvent de la partie, aux côtés des hommes de Maurice Jacob, dont l'abbé Frichman n'était pas le moins acharné à retrousser ses manches pour graisser les mitraillettes, chargeurs, pistolets, pièces antichars, etc. De son côté, « Philibert » avait bien développé son réseau et allait aussi bientôt voir fleurir dans le ciel de son secteur les immenses fleurs aériennes qui tombaient doucement au sol. Il était parfaitement secondé en sa tâche par un Marmandais, Cambon, et par le Rhénan Louis Lévy, exilé de sa patrie depuis l'avènement du *Führer*. Sous le nom de « Christophe », ce dernier mena une action incessante au sein des groupements de Résistance qui luttaient sur le sol français. A Condom, le premier noyau de Résistance était bien constitué, solide. « Christophe » connaissait Jean Corne, greffier au tribunal. Et Corne avait des amis, des amis très sûrs : Emile Bourdettes et Olivier Prieur, deux jeunes et braves commerçants, qui amenèrent à leur tour Albert Bordes, un négociant condomois, et Maurice Doucet qui, en fuite devant la *Gestapo*, deviendrait après la Libération chef de cabinet du préfet de Lot-et-Garonne. Ce fut à Doucet qu'ayant un jour apporté chez Prieur un appareil « Euréka » en prévision d'un prochain parachutage, j'expliquai le maniement de cet engin. Le garçon boucher que j'avais devant moi avait vite compris et put, à l'avenir, émettre de façon fort correcte les lettres conventionnelles pour amener les avions parachuteurs au-dessus des terrains. Au cours de son voyage à Montélimar, « Hilaire » avait rencontré « Roger », son collègue britannique qui opérait en Provence. Ce grand diable d'Anglais avait bien le type de « son pays », maigre et long comme un jour sans pain. Comme il n'était pas très favorisé à ce moment pour ses contacts avec Londres, il fit fréquemment le voyage d'Agen, où il descendit chez Duffoir, 35 rue Garonne. Lui, n'avait pas trop de craintes à avoir quant à son accent pendant ses déplacements, car il parlait un français très pur. « Roger » ne professait-il pas notre belle langue dans l'une des plus réputées universités d'outre-Manche ? Souvent, aussi, « Félix » alla voir « Roger ». Il y avait des messages dont la transmission ne souffrait pas de retard. Le sempiternel errant qu'était « Félix » se vit un jour fouiller au cours de l'un de ces voyages. Sa valise contenait du linge, une grosse somme d'argent et… une coquette quantité de paquets de Gauloises étalée en lit dans la valise. Ces cigarettes firent croire au gendarme allemand qu'il se livrait au trafic des cigarettes et il n'insista pas plus longtemps. Heureusement ! Dans l'avenir, « Félix » éviterait ce passage trop surveillé. « Rodolphe » et son second « Amédée », décidément brûlés à Toulouse, n'avaient plus d'autre solution que de gagner l'Angleterre. Ils vinrent nous demander de les aider à franchir les Pyrénées, mais ils déclinèrent l'offre d'« Hilaire » de les faire accompagner. Finalement, ils partirent par leurs propres moyens, nantis des seules indications qui leur avaient été fournies quant aux lieux de passage. Le capitaine Henri Sévenet vint une dernière fois à Castelnau où il aimait tant se reposer quelques heures. Je ne le revis plus jamais. Avant de nous quitter, il avait eu une discussion d'une rare violence avec « Hilaire », leurs points de vue étant totalement divergents, et il n'est pas impossible que ce soit pour cette raison qu'il n'accepta pas l'aide d'« Hilaire ». Bien arrivés à Londres, « Rodolphe » et son second « Gontrand-Amédée » devaient plus tard être parachutés en France. Tous deux tombèrent héroïquement pendant la campagne de Libération. Je suis retourné à Montréjeau voir le brasseur Pierre Labayle. Et Labayle m'a fait faire la connaissance de ses amis. Il y avait là Bernadet, Laffargue et Pujo, trois négociants montréjeaulais, et aussi Pierre-Roland Mansencal, un fonctionnaire de l'administration coloniale qui n'a pu rejoindre son poste en Indochine. Tout le monde s'est retrouvé au Grand café, chez monsieur Larray, sur la place de Montréjeau. C'est que monsieur Larray était lui aussi un confident de monsieur Labayle. Les deux premiers, ainsi que Larray, avaient pris part à l'opération aérienne au cours de laquelle « Denis » avait mis le pied sur le sol français. Pierre-Roland Mansencal - « Roland » pour les amis - n'avait encore assisté à rien de pareil, mais il avait hâte de voir venir son tour. De plus, c'était lui qui, à ce moment, avait la charge - combien lourde ! - d'héberger « Denis ». C'est que l'oiseau qui était tombé du ciel n'était pas commode à tenir. Outre que partout où il était passé, il avait éprouvé le besoin de commettre quelque imprudence qui eût pu être lourde de conséquences en disant par exemple qui il était, ce qu'il venait faire en France (en exagérant plus ou moins et souvent plus que moins) et en se créant des relations fort suspectes. De plus, il avait un défaut majeur : son petit litre d'alcool ne lui faisait pas peur en guise de digestif. Alors, « Denis » était devenu lourd, très lourd, pour ceux qui, malgré lui, tentaient d'assurer sa sécurité. C'est ce que m'exposèrent les Montréjeaulais qui se trouvaient là et qui me demandèrent -oh ! combien instamment !- de les débarrasser de la présence de l'encombrant parachutiste. Je décidai d'en référer à « Hilaire » qui, en l'occurrence, était son chef direct, et je leur promis de revenir sous peu apporter une solution à cette question. En attendant, les deux équipes montréjeaulaises de Pierre Labayle et de Roland Mansencal, un instant divisées au sujet de « Denis », resserreraient leurs liens pour travailler à la cause commune. Je tentai de leur faire obtenir de nouvelles opérations aériennes. C'est en me ramenant au train que Pierre Labayle rencontra un de ses amis, monsieur Abadie, maire de Tajan, commune des Hautes-Pyrénées. Abadie était aussi un résistant convaincu et, de plus, le territoire isolé de sa petite commune se prêtait admirablement à une opération de parachutage. J'irais voir ça prochainement. En attendant, il fallait que je regagne le PC de Castelnau. Les déplacements de chacun se succédaient ainsi à un rythme accéléré et « Hilaire » lui-même était souvent par monts et par vaux, dans le secteur récemment prospecté par l'un de nous. En rentrant de Montréjeau, je le retrouvai à Agen, 3, rue de Cessac. Les décisions à prendre étaient importantes et urgentes et elles ne pouvaient être prises qu'en commun. Comme notre camarade britannique était trop fatigué pour faire la route à bicyclette, je demandai à Merchez de me porter en voiture avec un de mes amis (il ne connaissait pas encore « Hilaire ») jusqu'à La Romieu. De là, je me proposai de gagner Castelnau à pied. Merchez accepta et c'est ainsi que, pour la première fois, il vit « Hilaire » qui bougonna :

- Encore un qui va me connaître, maintenant.

- Ne vous en faites pas, mon vieux, vous aurez peut-être encore besoin de lui.

Je ne savais pas être si bon augure. Grand conseil de guerre à Castelnau. Qu'allait-on faire de « Denis » ? Il était certain, après ce que j'avais constaté, qu'il ne pouvait pas rester plus longtemps dans la région où il évoluait. « Hilaire » décida d'en référer à Londres. Rapport… et voyage de « Félix » à la frontière suisse pour faire passer ledit rapport. En attendant, tournées de mise au point dans tous les secteurs. A Agen, les quelques éléments militaires de *Victoire* qui étaient restés en contact avec nous étaient toujours fort actifs et, parmi eux, l'ancien maître d'armes du 150e RI, Bénard, nous rendit de grands services. Le groupement alsacien-lorrain de Maurice Jacob paraissait solide comme un roc et parfaitement uni autour de son chef. J'avais enfin présenté Merchez à Jacob, de façon à créer une union dans l'effort, une homogénéité qui ne pouvaient qu'être favorables et Etienne Gardes et son équipe étaient prêts à tout. Cette équipe s'était d'ailleurs enrichie d'une recrue de marque : monsieur Combecave, haut fonctionnaire de l'administration des PTT, ce qui nous permettrait ainsi de contrôler tout un service de première importance. Les amis d'Etienne Gardes se réunissaient alors à quelques kilomètres de la ville, dans une maison isolée au bord du canal latéral à la Garonne, chez Bergon. En Gironde, « Gérard » tenait son monde bien en main et, malgré toute l'activité développée dans cette région, le cloisonnement restait hermétique entre les différentes équipes. Avec Barrière à la tête de l'organisation, on trouvait là-bas des hommes décidés à tout, tels que Marius Bouchou, Alcide, Debussy, Descaudemaison, Vincendeau, Pujols… dont les domiciles étaient situés sur les communes de Sainte-Radegonde, Doulezon, Saint-

Antoine du Queyret, Mouliet, Maussugas et Soussac. D'autres éléments étaient éparpillés dans toute la région. Si, à Pau, il n'y avait encore qu'Albert Ascazo sur lequel on puisse compter, la zone pyrénéenne nous semblait maintenant moins hostile avec l'appui de notre nouvel ami Pierre Labayle, de Montréjeau, et de ses fidèles compagnons. Afin d'assurer sa liaison avec nous, Pierre Labayle m'avait demandé d'accepter un courrier qui, ayant été grillé à Marseille alors qu'il appartenait au réseau du capitaine Frager (Paul), était venu se réfugier à Montréjeau. C'est ainsi que « Coste » passa dans notre organisation. Mouvement couvrant la Gironde, le Lot-et-Garonne avec l'important centre d'Agen, le Gers par l'active équipe de Condom-en-Armagnac et celle de Lauray à Miramont-Latour, les Pyrénées grâce à Labayle et à Mansencal, une partie de la Dordogne et des Landes travaillée par les hommes de « Philibert ». Tout cela commençait à être équipé grâce aux nombreux arrivages d'armes, qui d'ailleurs allaient encore s'intensifier, chaque équipe étant en liaison constante avec le PC de Castelnau-sur-l'Auvignon dont l'influence se faisait sentir jusque dans la région lyonnaise et en Savoie. Il était permis d'espérer que l'opiniâtre travail de chacun avait contribué à construire un édifice solide, capable de résister aux coups qu'un jour l'ennemi pourrait lui porter. Tous, nous souhaitions maintenant un prompt débarquement. D'ailleurs, « Hilaire » n'avait-il pas reçu des instructions spéciales en prévision de ce grand événement ? Les messages qui devaient nous informer de l'opération lui avaient été communiqués. Avec l'important réseau qui couvrait maintenant la plus grande partie du Sud-Ouest, on pouvait, avec efficacité, participer à l'action libératrice.

XI. Du sable dans les rouages

Ce jour-là, « Félix » rapporta de la frontière suisse un volumineux courrier qu'« Hilaire » décortiqua minutieusement. Instructions fort diverses données par Londres, dont « Hilaire » voulut bien nous faire connaître une partie : 1° Défense de s'occuper de l'organisation politique et administrative du pays en cas de débarquement, s'en tenir strictement à l'action militaire ; 2° « Denis » ne doit pas rester plus longtemps dans la région. Le reste avait trait aux opérations aériennes. J'allais donc avoir à m'occuper tout spécialement du sieur « Denis » et je me demandais comment j'allais bien pouvoir pratiquer pour faire vider les lieux à cet oiseau-là. Nouveau voyage à Montréjeau, où madame Delattre m'accompagna. Ce fut madame Mansencal qui nous guida jusqu'auprès de « Denis » et c'est Pierre Labayle qui, dans sa voiture, nous transporta là-bas, dans le petit village des Basses-Pyrénées où le parachutiste avait trouvé refuge à Luc-Harmeau : quelques maisons et des fermes éparses dans la campagne. A un kilomètre du village, une grande bâtisse isolée. C'était la propriété des Campan, les parents des Mansencal. C'était là que gîtait « Denis » qui, toutefois, s'était créé des amitiés dans les environs où il rendait visite à certains paysans. Je trouvai le Canadien dans une ferme amie et j'eus avec lui une longue conversation dont j'essayais de retirer des éléments utiles pour la suite de notre travail dans la contrée. Finalement, je fis part à Duchalard (c'était le nom de « Denis » et il l'avait fait connaître à qui a voulu l'entendre) des dispositions prises à son égard : il fallait qu'il quitte le coin où il se trouvait actuellement. « Denis » devait se rendre compte qu'il avait commis quelques gaffes, car il n'avait pas l'air très fier et accepta sans rechigner les mesures que je lui édictai. En fin de quoi nous rentrâmes dans la maison où se trouvaient rassemblés une nombreuse famille et nos amis. Dégustation d'eau-de-vie du pays, raide comme une pierre à fusil, dont « Denis » s'enfila coup sur coup deux grandes chopines pleines à bord. J'informai l'assistance de ce que « Denis » allait bientôt partir. Cette nouvelle ne parut pas être du goût d'André Coulon, fils d'un entrepreneur tarbais et beau-frère de Jean Campan.

- « Denis » est avec nous pour travailler et il restera ici, me dit-il.

- Si « Denis » préfère rester avec vous plutôt que de se conformer aux instructions qui lui sont données, c'est son affaire. Je rappellerais seulement qu'il est militaire et qu'en agissant ainsi, ses supérieurs seront peut-être enclins à le considérer comme déserteur. Quant à votre organisation, il serait impossible de lui apporter aucune aide si vous vous insurgiez contre l'organisme central de Londres en gardant avec vous -presque de force dirai-je- un officier qui a reçu des ordres stricts de départ. Coulon comprit alors qu'il n'avait plus, s'il voulait travailler efficacement, qu'à se rendre aux raisons que je venais de lui exprimer. « Denis » préparerait donc son départ et Coste, le nouveau courrier de Montréjeau, viendrait le chercher en temps utile pour le conduire à un endroit qui lui serait désigné ultérieurement, où nous le prendrions en charge. L'entrevue était terminée et il ne me restait plus qu'à reprendre la route de Montréjeau, où tous poussèrent un grand soupir de soulagement en apprenant qu'ils n'auraient plus longtemps à craindre les bavardages du trop expansif parachutiste. « Hilaire » fut formel lorsqu'il apprit le résultat de mon entrevue avec « Denis » :

- Je ne veux pas le voir et il faut en débarrasser la région. J'ai reçu des ordres stricts de Londres et il faut s'y conformer. Lorsque « Gérard » rentrera de la Gironde, vous partirez tous les deux et vous prendrez toutes les dispositions utiles pour que je n'entende plus parler de « Denis ». Vous avez carte blanche. « Gérard » ne tarda pas en effet à rentrer de sa tournée. Là-bas, il avait tout préparé pour la réception de l'opérateur-radio qui devait être parachuté incessamment. Comme le message d'avertissement *« Jacqueline porte une robe rouge et verte »* pouvait passer d'un moment à l'autre, « Hilaire » partit en Gironde avec « Félix » pendant que « Gérard » et moi-même partions rejoindre « Coste » et « Denis », à qui nous avions donné rendez-vous à Toulouse. Afin de prendre ces dispositions, j'étais allé, en compagnie de « Gérard », voir nos amis de Montréjeau. Au café Larrey, nous avions rencontré messieurs Labayle, Mansencal et Laffargue. Le soir, nous avions eu, au domicile de Pierre Labayle, une assez longue conférence sur les sujets qui nous occupaient et nous avions eu aussi le plaisir d'y rencontrer des hommes de l'organisation de « Paul » (le capitaine Frager) qui auraient voulu travailler dans la région pyrénéenne. Parmi les fidèles de Frager, il y avait le docteur M., de Saint-A., qui paraissait avoir voix prépondérante. Comme la dualité de deux organisations similaires et, qui plus est, dépendant du même service ne pouvait être un élément favorable à l'action commune que nous menions, nous arrivâmes, après de longs palabres, à définir une limitation de secteur, qui éviterait les heurts et cette sorte de concurrence néfaste au recrutement des patriotes qui devaient nous aider. Après un échange de vues qui s'était prolongé fort tard, nous reçûmes la plus large hospitalité sous le toit de Pierre Labayle et, le lendemain, nous partîmes pour Toulouse. « Gérard » envisageait d'emmener le Canadien dans son secteur où, disait-il, il pourrait lui trouver « un petit coin tranquille » où il serait bien surveillé en même temps qu'il pourrait y faire d'utiles démonstrations sur le matériel parachuté. Je fis remarquer à mon collègue que cette solution ne serait vraisemblablement pas du goût d'« Hilaire », qui avait bien exprimé sa volonté de ne plus entendre parler de « Denis ». De plus, il était probable que s'il avait commis des imprudences dans les Pyrénées, il récidiverait en Gironde. Et comme il se passait là-bas trop de choses importantes, le jeu serait dangereux. J'exprimai donc l'avis qu'il fallait plutôt le faire passer sans retard en Espagne, d'où il rallierait l'Angleterre. « Denis » et son cicerone, « Coste », furent exacts au rendez-vous. Nous expliquâmes alors au lieutenant canadien que pour diverses raisons il ne nous était pas possible de le garder dans le Sud-Ouest et qu'il n'y avait pour lui qu'une solution : rentrer en Angleterre. Coste se chargea d'aller le remettre « au vert » pendant le temps qui serait nécessaire pour organiser son passage. Aucune réaction. « Denis » avait compris qu'en raison de son attitude pendant son court séjour en France il était devenu indésirable et qu'il n'avait plus qu'à se conformer aux directives qui lui étaient données. Retour par Agen, où nous revîmes quelques amis. Le poste émetteur-récepteur que « Gérard » avait reçu d'un précédent parachutage avait été entreposé dans un petit appartement que je louais rue Lassaigne, chez madame Amadieux. Il y avait là bien d'autres choses fort dangereuses et la brave dame de propriétaire ignorait que son appartement servait d'arsenal à des terroristes. « Gérard », qui partait rejoindre « Hilaire » et « Félix », voulait à tout prix emmener ce poste dont il croyait que l'opérateur radio aurait besoin en arrivant. J'essayai de l'en dissuader en lui faisant remarquer qu'« Hilaire » ne lui avait donné aucune instruction en ce sens et que, de surcroît, si ce poste avait été nécessaire là-bas, il l'aurait amené avec lui ou fait emporter par « Félix ». Rien n'y fit : « Gérard » s'en alla avec le poste. Hélas ! Pourquoi ne me suis-je pas opposé de façon plus vive à ce transfert qui allait être une source de catastrophes ? Je serrai donc la main à mon collègue et ami qui partit vers sa destinée -je ne le revis plus- et je rentrai à Castelnau, où j'aurais seul la garde du PC. En arrivant, j'appris que pendant mon voyage aux Pyrénées un parachutage avait eu lieu à Miramont-Latour, près de Fleurance. Malgré des conditions difficiles, les Lauray, père et fils, assistés de leurs courageux coéquipiers, avaient mené l'affaire à bien. La première opération importante de ce genre dans le Gers était un succès. Le second de « Philibert », « Christophe », avait, conjointement avec l'équipe de Condom, préparé d'autres parachutages aux confins des Landes, où les immenses clairières qui s'ouvrent dans les forêts de pins offraient des terrains extrêmement propices. Tout ce monde attendait avec impatience, mais l'attente fut de courte durée. Le 13 août, la BBC diffusa le message préliminaire à cette opération : *« Le boubou n'est pas seulement pour les bébés »*. Ce message était une plaisanterie d'« Hilaire » qui, lorsqu'il préparait ce parachutage se moquait de la triste tête que je présentais en raison d'une énorme fluxion due à une dent cariée, ce qui m'obligeait à me nourrir presque exclusivement de panade, qu'il dénommait plaisamment « boubou ». D'où l'origine du message pré-cité. Les

Condomois Jean Corne et Emile Bourdettes, transportés par Olivier Prieur dans sa voiture, allèrent rejoindre près d'Arx, dans les Landes, « Christophe » et l'un de ses sous-agents, Robert Portaix, qui se trouvait là avec son équipe. Il fallait occuper deux terrains, distants l'un de l'autre de quatre kilomètres, car les coordonnées avaient été changées au dernier moment et l'on ignorait sur quel emplacement le parachutage a été prévu par la RAF. Sur le premier, s'installèrent « Corne », « Christophe » et quelques hommes de l'endroit. Sur le deuxième, il y aurait Prieur, Bourdettes, Portaix et des équipiers de ce dernier. A onze heures, chacun prit place à son poste. Et l'attente commença, pleine d'espoir... et aussi d'appréhension. Le grand oiseau noir annoncé par la BBC viendrait-il ? L'attente sembla longue... longue. Mais vers minuit et demi, un ronflement, lointain d'abord, mais qui s'amplifia rapidement, ne laissa aucun doute à ceux qui, en bas, tendaient anxieusement l'oreille. Cette fois, c'étaient bien les hommes volants qui venaient de la terre amie, de la terre libre d'Angleterre. L'appareil prit le vent, fit un tour, deux tours, puis, à basse altitude, largua sa cargaison sur le terrain occupé par « Christophe » et Jean Corne. Ceux-ci eurent l'impression que tout n'allait pas très bien à bord de l'avion britannique et quelques instants après ils entendirent un bruit sourd et lointain. Mais il fallait enlever rapidement les containers et camoufler les parachutes. C'est pendant qu'ils procédaient à ces opérations que Jean Corne aperçut au bout du terrain, à un kilomètre de là, agiter le feu rouge dont les deux équipes avaient convenu en cas d'alerte. Vite, il fallait ramasser les deniers éléments du parachutage et puis courir voir ce qui se passait. La nouvelle n'était pas bonne ; après avoir laissé tomber sa cargaison, l'avion n'avait pu reprendre de la hauteur et était venu s'écraser sur le terrain occupé par la deuxième équipe réceptrice dont, par bonheur, le pilote avait aperçu les signaux. L'avion était détruit, mais, heureusement, ses sept occupants, sept aviateurs polonais servant dans la Royal Air Force, étaient indemnes. Ils sortirent des débris et s'avancèrent vers ceux qui, dans la clairière landaise, s'attendaient à autre chose comme opération. Le sol était bien jonché d'armes diverses, de mitraillettes, de cartouches, de paquets de chocolat, etc., mais tout de même, ce n'était pas ainsi que Bourdettes, Prieur et leurs amis comptaient les recevoir. N'importe ! Pour l'instant, il fallait d'abord s'occuper des aviateurs alliés. Prieur avança sa V8 presque sous l'aile de l'avion et - il ne faut jamais perdre sa présence d'esprit ! - fit le plein d'essence à un réservoir encore miraculeusement intact. Pendant ce temps, Corne et Bourdettes jouaient les policiers en stoppant les curieux accourus au bruit de l'accident, car l'avion était tombé non loin d'un chantier pénitentiaire occupé par des détenus de droit commun, presque tous étrangers, auxquels il fut fait distribution de vivres et de chocolat afin de les amadouer quelque peu. Le lieutenant qui commandait l'équipage mit alors le feu à son malheureux appareil qui, vu la quantité d'essence qui avait coulé sur le sol, se transforma rapidement en un brasier. Puis les sept aviateurs prirent place dans la voiture de Prieur qui, fonçant dans la nuit de toute la puissance de ses quatorze chevaux, amena tout ce monde à Fourcès, à douze kilomètres de Condom, chez le cultivateur Perrini. Le lendemain, le chef local de la Résistance, Darroux, répartit les aviateurs en deux groupes, dont l'un alla chez un brave homme, Albert Labadie. J'avais quitté « Gérard » le 13 août, à Agen. Le parachutage de Miramont-Latour avait eu lieu le 12 et... le 14 au soir, j'entendis la BBC diffuser encore le message annonçant une nouvelle opération sur ce terrain. S'il n'y avait pas d'électricité et, par conséquent, pas de poste récepteur de radio à Castelnau, il nous était tout de même possible, maintenant, « d'écouter Londres » le soir à sept heures, grâce à l'amabilité d'un assez proche voisin, monsieur Rey, qui habitait à deux kilomètres de là, sur la route de La Romieu. Puisqu'il y avait encore une opération à Miramont-Latour, j'y serais. Quarante kilomètres à bicyclette ce n'était plus rien, maintenant que tous, dans notre équipe, nous avions l'habitude de ce sport. Il était un peu plus de huit heures du soir et je me préparais à partir lorsque madame Delattre, rentrant de Condom, m'informa que « Christophe » était là-bas et qu'il avait déclaré « indispensable » de me voir le soir même. Quel métier, bon Dieu ! Tant pis ! J'irais à Condom avant de partir à Miramont. Je trouvai « Christophe » qui m'attendait chez Bourdettes. Hélas ! C'était pour m'apprendre la triste fin du parachutage d'Arx et me demander de l'aide pour les aviateurs. Il leur fallait des papiers d'identité, des cartes d'alimentation et, surtout, des vêtements civils. Il fallait résoudre la question très vite. Je fis appel à Marcel Maës, notre ami du ravitaillement, qui, sans hésitation, se mit à notre disposition. Le lendemain, les personnes qui hébergeaint les aviateurs de la RAF eurent tous les apaisements en ce qui concerne la difficile question de la subsistance. Quant aux vêtements civils, qui pouvait être mieux placé pour les fournir que Maurice Jacob qui, à Agen, avait à sa disposition tout le stock réservé aux réfugiés ? Ce serait là que, le lendemain, « Christophe » irait demander ce qui lui était nécessaire pour vêtir décemment et « civilement » les militaires alliés pour qui le port de la tenue gris-bleu était vraiment dangereux. Ces importantes questions ainsi réglées, il était dix heures du soir lorsque je rentrai à Castelnau. Bien tard pour arriver à temps à Miramont-Latour, puisque à bicyclette il fallait deux heures pour couvrir le trajet et que les hommes qui assuraient la réception partaient, en principe, à onze heures sur le terrain. Le maire, Roger Larribeau, me proposa alors de m'y emmener sur le porte-bagages de son vélomoteur, un petit Peugeot qu'il avait acheté récemment et qui, m'assura-t-il, me déposerait à Miramont-Latour à onze heures trente. J'acceptai, car il n'y avait pas d'autre solution. Et puis, Larribeau, je le sentais, voulait tellement assister à un parachutage. Dire que faire cette route en grande partie par des mauvais chemins de campagne, assis sur quatre tiges de fer couvertes d'un vieux sac, eut quelque chose de particulièrement agréable, ce serait exagérer un tantinet. Mais, à onze heures et demie tapant, nous étions, comme l'avait promis Larribeau, chez les Lauray. Là, il n'y avait plus que les femmes. Les Lauray père et fils et leurs coéquipiers étaient déjà partis sur le terrain et la jeune femme de Charles Lauray ignorait où se trouvait exactement celui-ci, car il avait été décidé au dernier moment de ne plus opérer, par mesure de sécurité, au même endroit que précédemment. Avec l'appareil « Eurêka », ce changement de dispositions ne présentait pas de difficultés, puisque l'avion serait guidé jusqu'au-dessus du terrain choisi. Seulement voilà : dans la nuit noire, à travers champs, comment aller trouver ce terrain ? Madame Lauray connaissait vaguement la direction prise par les hommes et elle offrit de nous accompagner. On chercherait. Nous voilà donc partis. Nous marchâmes silencieusement pendant une bonne demi-heure, jusqu'à ce qu'arrivés en haut d'une colline, madame Lauray nous dit :

- Si je ne me suis pas trompée, ils ne devraient pas être loin d'ici.

Et la voici d'appeler discrètement :

- Ouh ! ouh ! Charles !

Seul le silence lui répondit. Nous avançâmes un peu plus loin.

- Ouh ! ouh ! Charles ! Charlôôô !

Dans un petit vallon, à cent mètres devant nous, il y avait une masure en ruine, tout entourée de ronces. Sous le laiteux clair de lune, le paysage se détachait comme choisi pour un film de contrebandiers. Et, pour parfaire l'illusion, voici qu'au coin de la masure apparurent deux hommes, coiffés de bérets basques, la veste simplement jetée sur les épaules. Ils étaient tournés dans notre direction, mais ne bougeaient pas.

- Ce sont eux, dit madame Lauray.

Et d'appeler de nouveau :

- Charles ! Charles !

Larribeau et moi-même dévalâmes la pente en courant et… les deux hommes filèrent, tels des lapins. Puis, aussitôt, nous entendîmes un « plouf » sonore. Nous continuâmes à avancer et madame Lauray nous suivit. Nous ne voyions toujours rien, mais j'entendis distinctement, près de là, le « clac-clac » de la culasse d'un pistolet automatique que l'on arme. Je criai :

- Ne faites pas les idiots. C'est moi, « Albert » - je crois avoir omis de dire que c'était là mon nom de guerre sous lequel j'étais connu dans ce secteur.

- Charles ! Charlot ! c'est nous. Où es-tu ?

Se détachant de l'ombre d'un buisson, je vis alors s'avancer la mince et haute silhouette de Charles Lauray. Il riait maintenant.

- Heureusement que vous vous êtes fait reconnaître. Ça allait barder.

Et, appelant dans la nuit :

- Vous pouvez venir, c'est le patron !

Des formes se détachèrent dans la pâle clarté qui baignait la prairie et, bientôt, une dizaine d'hommes étaient réunis autour de nous. Nous eûmes alors une explication du « plouf » que nous avions entendu tout à l'heure. En déguerpissant un des hommes que nous avions aperçus près de la masure avait voulu se cacher dans un buisson au bord d'une mare, mais il avait glissé et avait pris un bain forcé. Tout le monde rit de l'aventure et, pour aider à chasser l'émotion récente autant que pour alléger l'attente, on but à même une dame-jeanne un grand coup de blanc du pays. Le poste « Eurêka » fut placé au milieu de la prairie et Charles Lauray était prêt à émettre. Les porteurs de lampes signalisatrices connaissaient les postes qu'ils avaient à prendre. Puisque j'étais arrivé à temps, je tiendrais moi-même la lampe blanche qui donnerait, à la pointe du vent, l'indicatif en morse. Les autres attendraient à côté, en groupe, que les containers soient tombés pour courir les ramasser. Deux hommes pour enlever les parachutes, les autres pour les containers. La veillée continua, agrémentée d'histoires que ces diables de Gascons tiennent en réserve. Histoires souvent coupées par une petite ponction à la dame-jeanne qui circulait à la ronde. Vers une heure du matin, un ronronnement lointain nous apprit qu'un avion passait dans le rayon d'action de l'Eurêka, que Charles Lauray mit aussitôt en mouvement. Le ronronnement se transforma bientôt en un bruyant ronflement et voici que maintenant une grosse masse noire glissait dans le ciel, juste au-dessus du triangle dessiné par nos lampes rouges. Un tour, deux tours, puis, ayant bien pris la direction du vent, d'ailleurs indiquée par le feu blanc de pointe de notre triangle, l'avion nous survola une dernière fois et largua toute sa cargaison. Les hommes se précipitèrent pour bien repérer les points de chute, car il y avait pas mal de fourrés et de ronciers aux abords du terrain et il apparut que les containers iraient choir assez loin. Pendant la rapide descente au sol, j'avais remarqué un parachute blanc (alors que les autres étaient gris), ce qui signifiait que le colis suspendu au bout de ses filins était « spécial ». Les hommes s'affairaient à retrouver tous les containers et à enlever les parachutes, et ce ne fut pas commode car, cette fois, le parachutage s'étendait sur près de huit cents mètres. Il y avait eu des atterrissages un peu partout et aussi, malheureusement, au cœur d'épais fourrés hérissés de ronces, dans lesquels le transport à bout de bras serait extrêmement difficile.

- Dans de telles conditions, nous n'aurons pas fini pour l'aube, dit Charles Lauray.

- C'est bien ce que je pense, répondit l'un des hommes. Aussi, je vais aller chercher ma charrette et mes bœufs et… j'en profiterai pour ramener un peu de vin blanc, car la bouteille est à sec. Pour bien travailler, il faut arroser !

Et le bonhomme s'en alla, pour revenir trois quarts d'heure plus tard, conduisant un attelage tintinnabulant, aussi tranquillement que s'il se livrait aux pacifiques travaux des champs. Vite, un coup de pinard à la ronde, et l'on se mit au travail. En une demi-heure, tout était chargé et le brave cultivateur s'en alla tout doucement à la tête de ses bœufs, exactement comme s'il conduisait un chariot de foin. Le terrain bien déblayé, avec la certitude qu'aucune trace n'y avait été laissée, nous partîmes tous chez Lauray. J'y fis seulement amener le colis qui se balançait sous le parachute blanc et qui n'était ni bien lourd ni bien volumineux. Je croyais ne pas me tromper en pensant que son contenu ferait plaisir à toute l'équipe. En effet, dès que son emballage fut enlevé, nous trouvâmes quelques boîtes d'excellent café, du sucre, des biscuits, du tabac, toutes choses maintenant fort rares dans notre pauvre France et que nos amis londoniens avaient eu la gentillesse de nous expédier, franco de port et d'emballage, par les voies les plus rapides. Madame Lauray était radieuse. Pensez donc : du bon café, du vrai ! Elle en prépara bien vite un grand pot, pendant que les hommes plaisantaient, fumaient, goûtaient aux biscuits et au chocolat, tout en commentant l'opération qui venait de se dérouler de façon aussi heureuse. Le café était exquis, les biscuits et le chocolat délicieux. Et le bon papa Lauray, pour nous faire attendre le jour, nous servit une de ces solides collations comme les Gascons les aiment, le matin, avant de se mettre au travail. A huit heures du matin, Roger Larribeau et moi étions rendus à Castelnau où, ostensiblement, après un brin de toilette, nous nous montrâmes dans la rue, comme des gens qui avaient passé une nuit paisible dans un bon lit. Ce dimanche 15 août se passa tranquillement, en petites réunions des gens de l'endroit qui, finalement, discutèrent des événements pour en terminer par la sempiternelle question :

- Quand donc tout cela va finir ?

Le mardi, petit voyage à Agen, histoire de revoir les chefs des différentes organisations. Pour me rendre à bicyclette dans le chef-lieu du Lot-et-Garonne, j'empruntai le petit chemin qui, par La Romieu et Moirax, serpentait à travers la campagne, au faîte de la chaîne des collines d'Armagnac. Cette route était la plus courte et la plus sûre et, aujourd'hui à peu près abandonnée, elle fut, au Moyen Age, la voie qui reliait l'important centre bénédictin de Moirax à la cité monastique de La Romieu, pour venir, cinq kilomètres plus loin, mourir sous la voûte d'entrée du sombre château des marquis de Fieumarcon, à Castelnau de las Loubères, notre actuel Castelnau-sur-l'Auvignon. Ceux qui la construisirent à travers rocs et landes pour faciliter les communications entre les petites places fortes, bastides et bastions de la région, ne pensaient sûrement pas que, six siècles plus tard, leur œuvre, en subsistant, aiderait des hommes qui, dans l'ombre, prendraient part à la plus longue et à la plus atroce des guerres que l'univers ait connue jusque-là. De là-haut, on découvrait, au loin à gauche, la sombre forêt landaise. Elle était couverte d'un immense voile de fumée noire. Les grands pins brûlaient comme des torches sur des hectares et des hectares.

L'avion britannique, incendié par son commandant, avait communiqué le feu aux grands arbres résineux et, malgré les efforts des sauveteurs, l'incendie n'était pas près de s'éteindre. A Agen, j'appris que les Allemands avaient tendu partout des barrages pour essayer d'arrêter les aviateurs de la RAF et qu'ils se faisaient aider dans cette tâche par la gendarmerie française. Partout, sur les routes, ce n'étaient que contrôles, vérifications de papiers, etc. Et Meisterman et Blazy, les hommes de confiance de Jacob, qui étaient partis près de Marmande, avec la camionnette de la préfecture, enlever un chargement d'armes pour les ramener au château de la Clotte ! Mais tout se passa bien et, à quatre heures de l'après-midi, les Alsaciens rentrèrent à Agen avec leur véhicule bourré à bloc. Ils avaient ramené « Félix » qui, en cette circonstance, était allé leur donner auprès de l'équipe réceptrice le blanc-seing nécessaire pour enlever le matériel. Sur la route du retour, ils avaient été arrêtés par la gendarmerie française :

- Halte ! Vérification. Vos papiers.

- Nos papiers ? Les voilà. Mais vous ne voyez donc pas, dit Meisterman, que c'est un véhicule officiel ? Préfecture du Lot-et-Garonne. C'est porté en toutes lettres au-dessus du pare-brise.

- Cela n'a aucune importance, la nuit dernière, nous avons bien arrêté le préfet.

- Le préfet ? Et qu'est-ce qu'il faisait par-ici la nuit, celui-là ?

- ...

- Vous avez passé toute la nuit ici, et vous y êtes encore ? Eh bien ! mes pauvres ! je vous plains. Quel métier, bon Dieu !

- Pour ça, vous l'avez dit !

- Tenez, prenez donc une cigarette, ça vous maintiendra hors du sommeil.

Une cigarette, chose précieuse puisque fortement rationnée. Ça mit les gendarmes de meilleure humeur. D'ailleurs pourquoi embêter ces automobilistes, puisque c'étaient de braves types qui avaient l'air de ne pas s'en faire et par surcroît fonctionnaires de l'administration préfectorale ? La causette s'engagea et il ne fut plus question de vérifier le chargement de la camionnette. Heureusement ! Il eût peut-être fallu en découdre et les mitraillettes, prêtes pour toute alerte, auraient fait entendre leur peu agréable musique. Au château de la Clotte, tout fut rapidement déchargé et camouflé dans les dépendances. Les armes seraient prochainement graissées, bien emballées et enterrées à côté de celles qui s'y trouvaient déjà. Le soir, je rentrai à Agen avec « Félix » et, après avoir passé la nuit dans la maison de la rue de Cessac, je repris la route de Castelnau. Mercredi, jeudi, journées de calme plat. Un peu de repos de temps à autre, ça ne fait pas de mal. Vendredi soir, cinq heures, une voiture stoppa brutalement sur la place de Castelnau, face à l'école. Antoine Merchez en descendit.

- Vite mon vieil Albert, il faut que tu viennes à Agen. Ça va très mal. « Gérard » est arrêté !

- M… ! Et comment cela ?
- Je n'ai pas beaucoup de détails. « Hilaire » t'attend chez Duffoir. Il te racontera cela lui-même.
- Nom de Dieu ! Quelle catastrophe ! Et sa femme ici, comment est-ce que ça va se passer, maintenant ?
- Pour l'instant, mon pauvre Albert, il vaut mieux que tu files dare-dare.
- Il me faut un quart d'heure pour tout mettre au point. Entre à la maison, je vais dire à madame Delattre de se préparer et nous partons.
- J'aime autant te dire franchement qu'« Hilaire » voulait que Jeanne (madame Delattre) reste ici. Il affirme qu'elle n'a rien à craindre et que toi seul dois partir, mais ce n'est pas mon avis. Si la *Gestapo* descend ici, elle est aussi « bonne à faire » que les autres.
- C'est bien ce que je pense et je ne la laisserai pas ici courir un tel risque. Je te remercie, Antoine, d'avoir été très franc avec moi et de ne pas t'en tenir strictement aux instructions qu'« Hilaire » t'a données et que je trouve assez incompréhensibles en pareilles circonstances. Un petit instant et je suis à toi.

Madame Delattre vaquait chez elle à ses occupations. Ce fut sans circonlocutions inutiles que je lui appris le coup dur qui nous frappait :
- Vite, une petite valise avec les objets de première nécessité. « Gérard » est arrêté. Il faut filer.

L'institutrice n'eut pas un mot, elle ne perdit pas une seconde à demander une explication. Depuis qu'elle vivait dans cette ambiance, elle était prête à tout. Elle grimpa rapidement à son appartement prendre les quelques effets qu'elle allait emporter. De mon côté, j'en fis autant et je vidai le placard où « Hilaire » entassait certains de ses menus objets. Il n'y aurait rien eu de compromettant là-dedans si notre compagnon n'avait eu la malencontreuse idée de consigner ses comptes sur un grand livre journal, dans lequel on trouvait des mots comme ceux-ci : *« Subside à groupement de résistance… tant », « Frais de déplacement à Lyon, à Toulouse, à Agen, à Montélimar, etc. tant »*. Tout ce qu'il fallait pour nous faire croquer en deux temps, quoi ! J'emportai ce livre avec moi. J'avais fait demander notre ami le maire pour le mettre au courant de la situation, lorsque je vis passer, sur la place, madame Gaucher. Je me précipitai vers elle.
- Madame, je pars ce soir avec madame Delattre pour quelque temps, et il est possible que Fernand (c'était le véritable prénom de « Gérard ») vous fasse prendre demain avec vos enfants. Tenez-vous prête.
- Mais que se passe-t-il ?
- Rien d'extraordinaire, mais comme il est fort probable qu'il ne pourra quitter la Gironde d'ici quelque temps, il préfère vous avoir auprès de lui.
- Il y a donc quelque chose de grave ?
- Non, mais il y a eu de petits accrochages et il vaut mieux prendre des dispositions préventives. Lorsque l'orage sera passé, nous reviendrons.

- Ah ! bon.

En face de cette femme que frappait un grand malheur, il avait fallu que je conserve le sourire pour lui donner le change. Mais au prix de quels efforts ! Larribeau avait conservé un calme imperturbable. Il approuva la mesure que je pris au pied levé concernant madame Gaucher.

- Ce sera mieux ainsi, car si les Boches viennent ici et qu'ils ne peuvent interroger personne d'entre vous, il me sera facile de leur répondre que je vous connaissais comme réfugiés, sans plus.

- Merci, mon vieux Larribeau. Il nous reste à espérer qu'ils ne viendront pas mettre le nez par ici. De mon côté, je me tiendrai au courant de ce qui se passe à Castelnau.

Là-dessus, nous nous serrâmes fortement la main et, par La Romieu et Moirax, la voiture de Merchez gagna Agen. « Hilaire » attendait mon arrivée chez les Duffoir, rue Garonne. Il avait pris la précaution de faire partir madame Falbet de sa maison rue de Cessac car, après une arrestation comme celle qui venait d'avoir lieu, on ne savait jamais ce qui pouvait se produire. Le « cloisonnement » ayant même joué à la tête, où l'on ne se communiquait pas plus de renseignements qu'il n'était strictement nécessaire, la maison Duffoir n'était connue que d'« Hilaire », de son collègue « Roger » de Montélimar et de moi-même. C'est pourquoi ce jour-là, au milieu de la tempête qui se déchaînait, « Hilaire » pouvait presque sûrement y être en sécurité. Dès que nous entrâmes dans l'appartement, « Hilaire » dit :

- J'avais dit « Albert » seulement. Madame Delattre devait rester à Castelnau.

C'est sur un ton plutôt sec que je lui répondis :

- Elle court pour le moins autant de danger que chacun de nous, alors j'ai décidé, moi, qu'elle se mettrait à l'abri comme nous. Compris ? C'est tout.

- Bien, ça ne fait rien, termina « Hilaire » presque souriant et sur un ton beaucoup plus doux.

Je fus alors mis au courant, avec tous les détails possibles, des événements qui venaient de se dérouler.

- J'ai retrouvé « Gérard » mardi à La Réole, dit « Hilaire ». Il avait apporté là le poste de radio que nous avons reçu il y a quelques semaines. Je ne fus pas très satisfait de cela car je ne lui avais donné aucune instruction dans ce sens et je ne voulais pas que l'appareil restât à La Réole. Je lui donnai donc l'ordre de le retransporter à Agen. « Gérard » voulait prendre le train vers six heures du soir, mais il préféra, à deux heures de l'après-midi, aller déposer le poste à la consigne de la gare, où il l'aurait repris au moment du départ. Il s'en est donc allé vers la gare, avec sa petite valise et, comme il faisait très chaud, il ne portait même pas de veston et il n'avait sur lui aucun papier. Je le suivais à cent mètres. C'est ainsi que je le vis venir donner en plein barrage de gendarmerie française. Les gendarmes qui, paraît-il, recherchaient des trafiquants du marché noir, vérifiaient tous les colis, sacs, etc. « Gérard » n'échappa pas à la commune mesure mais, lorsqu'un gendarme lui intima l'ordre d'ouvrir sa valise, il refusa. Il fut alors emmené à la gendarmerie. Là, que s'y passa-t-il exactement ? Personne n'a pu donner des précisions à ce sujet. Il paraît que, vers six heures du soir, « Gérard » essaya de s'évader, mais fut repris avant la sortie et, dès lors, gardé plus étroitement. Le capitaine de gendarmerie aurait même dormi dans la même pièce que lui, afin d'être bien sûr qu'il ne prendrait pas la clé des champs d'une façon ou d'une autre, peut-être avec l'aide d'un de ses hommes. Le lendemain matin, ce capitaine de gendarmerie amena « Gérard » à son chef direct, le commandant de L., à Agen. Quelques heures après, « Gérard » était entre les mains de la *Gestapo*.

- Il paraît que les Boches ne l'ont pas ménagé et qu'il a passé d'affreux moments, dit Merchez.

- A-t-il parlé ou parlera-t-il, dit « Hilaire », nous ne le savons pas, mais il faut prendre de suite toutes les précautions possibles.

Dès que la mauvaise nouvelle avait été connue à Agen, Etienne Garde avait pris immédiatement des dispositions. Il avait rendu visite à tous ceux qui, de près ou de loin, avaient une activité anti-allemande et étaient connus de « Gérard », pour les inciter à quitter leur domicile, tout au moins pendant quelque temps. L'initiative était excellente mais, malheureusement, les conseils de Garde ne furent pas écoutés de tous. Pour notre part, il ne nous était pas possible de rester plus longtemps sur les lieux. Ce fut Merchez qui nous conduisit dans la propriété inhabitée de l'un de ses amis, à une dizaine de kilomètres d'Agen. Le château de Las Peyre, appartenant à Guy Basquet, bien isolé en pleine campagne à plusieurs kilomètres de Layrac, allait, durant les premiers instants de notre fuite devant la police allemande, nous offrir l'hospitalité la plus totale et une sécurité relative. La nuit était fort avancée lorsque nous pénétrâmes dans la vieille gentilhommière gasconne et les mânes des hobereaux qui hantaient l'antique demeure campagnarde devaient être fort surpris, sinon courroucés, devant l'audace de ces intrus qui venaient ainsi troubler leur repos. Il serait presque inutile de dire que, cette nuit-là, nous ne fermâmes pas l'œil et que l'aube nous trouva, discutant ferme, essayant de prévoir et de pallier aux mauvais coups du sort. Dans la matinée, visite de Merchez et de sa fille Maguy, qui nous apportèrent des nouvelles de l'extérieur. Elles n'étaient pas bonnes : les Allemands avaient arrêté à Agen le journaliste Banabera, qui était le chef du groupement local de *Combat* et ils poussaient leurs investigations plus profondément. Ils recherchaient certains membres de l'ex-mouvement *Victoire*, perquisitionnaient, tendaient des barrages. Ça sentait mauvais, très mauvais ! Maurice Jacob était allé ce jour-là avec son adjoint Paul Blazy au château de la Clotte. « Hilaire » décida d'aller les retrouver. Il y

passa plusieurs heures et quitta le château à cinq heures précises de l'après-midi, pour rentrer à Las Peyre à bicyclette. Le soir, après le dîner, il eut un moment de lassitude :
- Cette grande maison vide me flanque le cafard. J'ai envie d'aller retrouver Jacob à la Clotte et d'y passer la soirée avec lui.
- A cette heure-ci ? Mais, mon vieux, vous savez bien que ce n'est pas prudent, que les routes sont surveillées. Dans cette obscurité, vous tomberez sur un barrage sans vous en apercevoir. Attendez donc demain matin. Et, feignant une bonne humeur que j'étais loin de ressentir, j'émis l'idée (que monsieur Basquet me pardonne !) de faire une petite visite domiciliaire afin de voir si les placards ne contenaient rien d'agréable à déguster. Il y avait là une ou deux vieilles bouteilles de liqueur auxquelles nous tâtions, mais le cœur n'y était pas. Après un échange de vues qui dura assez longtemps, nous allâmes prendre quelques heures de repos. Simple repos physique, car nous ne dormîmes pas beaucoup. Au petit jour, coups dans la porte. Dans notre situation, les visites aussi matinales étaient toujours inquiétantes. De sa fenêtre, madame Delattre aperçut un vieil homme, seul. Il continua à heurter l'huis. Nous descendîmes lui ouvrir et notre visiteur se fit connaître. C'était un messager de Merchez.
- Antoine vous fait dire de ne pas bouger d'ici. Il a appris de source certaine que les Allemands se préparaient à procéder à plusieurs arrestations à Agen et il viendra lui-même tout à l'heure vous donner plus de précisions. Là-dessus, le vieux s'en alla. Il n'y avait pas à dire le contraire, nous étions dans le pétrin. Un peu avant midi, visite de Maguy. Elle ne savait encore rien de précis, mais l'on se rendait compte que l'atmosphère était terriblement lourde. Avec « Hilaire », je fis un petit tour aux environs du château, histoire de voir par où l'on pourrait décamper en cas d'alerte. Après quoi, nous revînmes déjeuner. Oh ! du bout des dents, sans entrain. Et, pour ajouter encore à la tristesse, la pluie s'était mise à tomber, serrée. Une de ces pluies d'orage violente comme en connaît la vallée de la Garonne. C'est par ce temps de chien, alors que nous étions à table, qu'arriva à bicyclette Marco Diener, l'un des hommes de confiance de Maurice Jacob.
- Les Allemands sont venus à la Clotte ! Ils ont arrêté monsieur et madame Jacob, leur fils, ainsi que Paul Blazy et sa femme.
La nouvelle tomba comme un coup d'assommoir.
- Merde !

C'était « Hilaire » qui venait de réagir. Et Marco Diener nous apprit tout ce qu'il avait pu savoir de l'arrestation de notre ami.
- Les Allemands sont arrivés hier soir, à six heures, en force, au château et ils se sont répandus partout. Dans la cuisine, il y avait madame Jacob et madame Blazy qui préparaient le repas du soir et le fils Jacob qui bouquinait. Ils les ont aussitôt arrêtés, puis sont allés directement aux endroits où étaient cachées les armes et les ont mises au jour. Maurice Jacob et Paul

Blazy étaient dans le bois voisin. En rentrant, ils se sont fait prendre et tout le monde a été emmené à Agen...

Plus tard, nous devions apprendre que Jacob et Blazy auraient pu prendre la fuite, mais que, voyant leurs compagnes aux mains des Allemands, ils avaient préféré se livrer afin de les faire relaxer. Et Marco Diener continua :

- Je reviens maintenant de la Clotte. J'ai voulu voir, d'abord de loin, s'il y avait encore du mouvement là-haut et comme ça me paraissait vide, je m'y suis hasardé. Tout est sens dessus-dessous et, en tout cas, il semblerait qu'il ne reste plus rien du matériel qui y était entreposé ; dans la cour, la terre est toute remuée et des trous sont creusés là où les containers étaient enterrés... C'est une catastrophe. Nos meilleurs amis pris et, avec eux, un important matériel, qui sera pour l'ennemi la preuve flagrante de l'action menée par ces courageux Alsaciens.

Les Allemands devaient saisir à la Clotte des centaines de mitraillettes, des tonnes d'explosifs divers, des pièces anti-chars avec leurs munitions, une grosse quantité de grenades, des milliers et des milliers de cartouches, etc. Tout le fruit d'un long et patient travail était par terre. Mais la question matérielle ne serait rien, s'il n'y avait l'arrestation de ces braves gens à qui nous avions fini par vouer une réelle affection. Le désastre prenait de l'ampleur. Où allait-il s'arrêter ? Je questionnai Marco Diener.

- Et qu'allez-vous faire, maintenant, Marco ? Vous et tous ceux de l'équipe Jacob ?

- Prendre de suite du champ et puis nous verrons.

- D'accord. Surtout, pas d'imprudence. Puisque Jacob est brûlé, il est certain que vous l'êtes aussi. Il sera peut-être impossible que vous restiez dans la région et il faudra probablement envisager le passage « de l'autre côté », par l'Espagne.

- Je le crois.

- Bien. Alors je vais m'occuper de ça. On maintiendra le contact entre nous. De temps à autre, prudemment, voyez Merchez.

« Hilaire » approuva. Il n'y avait pas d'autres mesures à prendre pour l'instant. Et, sur une chaude poignée de mains qui, malgré les difficultés et les misères du moment, exprimait toute notre confiance dans l'avenir, nous nous séparâmes. Lorsque nous nous retrouvâmes tous les trois, madame Delattre, « Hilaire » et moi, ce fut pour constater unanimement que la situation devenait à chaque instant plus tendue et que, notre activité à Agen étant stoppée momentanément, notre séjour à Las Peyre était inutile et pourrait même devenir dangereux. Nous allâmes attendre Merchez qui viendrait nous rendre visite à la nuit (car il avait pris le large, lui aussi) et nous lui demandâmes de nous conduire un peu plus loin. Plus loin. Mais où ? J'émis alors l'opinion que nous devrions gagner les Pyrénées et, pour ce faire, le petit train - un tortillard de campagne - qui reliait Agen à Auch pourrait toujours nous amener dans le chef-lieu du Gers. De là, nous aviserions. Adopté. Lorsque Merchez vint nous voir, nous lui demandâmes donc de nous conduire, le lendemain matin, pour le premier train, à la gare de Layrac. Ce qu'il accepta volontiers. Dans la soirée, nous fîmes une vérification sérieuse des maigres bagages que nous avions avec nous, et je me débarrassai d'un stock de cartouches de 7,65 vraiment trop encombrant. Nous n'en gardâmes que deux boîtes et nos pistolets avec chargeurs. J'avais aussi une quantité de cartes d'identité en blanc (plusieurs centaines). On en conserva une dizaine et le reste fut détruit. Et puis, ce fut le fameux livre journal sur lequel étaient portés les comptes d'« Hilaire » que je flanquai moi-même au feu.

- Comment vais-je pouvoir remettre mes comptes, maintenant ? Se lamentait mon compagnon.

- Les dépenses faites jusqu'à ce jour sont si peu importantes, que votre excellente mémoire suppléera au manque d'écrits qu'à mon avis, d'ailleurs, vous n'auriez jamais dû tenir dans la vie que nous menons. Toutes ces notes ne constituaient qu'un danger de plus pour plusieurs personnes et en particulier pour celle chez qui on aurait trouvé le livre, madame Delattre. Maintenant que le bouquin a fait une belle flambée, n'en parlons plus.

« Hilaire » hocha la tête et ne répondit pas. Le lundi matin, avant l'aube, Merchez était au château avec sa voiture et bientôt il nous déposa devant la petite gare de Layrac, où nous prîmes le premier train en partance pour Auch. De la ville natale de Villaret-de-Joyeuse, où irions-nous ? Aucun de nous ne le savait. Nous partions dans l'inconnu. Dans le train, contrôle des papiers d'identité par la gendarmerie française. Pour « Hilaire » comme pour moi, les cartes étaient fausses. Madame Delattre nous demanda rapidement, alors que les gendarmes arrivaient sur nous :

- Laquelle ? Vraie ou fausse ?

- Vraie !

Heureusement ! Le gendarme qui vint nous contrôler connaissait parfaitement l'institutrice de Castelnau. A Auch, petit conseil de guerre. Impossible de rester là, bien que nous y ayions quelques amis. Mais il paraissait que la température était fort lourde en ce moment dans le chef-lieu du Gers. Je téléphonai à mon ami Pierre Labayle, à Montréjeau, de venir nous retrouver de suite.

- Bien, me répondit-il. Dans deux heures, au plus, je serai là. En attendant, nous déambulâmes sur les allées d'Etigny, en échangeant brièvement nos impressions. Nos pensées n'étaient pas très folâtres à ce moment… Vers seize heures, Pierre Labayle arriva au café de France, à la terrasse duquel nous étions installés. Je lui présentai « Hilaire » qu'il rencontrait pour la première fois.

- Alors ? dit-il, on dirait que ça ne va pas ?

- Pas trop bien, en effet.

Et je le mis au courant des événements de ces jours derniers.

- Eh bien, en attendant que tout cela soit calmé, je vais vous trouver un petit coin tranquille, nous dit le Montréjeaulais. Aujourd'hui je vais vous conduire chez un ami qui habite assez près d'ici, à Seissan, et qui se fera certainement un plaisir de vous recevoir. Là, vous pourrez toujours vous reposer un peu. Après, nous aviserons.

C'est ainsi que nous fîmes la connaissance de Marius Sorbé, confectionneur, et de sa charmante femme, lesquels n'hésitèrent pas à nous prier de considérer leur demeure comme étant nôtre.

- Restez aussi longtemps que vous voulez. Vous êtes chez vous, nous dit monsieur Sorbé. Cet accueil chaleureux, ces braves gens, cette demeure confortable et paisible, toute cette ambiance sympathique nous fit du bien après les mauvaises heures que nous venions de passer. Pierre Labayle repartit à Montréjeau, où il aurait le temps d'envisager les dispositions qu'il pourrait prendre pour nous assurer un gîte sûr, qui nous offrirait en même temps l'avantage de moyens de communication faciles et rapides, ce qui manquait à Seissan. Le temps que nous passâmes chez nos nouveaux amis les Sorbé nous permit de prendre un repos qui s'avérait nécessaire et de faire le point. La situation, certes, n'était pas désespérée. L'essentiel était de sauver maintenant tout ce qui pouvait être sauvé et d'étendre activement notre action dans des secteurs tels que la région pyrénéenne, où, grâce au cloisonnement qui existait même entre nous, il était peu probable que les Allemands poussent leurs investigations. Marius Sorbé se mit aimablement à notre disposition. Dans l'avenir, il rendit de très grands services et sa maison abrita souvent l'un d'entre nous. Ce fut pendant le repas que nous prîmes chez lui le soir de notre arrivée qu'« Hilaire » nous étonna par sa prodigieuse mémoire en reconnaissant un chien qu'il avait vu six mois plus tôt dans un train. Le lendemain après-midi, Labayle vint nous retrouver.

- Je crois que j'ai votre affaire, un petit coin tranquille en Haute-Garonne, à douze kilomètres de la grande ligne de chemin de fer Toulouse-Bayonne. De la route au bourg, la route est excellente et, à bicyclette, vous aurez vite fait de couvrir le trajet lorsque vous voudrez vous déplacer.

- D'accord. Nous nous en remettons entièrement à vous.

Nous nous préparions à partir lorsque nous vîmes, en face, à l'autre bout de la place, les gendarmes établir un barrage et arrêter la plupart des voitures.

- Merde ! Est-ce qu'ils vont venir nous faire... suer par ici, maintenant.

C'était « Hilaire » qui venait d'exprimer un peu vertement l'ennui que lui causait la vue des uniformes sombres. Derrière les rideaux, nous observâmes un bon moment le manège de la maréchaussée, avec l'espoir que les pandores allaient s'en aller. Mais pas du tout. Que cela était donc empoisonnant ! C'est étrange, lorsque l'on ne se sent pas parfaitement tranquille, comme on croît, à la moindre alerte, que l'on est visé personnellement. La maréchaussée était toujours là et l'heure tournait. Pierre Labayle s'impa-

tientait. Il fallait partir. Tant pis ! On verrait bien. Nous prendrions par la première route à gauche et ainsi nous n'aurions rien à faire avec leur barrage. Ce serait bien le diable, qu'à cinquante mètres, ils sifflent pour nous arrêter. Ayant ainsi dit, Labayle s'installa au volant et, ayant serré la main aux Sorbé, nous prîmes place dans la voiture. Nous démarrâmes doucement, sans qu'il y ait eu, là-bas, un coup de sifflet. Maintenant, nous étions partis. A Dieu vat ! A une vingtaine de kilomètres de là, nouvelle alerte. Une grande voiture découverte, pleine d'officiers allemands, venait à notre rencontre et ralentit, ralentit, pour presque s'arrêter lorsque nous passâmes. Les officiers -des aviateurs- se penchèrent vers notre voiture pour bien voir qui se trouvait à l'intérieur mais ne firent pas mine de nous arrêter. Dès qu'il fut un peu loin, Pierre Labayle appuya sur le champignon.
- Que se passe-t-il donc ? Pourquoi cette surveillance serrée ?

Nous devions avoir l'explication peu après. Une forteresse volante faisant partie d'une importante escadre aérienne avait été touchée par la DCA au-dessus de Toulouse et le gros appareil était venu s'écraser au sol près de Saramon. Alors, on recherchait les aviateurs qui, avant la chute de leur avion, avaient réussi à sauter en parachute. Signalons en passant que, grâce à l'aide des gens de la région, pas un seul des huit hommes de l'équipage ne fut repris. En fin d'après-midi, nous arrivâmes à destination, dans la petite ville de Montesquieu-Volvestre, en Haute-Garonne, où le brave Labayle nous avait fait retenir des chambres dans le meilleur hôtel de la ville. A la brigade de gendarmerie de l'endroit, nous pouvions compter sur des appuis sûrs grâce à un ami qu'y connaissait Pierre Labayle, le gendarme Peyre, ainsi que le brigadier. Montesquieu-Volvestre était une toute petite ville fort paisible de quelque deux milles cinq cents habitants, où tout le monde se connaissait et notre présence avait été vite remarquée, d'autant plus que nous étions sortis deux ou trois fois avec le gendarme Peyre. A l'hôtel, si le confort n'était pas celui des grands palaces, la cuisine était excellente et ceci compensait cela. Au patron, homme d'un naturel assez curieux, nous avions expliqué notre présence en cet endroit en lui faisant croire que nous nous intéressions au bois en forêt et à la fabrication du charbon de bois. Le gaillard, qui connaissait fort bien la question, entreprit alors à maintes reprises de nous en entretenir et s'embarqua en un tas de détails techniques auxquels je ne comprenais absolument rien et ce n'était pas commode pour moi de soutenir de pareilles conversations, au cours desquelles je ne pouvais tout de même pas laisser deviner que la profession de forestier charbonnier m'était totalement inconnue. Prudemment, « Hilaire » se tenait à l'écart et, souvent, pour ne pas éclater de rire, s'appliquait longuement un mouchoir ou sa serviette sur la bouche. Quand le bonhomme me lâchait, je poussais un profond « ouf ! » de soulagement. Que s'était-il passé « là-haut », dans le secteur de « Gérard », depuis que nous étions partis ? A Agen, Maurice Jacob et Paul Blazy avaient été interrogés sans répit par la *Gestapo*. Laissés ensemble quelques instants, ils avaient eu le temps d'échanger deux ou trois paroles, ce qui allait permettre de faire coordonner leurs réponses. Quant à madame Jacob, son fils Roger et madame Blazy, ils furent mis hors de cause après quelques jours de détention et relaxés. Le lendemain du jour qui vit notre départ précipité de Castelnau-sur-l'Auvignon, l'Agenais Etienne Garde était venu dans le petit village gersois chercher madame Gaucher et ses enfants, pour les emmener en des retraites sûres où les Allemands, s'ils s'avisaient de les rechercher, ne viendraient pas les trouver. Garde accomplit avec délicatesse cette mission particulièrement ingrate et assura toujours à la femme de « Gérard » ce qui lui était nécessaire. A Marmande, les Allemands avaient opéré également et Cambon et Philibert leur avaient échappé de justesse, cependant que « Christophe », que j'avais vu la dernière fois à Condom le 14 août alors qu'il se préparait à aller chez Jacob demander des vêtements civils pour les sept aviateurs de la RAF tombés à Arx, poussait jusqu'à Marmande voir son chef, « Philibert », et s'y faisait arrêter. C'est dans cette atmosphère terriblement lourde, chargée de menaces, que le 22 août, descendait, au bout des quelques filins qui le reliait à son parachute, l'opérateur radio que Londres envoyait à « Hilaire ». Cet opérateur était une jeune femme qui, en choisissant cette vie pleine de danger, voulait venger la mort de son mari, tué à Londres pendant le blitz de 1940. Le grand courage d'Yvonne Cormeau allait souvent être mis à rude épreuve et, fréquemment, après la Libération, résistants et maquisards citeront « Annette », nom de bataille sous lequel elle fut connue dans la région. Pour nous trois, la vie était devenue rapidement intenable à Montesquieu-Volvestre. La population s'occupait beaucoup trop de ces deux hommes et de cette femme qui venaient d'arriver dans leur paisible bourg. Sur notre passage, les rideaux se levaient et nous avions la conviction que les conversations et les ragots à notre sujet devaient aller bon train. Certain jour, l'on nous prit pour des contrôleurs du ravitaillement et le passage d'« Hilaire » sur la route de Carbonne mit en fuite toute une escouade de paysans qui se livraient clandestinement au battage du blé. Il nous était devenu impossible de faire dix pas sans que l'on s'occupât de nous. Cela ne pouvait pas durer. Un matin, madame Delattre, ayant excellemment réussi à travestir son habituel aspect physique, partit aux nouvelles à Agen d'où elle rapporta toutes les précisions sur les événements des jours derniers. « Annette », l'opératrice de radio, ne pouvant rester en Gironde, viendrait à Montréjeau, où nous décidâmes d'aller également, afin de fuir l'excessive et dangereuse curiosité des habitants de Montesquieu. L'hospitalité totale et l'aide que nous apportèrent les Montréjeaulais allaient nous permettre de repartir du bon pied, après nos avatars de ces temps derniers. Pierre Labayle se dépensa sans compter et ses amis ne furent pas en reste. La « boîte aux lettres » que nous avions ouverte au café Larray recevait souvent la visite de courriers venus de Lyon ou de Savoie (ce qui simplifiait la tâche de « Félix »). « Annette » fit à Montréjeau ses premières émissions à l'intention de Londres. Nous nous assurâmes également des points de repli dans la campagne environnante et c'est ainsi que nous allâmes parfois passer quelques jours à Aventignan, tout petit village des Hautes-Pyrénées, à cinq kilomètres de Montréjeau, niché au pied de la montagne, au creux d'un contrefort. Il y avait là une brave dame - la discrétion personnifiée - qui avait mis sa maison à notre entière disposition. Madame Mauléon voulait aussi prendre sa part de danger dans la lutte que menaient ses amis montréjeaulais. Et, rapidement, le travail recommença dans le circuit de Montréjeau. Préparation de nouveaux parachutages, voyages de « Félix », de « Coste », du courrier savoyard et aussi, bien entendu, de nous-mêmes. Grâce au patriotisme, au dévouement de braves gens à la cause de la France, nous avions retrouvé un centre d'action.

XII. On danse sur un volcan

Malgré toute l'aide que nous recevions, malgré toute la sympathie et les attentions dont nous étions entourés, nous n'éprouvions pas la même impression de sécurité, de stabilité, que pendant les dix derniers mois, à Castelnau-sur-l'Auvignon où, chez l'institutrice, nous étions vraiment chez nous, où nous pouvions travailler calmement, sans avoir beaucoup à craindre la curiosité des villageois qui s'étaient habitués à notre présence. Et puis, nous avions laissé, là-bas, tant de choses dont nous aurions eu grand besoin et, surtout, de si solides amitiés que nous ne pouvions les évoquer sans un serrement de cœur en pensant qu'un malheur aurait pu arriver à ces braves gens. Il fallait aller voir ce qui se passait dans notre petit village. Un matin, je partis avec madame Delattre. Montréjeau-Toulouse-Auch par chemin de fer et, ensuite, nous devions prendre le car jusqu'à Condom. Mais il régnait une certaine effervescence dans le chef-lieu du Gers. Les départs des autobus étaient surveillés, les papiers des voyageurs exigés. Dans notre cas ce mode de transport ne pouvait être envisagé. Alors, je cherchai un taxi. Le garagiste auquel je m'adressai me répondit avec un large sourire :

- Un taxi, monsieur ? Mais avec plaisir, si vous avez l'autorisation.
- Et quelle autorisation ?
- Mais celle du service des Ponts et Chaussées, pardi ! Il est interdit maintenant de louer une voiture sans autorisation.
- Ah !

Je restai perplexe un instant, puis je dis au mécanicien :

- C'est bien, je vais chercher ce fameux papier qui me permettra de circuler. Si vous voulez bien vous tenir prêt, je vous téléphonerai vraisemblablement dans une demi-heure pour vous dire que je vous attends au café Darolles.

Le garagiste éclata de rire :

- Mais, mon pauvre monsieur, les Ponts et Chaussées demandent plusieurs jours avant de donner leur autorisation.
- Ne vous tracassez donc pas, on verra bien. Préparez votre voiture, car je crois bien que dans quelques instants nous roulerons vers Condom.

Et, là-dessus, me voilà parti vers l'antre de cette sacro-sainte administration des Ponts et Chaussées.

- Mais, mon pauvre « Albert », ils ne voudront jamais donner, ainsi, de suite, le permis de circuler, me dit madame Delattre.
- Ça m'étonnerait fort…

Aux Ponts et Chaussées, je trouvai un employé à qui j'exposai le motif de ma visite.
- Un permis pour circuler ? Veuillez remplir ce questionnaire et nous vous donnerons réponse dans trois jours.
- Non, monsieur. Je ne remplirai pas votre questionnaire et je n'attendrai pas trois jours. C'est tout de suite qu'il me faut un taxi.
- Mais vous plaisantez ! Le règlement est formel et...
- Le règlement ne compte pas pour moi. Je vous prie de m'établir de suite un permis de circuler. Voici mes papiers.

Et j'exhibai une feuille sur laquelle étaient tracées quelques lignes, appuyées d'un très officiel cachet. Je m'étais souvenu à temps qu'après l'entrevue que nous avions eue avec lui, l'ex-député Dubosc nous avait pourvus, « Hilaire » et moi, d'un document attestant que nous étions chargés officiellement du contrôle et de l'organisation du ramassage des produits servant à la fabrication des succédanés de café pour la firme Le Planteur d'Abyssinie, dont Dubosc était l'administrateur. Et, sous cette attestation, figurait un ordre de mission, portant le cachet du ministère du Ravitaillement et la signature du ministre Max Bonnafous, requérant toutes les autorités civiles, militaires et de police, de nous aider dans l'accomplissement de notre mission. L'employé examina le papier, hocha la tête, puis dit :
- Alors, c'est différent. Mais, voilà, en ce moment, monsieur l'ingénieur est occupé.
- Eh bien, vous le dérangez, voilà tout ; il me faut un permis de circuler de suite. C'est compris ? Sinon, je vais aller moi-même trouver l'ingénieur. Je n'ai plus de temps à perdre.

J'avais élevé quelque peu le ton et mon interlocuteur s'était par opposition considérablement radouci.
- Bien, monsieur, je fais le nécessaire immédiatement.

Et il enfila dare-dare l'escalier qui le conduisait chez le tout-puissant ingénieur. Intérieurement, je pensai que le pauvre scribouillard avait eu un peu la trouille à la vue de mon papier et, aussi, qu'il devait me prendre pour une « huile » de la Collaboration. Cinq minutes après, il revint avec le permis de circuler que j'empochai et je le quittai en laissant tomber un bref et condescendant « au revoir ».

Une heure après, nous étions à Condom, où nous nous arrêtâmes d'abord chez Bourdettes. Celui-ci n'avait pas connaissance que quelque chose de nouveau se fût passé à Castelnau. Là-haut, dans le petit village, le maire et « Pino » furent heureux de nous revoir. Il n'y avait pas eu d'alerte. « Hilaire » fut bien vite prévenu et il réintégra son PC sans plus tarder pendant que j'essayai de trouver des terrains propices à des parachutages dans la région pyrénéenne. Pendant ce temps, « Félix » s'était vu confier la dangereuse mission de transporter le poste de radio d'« Annette » lorsque celle-ci changeait de lieu d'émission, ce qu'elle faisait fréquemment afin de ne pas être détectée par la gonio allemande. Depuis l'aventure de « Gérard », on était devenu fort prudent et « Félix » avait trouvé un moyen astucieux de transporter le poste. Batterie d'un côté, appareil de l'autre, il enfermait cela dans deux petites caisses en bois, sur lesquelles il apposait des étiquettes d'envoi… en Allemagne ! comme s'il s'agissait là de colis qu'il expédiait à des prisonniers de guerre. Et, à bicyclette, il tirait ainsi de longs cordeaux de route avec sa dangereuse charge. Jamais il n'eut d'ennuis. Au cours d'une brève visite à Montréjeau, Pierre Labayle m'apprit qu'il avait reçu la visite des Allemands qui, sans hésiter, étaient allés à la citerne d'essence dans laquelle ils avaient trouvé quelque deux mille litres de carburant. A cette époque, la détention d'une pareille quantité de liquide était rigoureusement interdite. Or, Labayle tenait à cette essence parce qu'elle était prodigieusement utile pour le travail clandestin qu'il faisait et nous avions eu plusieurs fois l'occasion d'apprécier combien il était agréable, en ces temps de pénurie, d'avoir de quoi « faire le plein » d'un réservoir d'auto sans être gêné. Les Allemands enlevèrent jusqu'à la dernière goutte du précieux liquide. Quant à notre ami, il se demandait quelles suites cela pourrait bien avoir. Nous étions, depuis quelques semaines, dans une période de déveine. Et, comme cela continuait, madame Delattre m'apprit, lorsque je revins à Castelnau, qu'un paysan des environs avait jasé et tenu, au cours d'une petite soirée intime à Castelnau, des propos qui pouvaient présenter un grand danger pour nous s'ils étaient propagés.

- La maison de l'institutrice ? C'est un véritable nid d'espions ! avait dit le lascar qui, en l'occurrence, faisait preuve d'un certain esprit d'observation et n'était pas aussi stupide qu'il le paraissait au premier abord.

- Oui ! C'est un nid d'espions ! Vous ne voyez pas ces allées et venues, ces visites d'inconnus qui viennent on ne sait d'où ? Et monsieur et madame Gaucher qui ont brusquement disparu avec leurs enfants ? C'est louche, tout ça, et on ferait peut-être bien d'avertir la police !

- Bah ! avait répondu un brave vieil homme de l'endroit, ce sont des réfugiés qui se réunissent entre eux pour faire de temps en temps la nouba ! Ça ne nous regarde pas et ils sont bien libres de faire ce qu'ils veulent chez eux.

Cette petite manifestation d'un paysan presque voisin n'avait rien de bien rassurant en effet et madame Delattre et « Hilaire » étaient, à juste titre, assez inquiets. Si l'on ne coupait pas les ailes à ce canard, si l'on ne frappait pas de suite un grand coup sur l'esprit de ce paysan trop fouineur, nous risquions d'avoir aussi beaucoup d'ennuis de ce côté-là. Et il y en avait déjà bien assez comme ça, grands dieux ! Diverses solutions furent envisagées pour ce nouveau problème qui se posait et, la nuit, nous ne dormîmes pas bien. Le vieux proverbe qui dit « la nuit porte conseil » doit être juste, car, le lendemain matin, j'avais élaboré un plan que je soumis à mes deux compagnons de lutte :

- J'ai parfois entendu dire par Bourdettes que le capitaine de gendarmerie de Condom était un type bien. J'ai envie d'aller le voir et de lui « casser carrément le morceau ». S'il le prend bien, je lui demanderai d'aller voir l'oiseau qui nous empoisonne et de lui « jouer la grande scène du deux », de le faire au bluff, de houspiller quelque peu le type, en un mot, de nous couvrir.
- S'il marche, c'est parfait. Mais s'il ne marche pas ?
- S'il ne marche pas, il y a deux choses qui peuvent se produire. Ou bien il feindra de nous ignorer et restera indifférent, ou bien il essaiera tout de suite de nous flanquer dedans. Comme j'amorcerai la conversation sans lui dire d'où je viens et que je prendrai certaines précautions avant l'entrevue -que je ne veux d'ailleurs pas à la gendarmerie- je crois qu'il sera toujours possible de s'en tirer. De toute façon, nous ne pouvons laisser au bonhomme le temps de propager ses petites déductions et, peut-être, d'avertir les autorités, qu'elles soient policières, miliciennes ou allemandes.
- Eh bien, allez-y.

C'est ainsi qu'au début de l'après-midi, j'arrivai à Condom pour demander à Bourdettes de vouloir bien me ménager, de toute urgence, une entrevue avec le capitaine de gendarmerie. Je spécifiais que je voulais cette entrevue en dehors de la gendarmerie et qu'il ne fallait pas, en la préparant, révéler au capitaine à qui il allait avoir à faire. Bourdettes accepta de faire la démarche et, une demi-heure plus tard, revenait en me disant que j'allais rencontrer le capitaine de gendarmerie dans une maison amie, jusqu'où il m'offrait de me conduire. C'est ainsi que je pénétrai pour la première fois dans l'étude de maître Pialoux, notaire à Condom. L'officier ministériel, que je trouvai seul dans son bureau, me plut de prime abord. Sa large figure de bon vivant respirait la franchise. C'est sans aucune affectation qu'il me tendit la main.
- Veuillez vous asseoir. Le capitaine va arriver.

Et, sans me poser une seule question, il se replongea dans ses grimoires. De mon côté, je repérai les lieux. J'espérais que tout se passerait bien mais quelques précautions ne pouvaient pas nuire. Il y avait environ cinq minutes que j'étais là, lorsque le capitaine de gendarmerie fit son entrée. Le notaire s'était levé et, tout en lui serrant la main, dit :
- Voilà monsieur qui voudrait vous parler.

Nous nous saluâmes… tout en nous observant. De suite, l'officier me plut. Svelte, bien pris dans sa tunique, il resta planté devant moi, le regard droit dans une figure loyale, l'œil malicieux autant que scrutateur, un léger sourire au coin des lèvres.
- Veuillez vous asseoir, messieurs, invita maître Pialoux. Et, se tournant vers moi :
- Vous pouvez parler franchement de l'affaire qui vous amène et dont il vient de m'être dit quelques mots.

Alors, sans indiquer encore l'endroit où nous étions, je fis part à l'officier de gendarmerie de l'objet de ma visite.
- Je vous rendrai d'autant plus volontiers le service que vous me demandez que, jusqu'ici, j'ai mené moi-même une action qui n'était pas tellement différente de la vôtre et que j'ai dû quitter mon dernier poste pour ne pas avoir trop d'ennuis. Je vous prierai seulement de me dire franchement où vous habitez et le nom de l'homme qui vous inquiète.

La demande était normale et j'y répondis sans biaiser.
- C'est bien. Je vais passer chez ce bonhomme-là et lui tirer un peu les oreilles, histoire de lui flanquer une belle frousse, pour qu'à l'avenir il vous laisse tranquilles.

J'indiquai alors à mon interlocuteur que mon compagnon (« Hilaire ») et moi-même possédions des papiers qui nous conféraient la qualité officieuse de contrôleurs du ravitaillement, titre que je tenais à faire connaître suffisamment dans le village pour qu'il explique nos fréquents voyages.
- L'idée me paraît bonne. Je vais bâtir mon petit plan et j'irai ensuite voir votre « client ».
- Depuis quelque temps, mon capitaine, nous entretenons d'excellentes relations avec certains gendarmes de La Romieu, dont Bourrust et le brigadier, à qui le maire de Castelnau a cru pouvoir faire quelques confidences. Je tiens à vous signaler la chose puisque la maison où vous allez vous rendre se trouve dans leur secteur et qu'il est probable que vous vous ferez accompagner par un gendarme de l'endroit. Alors, il serait préférable que ce soit l'un de ceux que je viens de vous désigner.
- C'est parfait. J'irai donc avec le brigadier.

Et, après quelques secondes de silence, l'officier, un peu hésitant, continua :
- Je ne voudrais pas vous inciter aux confidences, mais, puisque nous parlons franchement, je tiendrais à vous dire : lorsque vous aurez des parachutages à faire dans les environs, veuillez, si cela ne vous dérange pas, me le faire savoir. Cette nuit-là il n'y aura pas de patrouille dans le coin. Et lorsque vous transporterez des armes, indiquez-moi la route que vous suivrez. Vous n'y trouverez pas de barrage.

Ceci avait été dit tout simplement, comme s'il s'agissait d'une chose sans importance. Je serrai fortement la main de cet homme, de ce militaire qui, remplissant des fonctions ingrates, voulait continuer à servir la vraie France. Après avoir remercié maître Pialoux de son extrême obligeance, et sur une dernière poignée de mains, nous nous séparâmes. C'est ainsi que je fis la connaissance du capitaine Pagès, de la gendarmerie de Condom, et de maître Pialoux, notaire dans la même ville. Ils entraient « dans le bain » à nos côtés et allaient, dans l'avenir, donner la mesure de leur valeur et de leur courage. Là-haut, à Castelnau-sur-l'Auvignon, « Hilaire » et madame Delattre m'attendaient avec impatience et aussi, pourquoi ne pas le dire, avec un soupçon d'inquiétude. « Hilaire », cigarette aux lèvres, se promenait sur la place, devant l'école, lorsque j'arrivai.

- Alors ? me demanda-t-il.

- Ça va bien.

Et nous entrâmes dans la maison d'école où je mis mes compagnons au courant de ce qui s'était passé cet après-midi.

- Pourvu que la gendarmerie ne vienne pas nous cueillir ici maintenant, objecta « Hilaire ».

- Rassurez-vous, tout ira bien et je suis persuadé que la démarche d'aujourd'hui nous sera très profitable pour l'avenir.

Le lendemain, le capitaine Pagès rendit visite au paysan trop madré et, fort adroitement, le questionna, ne poussant pas de suite l'affaire à fond :

- J'ai appris que récemment vous aviez tenu certains propos au sujet de l'institutrice du village et des gens qui vivent auprès d'elle. Les connaissez-vous bien ?

L'homme rougit, pâlit, puis bafouilla :

- Oh ! je les connais… comme ça, pour les voir de temps à autre.

- Cependant, l'autre soir, vous aviez l'air d'être fort bien renseigné sur leur compte ?

- Oh ! vous savez, après un petit « gueuleton », on dit tant de choses ! Non, vraiment, je ne connais pas ces réfugiés plus que ça.

- C'est bien, dit Pagès, on verra.

Et il partit, laissant le bonhomme tout pantois. Deux jours après, nouvelle visite à la ferme.

- J'ai fait mon enquête ! Je sais maintenant quels propos calomnieux vous avez tenu sur l'institutrice et ses hôtes. Savez-vous donc qui sont ces hommes ? Non ? Eh bien, je vais vous le dire, moi : ce sont d'importants contrôleurs du ravitaillement. Et ce sont ces gens-là que vous avez qualifiés d'espions ? Vous mériteriez que je vous flanque dedans ! Savez-vous que si elle le voulait, l'institutrice vous ferait passer en correctionnelle pour diffamation ? Et vous ne l'auriez pas volé ! Ne recommencez pas, ou vous aurez de mes nouvelles.

Et le capitaine Pagès, qui avait admirablement joué la comédie de la colère, s'en alla, laissant le paysan littéralement effondré. Nous pouvions, dès ce jour, vivre à peu près dégagés du souci d'une dénonciation venant de ce côté, car le bouseux, quelques jours plus tard, s'arrangea pour rencontrer l'institutrice et lui faire des excuses fort embarrassées, que madame Delattre sembla d'ailleurs prendre avec beaucoup de dédain. L'homme avait toutefois gardé son état d'esprit profondément pro-Boche car, plus tard, lorsqu'en juin 1944 les maquis se formèrent, il crut prendre sa revanche en courant à la gendarmerie dénoncer les rassemblements de patriotes et il en avertit également la milice. Tant de persévérance dans la délation ne lui assura cependant pas la gratitude de « ses amis » puisque, à la suite d'un combat entre maquisards et SS (auquel il n'avait pas pris part, bien entendu) un Allemand lui logea, sans aucun motif, une balle de pistolet dans la tête.

Mais nous voici au début de septembre 1943. Les choses avaient marché plutôt mal pour nous ces derniers temps, néanmoins il n'était pas question d'abandonner la lutte, tant s'en faut. « Hilaire », souvent en déplacement, essayait de recoller les morceaux dans le secteur de « Gérard », efficacement aidé en cela par « Félix ». Il était parti en Gironde où des hommes recrutés par le malheureux Gaucher continuaient de s'affairer. Le 2 septembre, le maire de Castelnau, dans sa voiture, me porta avec madame Delattre chez Lauray à Miramont-Latour. Je voulais y prendre le poste « Eurêka » afin de le transporter à Montréjeau où nous comptions qu'il allait bientôt servir. De Miramont, Roger Larribeau nous porterait jusqu'à Auch, d'où le train, par Toulouse, nous emmènerait jusqu'à Montréjeau. Les Lauray, prudents, étaient allés camoufler le poste dans une maison amie, assez loin dans la campagne, et il fallut attendre que le propriétaire, alors aux champs, rentre chez lui, ce qu'il ne fit que dans le courant de l'après-midi. Et nous étions arrivés le matin.

- Ça n'a pas d'importance, dit Charles Lauray. Vous allez manger ici et ensuite nous irons chercher le poste. En attendant, si le cœur vous en dit, vous pouvez aller dans la vigne goûter à mon raisin. J'en ai d'excellent.

L'invitation me plut. Le raisin ? J'en raffolais ! Jusqu'à midi, combien de grains avais-je ingurgité ? Je ne saurais le dire. Mais la quantité devait être copieuse. Si copieuse, qu'après le repas, je me sentais... tout chose... et qu'il fallut différer le départ d'un bon moment. Et, c'est après le départ du train que nous arrivâmes à Auch, où nous fûmes contraints de passer la nuit. Le lendemain matin 3 septembre, à la gare, contrôle exercé par la gendarmerie ! Ça devenait empoisonnant... madame Delattre alla prendre les tickets, pendant que je remontais en ville déposer le poste dans une maison amie, chez P., contrôleur du ravitaillement. Que nous avons bien fait de ne pas emmener l'engin ! Dans le train, il y eut encore une vérification des bagages ! Nous arrivâmes à Montréjeau un peu avant midi pour trouver à la gare notre courrier, « Coste ». Sa présence me surprit et, de suite, je flairai quelque chose de désagréable.

- Bonjour, « Coste ». Mais qu'est ce que vous faites là en ce moment ?

- Je savais que vous deviez arriver, alors je suis venu me poster ici pour vous attendre. Il ne faut pas que vous alliez chez monsieur Labayle, on l'a arrêté ce matin !

- Non de Dieu ! Lui aussi ! Et comment cela ?

- La *Gestapo* est venue et ils l'ont embarqué dans leur voiture. Pour l'instant, nous ne savons rien de plus.

- Nom de Dieu de nom de Dieu ! Alors, les em... merdements continuent. Les salauds viennent opérer ici, maintenant. Mais au moins, savez-vous quel motif ils ont donné à Labayle pour l'arrêter ?

- Je crois bien qu'ils n'en ont donné aucun.
- ...

Tout en grimpant la route qui menait en ville, je pensais que tous les jours ça allait un peu plus mal et je fis mille et une suppositions quant à l'arrestation de notre ami.
- Ecoutez, « Coste ». « Hilaire » va arriver probablement aujourd'hui. Il faudra que vous descendiez à la gare pour toutes les arrivées de trains afin de l'empêcher, comme vous l'avez fait pour nous, d'aller chez Labayle.
- C'est entendu, je le ferai.

Il est bien inutile de dépeindre l'émoi dans lequel nous trouvâmes les amis de Pierre Labayle à Montréjeau. C'est que le brasseur, sans avoir jamais recherché la popularité, était l'une des personnalités les plus sympathiques de la petite ville. A plus forte raison, ceux qui, dans son équipe, menaient la lutte à ses côtés, lui étaient-ils dévoués. Il y avait là des hommes, comme ce brave Bernadet, qui se seraient fait hacher menu pour lui. Mais, hélas ! en la circonstance, on ne pouvait pas faire grand-chose. « Hilaire » arriva en fin d'après-midi. Il ne broncha pas en apprenant la mauvaise nouvelle, mais ses lèvres se serrèrent et c'est en fumant son éternelle cigarette que, plongé dans ses pensées, il tourna en rond dans la pièce où nous nous trouvions, dans l'appartement de « Coste ».
- Alors, maintenant ? Demanda-t-il au bout d'un instant.
- Maintenant, il va falloir essayer d'avoir des nouvelles de Labayle et, en tout cas, continuer le travail. Monsieur Labayle m'avait dit, après notre entrée en rapport avec lui, qu'en cas de malheur lui survenant, ce serait Laffargue qui prendrait sa place à la tête de l'équipe de Montréjeau. Il faut donc voir Laffargue.
- D'accord.
- Si vous le permettez, dit « Coste », je vais prévenir monsieur Laffargue. Ce ne sera pas difficile, car c'est le propriétaire de cette maison. Je le trouverai en bas à son magasin, ou à son domicile, de l'autre côté de la ville.

Le successeur désigné par Labayle était un négociant montréjeaulais, avenant et sympathique, qui nous déclara sans ambages :
- Monsieur Labayle avait toujours dit que s'il lui arrivait « quelque chose », je devrais prendre sa succession à la tête de l'équipe et j'avais accepté. Ce moment est malheureusement venu et je ne faillirai pas à ma parole. Je ferai de mon mieux, bien que je n'aie pas la personnalité de monsieur Labayle.
- Nous vous remercions et nous sommes persuadés que vous et vos amis ferez l'impossible pour continuer la tâche entreprise. C'est ainsi que Laffargue et Mansencal se mirent d'accord pour préparer des parachutages aux environs de Montréjeau, sur les coteaux qui surplombent la Neste.

Ce soir-là, « Hilaire », malgré les dangers que cela présentait, s'en alla chez Pierre Labayle. L'industriel avait mis son coffre-fort à sa disposition, lui en confiant une clé et le chiffre, ignoré même de madame Labayle. Or,

« Hilaire » avait enfermé dans ce coffre une importante somme d'argent et il voulait la récupérer avant que la *Gestapo* ne s'en empare, dans le cas où une perquisition approfondie serait faite au domicile du brasseur. L'officier britannique ne resta que quelques minutes dans la maison, juste le temps qu'il lui fallut pour retirer ses fonds et aussi ceux de Labayle qu'il remit à la femme de notre malheureux ami. Le soir, nous nous étions retirés chez différents membres de l'organisation montréjeaulaise, Laffargue, « Coste » et une admirable femme appartenant au groupement, madame Emmanuel, avec qui madame Delattre et moi étions en conversation lorsque madame Labayle, faisant brusquement irruption dans la maison, vint nous avertir qu'il y avait danger pour nous à rester là. En ville, des langues trop bien pendues jasaient et s'inquiétaient de savoir qui étaient ces gens qui recevaient l'hospitalité de madame Emmanuel. Or, celle-ci, en rapport constant avec la famille Labayle, pouvait être suspectée et une intrusion des Allemands chez elle était à craindre. Il fallait donc partir de suite. Dans une nuit d'encre, à onze heures du soir, nous voilà donc partis pour Mazères-de-Neste, où l'accueillante demeure des Campan et des Mansencal nous offrit un abri relativement sûr. C'est dans cette maison que toujours, par la suite, nous revînmes lorsque notre travail nous amena dans la région, ce qui fut fréquent. Plusieurs chambres y furent mises en permanence à notre disposition, à toute heure du jour et de la nuit. L'opératrice radio, « Annette », y venait elle-même faire ses émissions pour Londres. Après avoir passé dans la région quelques jours pendant lesquels le sort de Pierre Labayle fut notre préoccupation essentielle, nous rentrâmes à notre PC, dans le sympathique petit village de Castelnau, toujours calmement perché sur son abrupte colline. La veille de notre départ, « Coste » était allé à Auch chercher le fameux « Eurêka », qui allait servir maintenant dans les Pyrénées. Dans le train qui le portait d'Auch à Toulouse, il y avait eu - ça ne cessait plus - une vérification des bagages. Mais « Coste » ne s'était pas démonté et, lorsque son tour fut venu, il répondit aux inspecteurs qu'il avait perdu la clé de sa valise qui, leur dit-il, ne contenait pas de marché noir, mais seulement de l'outillage. Et pour leur prouver, Coste agita sa valise qui rendait effectivement un bruit de ferraille. Cette fois-là encore, ça s'était bien passé. Dans le Gers, rien de bien transcendant ne s'était produit depuis notre départ. D'Agen, pas de nouvelles fameuses. La dernière arrestation dans notre réseau avait été celle de Cazeneuve, le négociant du boulevard de la République qui avait organisé le parachutage de Beauville. Cazeneuve était parti un jour de son domicile, en plein déjeuner, avec un inconnu venu le chercher et on ne l'avait plus revu. Jacob, Blazy, Cazeneuve et « Gérard », après de multiples interrogatoires, avaient été transférés à Toulouse, à la prison Saint-Michel. C'est là également que la *Gestapo* de Tarbes avait rapidement amené Pierre Labayle. Quant à « Christophe », arrêté à Marmande, nous ignorions alors où il se trouvait exactement. Un jour que je me trouvais à Condom chez Bourdettes, j'y reçus la visite de Théo Lévy, qui venait offrir de remplacer, dans le circuit, son frère Louis, ou plutôt - conservons-lui ce nom- « Christophe ». Agréé par « Hilaire », Théo devait jusqu'à la fin de la clandestinité, assurer à son tour la liaison avec « Philibert ». Son premier travail consista à préparer, à mettre au point, avec l'aide des patriotes éprouvés, le départ par l'Espagne des sept aviateurs de la RAF tombés à Arx. L'on me conta plus tard la scène touchante qui se déroula à Fourcès lorsque les militaires alliés partirent : le vieil Albert Labadie, qui hébergeait le commandant de bord, pleurait à chaudes larmes et l'officier lui-même ne parvenait pas à cacher son émotion, étreignant le brave homme, l'un et l'autre n'arrivant pas à se séparer. Dans leur petite commune de Mazères, près de Montréjeau, les Mansencal travaillaient avec persévérance mais leur principal souci restait la présence de « Denis » dans la région. Le passage s'avérait difficile. Ce fut finalement madame Mansencal, femme d'un grand courage autant qu'esprit cultivé et fin, d'une persévérance remarquable dans l'effort, qui réussit à établir le chaînon qui allait permettre bien des franchissements clandestins de la frontière espagnole. L'homme qu'elle trouva pour effectuer la dangereuse mission de passeur était un montagnard éprouvé, en qui l'on pouvait avoir une absolue confiance et qui n'en était pas à son coup d'essai. Bordes (surnommé à cette époque « Blanchart ») allait rendre au réseau de très grands services. La première opération de passage que Bordes effectua pour notre compte fut celle de « Denis », trop expansif parachutiste, dont le retour en Angleterre allait délivrer la Résistance montréjeaulaise du danger d'une imprudence. « Denis » fut accompagné, dans sa traversée des Pyrénées, d'un jeune et brillant officier qui allait, lui aussi, par l'Espagne, tenter de rejoindre les services secrets en Angleterre. Le lieutenant Duclos, après avoir longuement goûté des geôles espagnoles, parviendrait à Londres pour se faire parachuter en France derrière les lignes allemandes, puis, après la libération du pays, trouverait moyen d'aller atterrir en Extrême-Orient, en pleine brousse, derrière les lignes japonaises. Duclos fit, durant cette guerre, de véritables prouesses et, après la cessation des hostilités, l'attrait de l'aventure continua à le tenailler. A l'heure où je trace ses lignes (1947, NDLR), il est quelque part perdu dans l'immense forêt vierge sud-américaine, chargé d'une mission d'exploration sur les rives de l'Orénoque, au pays des Indiens coupeurs de têtes. Quelques jours après « Denis », ce furent les Alsaciens de l'organisation de Maurice Jacob qui, grâce à Bordes, franchirent la frontière pyrénéenne. Un jour qu'à Castelnau « Hilaire » et moi étions réunis pour prendre notre repas de midi chez l'institutrice, le maire vint nous prévenir que Prieur et Bourdettes voulaient nous voir de toute urgence et attendaient dans le chemin abrupt qui donne accès au village où ils ne désiraient pas se montrer. Cette visite imprévue et ce luxe de précautions ne nous dirent rien qui vaille et, tous trois, nous flairâmes encore « la tuile ». Et, en effet, c'en était une de plus qui nous tombait sur le crâne. Les deux Condomois m'apprirent qu'après le parachutage d'Arx, des armes avaient été prises par des étrangers internés dans le camp pénitentiaire voisin du lieu où l'avion britannique s'était écrasé et que certaines de ces armes commençaient à être livrées à la milice. Ce que voyant, le responsable de l'endroit avait tenté de récupérer le maximum de matériel. Ayant repris des mitraillettes, il les avait ramenées chez lui et, en les manœuvrant, ne s'étant pas assuré que l'une d'elles était encore chargée, avait fait partir une rafale qui était venue tuer sa jeune femme qui évoluait dans la pièce voisine ! Le jeune résistant Robert Portaix venait d'être frappé d'un grand malheur. Il avait, en voulant bien servir la France, donné la mort à une compagne tendrement chérie et il était à prévoir que, maintenant, les autorités allaient faire procéder à des recherches approfondies qui risqueraient de mettre en péril toute une organisation. Après le drame, Portaix, accompagné de son ami Robert Scillac, avait pris la fuite et s'était réfugié à Bordeaux. Mais il était certain qu'il ne pourrait rester là bien longtemps. Mieux valait donc qu'il quittât la France où il serait traqué, où les investigations policières, doublées probablement de celles de la *Gestapo*, risquaient de le faire découvrir. Alors, notre nouvelle ligne de passage aux Pyrénées fonctionna à nouveau et, quelques jours plus tard, Portaix et Scillac étaient en Espagne, d'où ils pourraient rejoindre les Forces françaises libres d'Afrique du Nord. Robert Portaix, qu'un lourd chagrin minait, trouva une mort héroïque en 1944, dans les rangs des troupes françaises qui débarquèrent sur les rivages méditerranéens. Bien entendu, cette triste affaire provoqua une vaste enquête policière. Mais celle-ci, faite par la police paloise, ne fut pas poussée à fond. Il est à présumer que le commissaire qui la mena se douta des événements qui s'étaient produits à Arx, mais qu'il ne voulut pas traquer des patriotes français. Il me fut affirmé que le nom du Condomois Jean Corne, qui assistait au parachutage du 13 août, avait été mis en cause, mais que les policiers n'avaient pas voulu retenir cette indication. Quoi qu'il en soit, le tragique accident provoqué par Robert Portaix fut expliqué de façon assez astucieuse : des armes étant tombées en forêt lors de la chute de l'avion, Portaix aurait trouvé une mitraillette et c'est au moment où il examinait curieusement chez lui cet engin qu'il avait touché mortellement sa femme. Les Allemands semblèrent adopter cette version et cette pénible affaire entra assez vite dans le silence.

La présence d'« Annette » et de son poste dans la région permettait des facilités considérables dans le travail. De nouveaux parachutages avaient été préparés en Gironde, dans le Gers et dans les Hautes-Pyrénées. De plus, j'avais demandé que tous les passages aux Pyrénées des hommes du réseau soient signalés à Londres, afin qu'ils puissent être aidés, de l'autre côté, avec le maximum d'efficacité. « Annette » m'assura qu'elle se chargerait de cette transmission, le jour où, à Mazères, émettant de la maison des Mansencal, je lui donnai les noms des Alsaciens qui allaient partir le soir même. Parmi les parachutages demandés, celui qui eut lieu chez le maire de Tajan, Abadie, l'ami que Labayle m'avait présenté, fut l'un des premiers. Pour la circonstance, les Montréjeaulais se joignirent à l'équipe du maire de Tajan. La nuit, ces hommes avaient fait un long voyage à bicyclette pour venir réceptionner les lourds colis. Mansencal, Laffargue, Campan, Duffaza, « Coste », ne ménageaient pas leur peine. L'opération se déroula fort bien et, les containers bien camouflés, chacun était rentré chez soi. Seule une tentative pour garder à titre de souvenir l'un des parachutes fut à déplorer. Nous recommandions toujours que ceux-ci soient détruits ou enterrés. Mais c'était si tentant, parfois, un beau parachute ! Habituellement, les opérations aériennes se faisaient pendant la période de pleine lune, ce qui permettait aux aviateurs d'y voir suffisamment pour repérer sans trop de difficultés le terrain au-dessus duquel ils allaient avoir à opérer. Mais le survol fréquent du Sud-Ouest, la nuit, par des avions alliés, la saisie du nombreux matériel d'Agen et la chute du bombardier à Arx avaient mis les Allemands en éveil. A la nuit tombante, leurs patrouilles -deux hommes montés sur moto avec side-car- allaient prendre position sur les hauteurs du Gers, des Landes et du Lot-et-Garonne. Ces dispositions étaient de nature à nous gêner et les équipes de réception pouvaient se retrouver en grand danger. Aussi, « Hilaire » décida-t-il, afin de déjouer la surveillance allemande, de ne plus opérer que par les nuits noires, grâce aux appareils « Eurêka » qui, à quelque dix ou quinze kilomètres, donnaient aux avions la position exacte des terrains de parachutage. Cette mesure s'avéra efficace et il était amusant d'entendre parfois, par les nuits claires de pleine lune, le vrombissement des motos allemandes courant les routes pour essayer de surprendre en flagrant délit ces fameux « terroristes » qui recevaient leurs armes par la voie du ciel. Un après-midi que je rentrais des Pyrénées avec madame Delattre et Roland Mansencal dans la voiture d'André Coulon, de Tarbes, nous tombâmes en panne à douze kilomètres d'Auch sur le mauvais passage à niveau de Saint-Lary, à cette époque-là redouté de tous les automobilistes. Tous nos efforts pour tenter de repartir furent vains et il ne fallait pas laisser la voiture sur la route, car nous transportions un poste « Eurêka ». Un brave homme d'Espagnol, habitant tout à côté, nous offrit une large hospitalité, en même temps qu'il garait notre voiture chez lui. Toute la nuit, nous entendîmes passer sur la route les patrouilles allemandes de surveillance et, postés derrière les rideaux, nous pouvions voir les reflets de la clarté lunaire se jouer sur les casques des soldats ennemis. Nous pensions qu'ils se donnaient beaucoup de mal pour un résultat qui serait nul. Le lendemain, le garagiste Lauga, de Condom, vint nous remorquer et nous rentrâmes sans encombres à notre cher PC de Castelnau. Au début de ce mois d'octobre 1943, un nouveau parachutage fut prévu chez Coulanges, à Saint-Vincent-de-Lamontjoie, entre Agen et Condom. C'était « Félix » qui allait diriger cette opération. Précédemment, dans cette partie du Lot-et-Garonne, les réceptions avaient été assurées par les hommes de Maurice Jacob. Depuis l'intrusion des Allemands dans l'organisation alsacienne, il ne pouvait plus en être question. « Félix » constitua donc un nouveau « comité de réception », avec des hommes qu'il savait patriotes et en qui il avait cru pouvoir mettre toute sa confiance. Mais la veille de l'opération, ceux-ci l'avisèrent qu'ils refusaient de recevoir un parachutage s'il ne venait pas d'Afrique du Nord. Les rivalités de généraux se faisaient sentir même en France occupée, au plus dur de la lutte menée contre l'envahisseur. Notre ami « Félix » eut beaucoup de peine à former, en quelques heures, un nouveau comité qui se trouverait sur le terrain, le soir suivant, lorsque le « message personnel » aurait été diffusé par la BBC. L'opération ne se passa d'ailleurs pas le mieux du monde, car les containers furent très éparpillés dans les champs et l'un d'eux resta accroché, avec son parachute, au faîte d'un pin qu'il fallut abattre le lendemain matin, afin de dégager le fruit suspect, d'une espèce nouvelle, dont il s'était garni la nuit.

XIII. Le nerf de la guerre

La lutte incessante, menée depuis de longs mois dans le sud-ouest de la France, avait donné des résultats concrets, malgré les lourds déboires des dernières semaines. Après la Libération, j'ai souvent entendu dire que « ces gens-là » - et ces gens-là c'était nous et les résistants en général - devaient rouler sur l'or, disposant de millions et de millions, et que dans ces conditions il n'était pas bien malin d'arriver à des résultats, de recruter du monde, que beaucoup d'entre ceux qui avaient joué ce jeu ne l'avaient fait que par esprit de lucre, que tout individu qui avait reçu des parachutages avait été grassement payé, etc. Il est incontestable que, dans ces temps troubles, certains individus peu scrupuleux ont réussi à se créer parfois des sources de profits peu honorables. Mais c'est là, malheureusement, un fait qui n'a rien de particulier à la Résistance et toutes les guerres ont connu, partout, des êtres pour qui les misères et les deuils ont été des bases de fortunes scandaleuses. Fort souvent, d'ailleurs, les véritables résistants, après la Libération, ont éliminé de leurs rangs ceux-là qui avaient tiré de leur action des profits incompatibles avec une action patriotique. Et c'est à ces hommes qui se sont battus sans retirer aucun bénéfice matériel qui souvent même ont fait don de leurs deniers à la cause de la vraie France, ou parfois tout perdu, qu'il conviendrait aujourd'hui de donner le titre si souvent contesté, devenu même quelquefois péjoratif, de résistant. L'on pourrait déplorer que certains auteurs, qui ont traité l'époque de la clandestinité, n'aient pas cru devoir aborder cette épineuse question des moyens financiers des réseaux. Voulant, non pas faire de la littérature, mais dresser en quelque sorte un rapport sur l'activité des réseaux que j'ai connus, j'estime ne pas devoir passer sous silence cette question financière, intimement liée à la vie des diverses organisations que nous contrôlions. Lorsque « Hilaire » était à Agen, il apportait avec lui quelques dizaines de milliers de francs. A l'époque, la somme pouvait paraître coquette. Il la partagea intégralement avec le capitaine Sévenet qui, dans les secteurs où il opérait, sur la côte méditerranéenne et dans la région toulousaine, s'était trouvé démuni de fonds. Jusqu'en mars 1943, aucune somme ne nous parvint plus et il fallait que les hommes qui s'étaient donnés entièrement à leur tâche tirassent leurs ressources de la stricte solde militaire qui leur était allouée. Les frais de déplacement étaient réduits au strict minimum et il était extrêmement rare que ceux-ci en viennent à excéder, par agent, une douzaine de milliers de francs par mois. Les subsides aux groupements étaient alors pratiquement nuls et, s'il arrivait parfois de laisser quelques billets bleus à tel ou tel endroit, c'est qu'un homme avait dû, en raison de son action à nos côtés, abandonner les ressources de son travail, ou bien qu'il avait eu des « ennuis » et que sa sécurité avait exigé des disponibilités excédant ses moyens. La situation dura ainsi quelque cinq mois et « la caisse », malgré toutes nos précautions, se trouvait à peu près à sec, lorsque « Eugène », le collègue toulousain d'« Hilaire », put « avancer » à ce dernier quelque cent mille francs. Puis, ce fut une certaine « Gilberte Poissonnier », courrier du service, venu l'on ne sait d'où, qui arriva un jour à Agen et nous remit une somme à peu près pareille. Malgré tout, notre activité étant devenue intense, c'était toujours plus ou moins la gêne. Londres permit alors le système des « transactions ». Celles-ci consistaient en l'opération suivante : un résistant français en rapport avec un agent accrédité venu de Londres pouvait remettre à ce dernier une somme d'argent sur accord préalable de la section financière du service. L'agent signalait à ses chefs que M. X… lui proposait telle somme et il indiquait les noms, prénoms, date de naissance et domicile du donateur et, aussi - excellente précaution ! - le nom ou les noms des héritiers éventuels. Si, à Londres, l'opération était agréée, les intéressés en étaient informés par un « message personnel » qui avait été établi auparavant, en France, avec l'accord et souvent selon les désirs du donateur. Celui-ci, dès que le message avait été diffusé par la BBC, remettait les fonds à l'agent et l'équivalent de la somme versée était placé en Angleterre, dans une banque accréditée, au nom du donateur, en livres sterling, sur la base moyenne de deux cents francs pour une livre. Toutes garanties étaient ainsi données à ceux qui, en France, avançaient leurs deniers aux agents alliés. Plusieurs opérations de ce genre furent effectuées par « Hilaire » et, parfois, de modestes artisans offrirent la totalité de leurs économies, comme ce fut le cas de monsieur et madame L., de Vic-Fezensac, qui avaient déjà assuré l'aide la plus complète au chef de secteur des Landes, Philippe de Gunzbourg, dit « Philibert ». D'humbles cultivateurs aussi, de modestes commerçants, firent cette opération uniquement dans le but d'aider dans leur difficile travail les agents secrets du GQG et, par-là même, la Résistance française. De ceci, ils ne tirèrent aucun bénéfice, puisque, après la Libération, le remboursement des sommes avancées à « Hilaire » fut effectué exactement au pair, sans le paiement du moindre intérêt. D'autres, comme ce fut le cas pour Pierre Labayle ou Roger Larribeau, s'ils n'offrirent pas de fonds, donnèrent toujours tout ce qu'ils pouvaient, sans exiger le moindre paiement, cependant que, sans eux, il eût souvent été nécessaire de faire des dépenses assez lourdes. Quelquefois, des fonds arrivaient par la voie des airs. Un petit sac de billets était dissimulé dans un container. Mais, contrairement à ce que beaucoup de non initiés ont pu croire, ces sortes de parachutages étaient plutôt rares et ils n'étaient faits que sur indications précises de l'agent, qui savait donc exactement à quelle opération il recevrait l'indispensable « galette ». Quelques « transactions » auxquelles vinrent s'ajouter certains « parachutages financiers » nous aidèrent finalement à sortir de cette demi-misère dans laquelle se trouvait le réseau. Mais il était bon de ne dépenser les fonds qu'avec parcimonie, car il était toujours possible d'être « coupé » de Londres, ce qui pouvait parfois durer longtemps. Le capitaine-radio « Arnaud » avait aussi laissé à « Hilaire », avant son retour en Angleterre, une somme de quatre-vingt-neuf mille francs, plus une autre de vingt-sept mille chez Pierre Labayle, qu'« Hilaire » récupéra en même temps que les fonds qu'il avait laissés dans le coffre-fort de l'industriel. A partir du mois d'août, la trésorerie du réseau fut à l'aise, et, par la suite, le fonds de caisse devint important, mais les dépenses beaucoup plus lourdes aussi, certaines notes de frais, comme celle qui nous fut présentée à la suite de l'incident d'Arx et du départ des aviateurs, étant fort élevées. Par mesure de sécurité, des sommes diverses furent déposées en différents endroits, de façon qu'en cas d'arrestations sur certains points, il soit toujours possible de récupérer ce qui serait nécessaire à la continuation du travail.

XIV. Rien ne va plus

Notre ami « Félix » avait eu bien des ennuis à la suite du dernier parachutage de Saint-Vincent-de-Lamontjoie. Tous les containers parachutés ne furent pas retrouvés à la suite de l'opération. Or, il était possible que des photos micrométriques, portant des indications particulières, s'y trouvassent. Il fallait donc les récupérer de suite. Si « Félix » n'en imposait pas par la taille, il sut quand même, en l'occurrence, montrer assez d'autorité pour faire rendre tout ce que nous avions reçu. Mais cette tentative d'appropriation de matériel de guerre avait quelque chose d'inquiétant. Les instructions données par Londres étaient précises : il ne faudrait distribuer les armes et passer à l'action que sur ordres formels. Il était donc impossible de laisser égarer du matériel qui aurait pu servir, soit à passer à une action immédiate qui, sans coordination avec les opérations militaires, eut été inefficace sinon néfaste, soit à tout autre but. Le rôle strictement militaire que nous tenions nous obligeait à observer scrupuleusement les directives qui nous étaient données, en dehors de toute autre considération. D'ailleurs, le détournement d'une partie seulement des containers avait quelque chose de stupide, quand on pense que, souvent, le résultat de ces actes serait, dans l'avenir, de laisser les uns et les autres dans l'impossibilité d'agir puisque les armes pouvaient fort bien se trouver d'un côté et les munitions de l'autre. Ces considérations, « Félix » les fit valoir comme il convenait et, finalement, tout reprit sa place, mais toutefois pas sans que cela n'ait fait du bruit, beaucoup trop de bruit. Les Allemands mirent leur nez dans l'affaire et, malheureusement, à Agen, procédèrent une nuit à l'arrestation de Lassauque. Leur enquête, poussée à fond avec les méthodes très particulières de la *Gestapo*, les amena rapidement au point de départ. Un matin, toute une escouade de policiers et de *Feldgendarmen* fit irruption chez Coulanges, à Saint-Vincent-de-Lamontjoie. Le malheureux fermier fut terriblement martyrisé, en présence de sa femme impuissante, et les bourreaux le suspendirent par les poignets… pendant qu'ils obligeaient madame Coulanges à leur servir un très copieux déjeuner. Après quoi, ils reprirent la route d'Agen, emmenant le fermier et son jeune fils de seize ans. Coulanges, après avoir subi toutes les atrocités dont les sbires de la *Gestapo* étaient capables, fut fusillé avec d'autres résistants. Mais, hommage à lui rendre, malgré toutes ses souffrances, il n'avait pas trahi son parent, « Félix », ni le réseau. Son fils fut envoyé en Allemagne, dans l'un de ces terribles camps de représailles. Malgré son jeune âge, il eut le cran et la force de résister à toutes ses misères et, après la cessation des hostilités, il revint dans la maison de Saint-Vincent, hélas vide maintenant de la

présence du maître. En même temps que ces tristes événements se déroulaient à Saint-Vincent-de-Lamonjoie, l'immeuble occupé à Agen par la famille Duffoir recevait des visites suspectes. Des inconnus s'enquéraient de la topographie des lieux, de l'identité des occupants. « Félix », prudent, ne rentra plus chez lui. Un samedi, des hommes vinrent sonner à la porte et, reçus par madame Avian, sœur de notre ami, demandèrent monsieur et madame Pierre Duffoir. Madame Avian leur répondit qu'ils étaient absents.
- Nous voudrions voir monsieur Duffoir. Nous sommes des amis et vous seriez bien aimable de lui dire, lorsqu'il rentrera, que nous l'attendons ce soir au café de Paris pour prendre l'apéritif.
- Entendu, messieurs, je lui ferai la commission.

Mais madame Avian, sceptique quant aux relations « amicales » que ces hommes prétendaient entretenir avec son frère, avertit immédiatement sa belle-sœur, la jeune et courageuse « Paulette », qui s'était retirée chez sa mère, près des bords de Garonne. « Paulette » voulut voir les têtes de ces « amis » de son mari et, à cet effet, se hasarda le soir près du café de Paris. A l'intérieur, elle y reconnut trois agents de la *Gestapo* d'Agen, qui dégustaient l'apéritif, attendant probablement son mari qu'ils avaient si aimablement invité. Dehors, sur le trottoir d'en face, se tenaient deux autres agents de la police secrète allemande. Heureusement que « Paulette », prudente et physionomiste, avait depuis quelque temps déjà « repéré » les sbires d'Himmler qui opéraient dans le gentil chef-lieu du Lot-et-Garonne. Le soir, « Félix », sa femme et leur fillette de onze ans, Josette, se réfugiaient chez un de leurs cousins qui habitait la campagne, à une quinzaine de kilomètres d'Agen, près du village de Laplume. Il était temps ! Complètement « brûlés », leur arrestation n'aurait plus été qu'une question d'heures. Le lendemain matin, dimanche, je me trouvais sur le pas de la porte de l'école de Castelnau, lorsque je vis arriver « Félix », monté sur sa bicyclette. A sa mine, je compris de suite que quelque chose allait mal. Prudemment rentrés à l'abri des oreilles indiscrètes dans l'appartement de madame Delattre, notre ami me mit au courant des événements qui venaient de se dérouler chez les Coulanges et à Agen. Ce n'était pas brillant et il était indéniable que, peu à peu, les Allemands resserraient leur filet et, remontant la filière, risquaient d'atteindre bientôt la tête de l'organisation.
- Et pour comble de guigne, continua « Félix », « Hilaire » est allé faire des confidences à Coulanges !
- Comment cela ?
- Hé ! oui. Je ne vous en avais jamais parlé afin de ne pas vous alarmer mais après le petit voyage que vous fîtes un dimanche matin à Saint-Vincent pour y porter un poste en compagnie de madame Delattre, de madame Falbet et d'« Hilaire », ce dernier éprouva le besoin de confier à Coulanges que la grande jeune femme blonde était l'institutrice chez qui il habitait, que le vélomoteur Peugeot dont il se servait appartenait au maire... qui

travaillait avec nous et que la gendarmerie française de La Romieu nous étant acquise, il n'avait rien à craindre dans ce coin-là ! Après ça, en prenant pour point de départ la gendarmerie de La Romieu il ne serait pas difficile aux Allemands de retrouver dans le coin une institutrice grande et blonde et un maire possédant un vélomoteur Peugeot de couleur beige...
- Bon Dieu ! Ça n'est vraiment pas fort, en effet.
- Maintenant, je n'ai pas du tout l'intention de rester chez mon cousin de Laplume, car les Boches pourraient perquisitionner dans ma famille et ce serait plutôt moche pour moi. Par mesure de précaution, la nuit dernière, nous n'avons pas couché dans la maison, mais sur la paille dans la grange et ça ne peut pas durer. Qu'est-ce que vous me conseillez ?
- Pour ici, je ne crois pas qu'il y ait danger ce soir. Les recherches nécessiteraient quelque temps et l'on en aurait certainement des échos. Dès que la nuit sera tombée, venez donc avec votre femme et votre fille. Ensuite, on avisera.
- Entendu. Alors, à ce soir.

Là-dessus, « Félix » s'en alla et c'est « Hilaire » qui arriva bientôt. Je lui fis part de la visite de « Félix » et, aussi, je lui adressai d'amers reproches pour l'imprudence qu'il avait commise en faisant d'inutiles révélations à Coulanges.
- Vous avez le devoir de tout faire pour assurer la sécurité des gens qui, ici, vous ont donné leur aide la plus complète. Au lieu de cela, vous les mettez inconsidérément en danger. Si vous avez la faculté, vous, de filer lorsque ça ira trop mal, n'oubliez pas que, eux, sont « vissés » à leur poste !

La discussion fut vive et mon compagnon, qui avait déjà exprimé plusieurs fois l'opinion que j'avais un fort mauvais caractère, le pensa certainement une fois de plus.
- Je crois qu'il vaut mieux prendre des précautions, me dit-il finalement et sortir d'ici tout ce qu'il pourrait y avoir de compromettant.

Ce en quoi il avait raison. Je retirai alors les papiers, les petits postes récepteurs de radio et l'argent que nous avions caché dans une oubliette du vieux château des seigneurs du Fieumarcon, oubliette que nous avions découverte sous la maison de madame Delattre. L'on en fit quelques paquets que nous confiâmes à Roger Larribeau.
- Maintenant, dit « Hilaire », je m'en vais. J'espère qu'il ne se passera rien de grave aujourd'hui. Demain à onze heures, rendez-vous près du pont de l'Auvignon qui se trouve derrière le village, sur le chemin de Caussens.

Notre compagnon, s'habillant de façon impeccable comme lorsqu'il partait en voyage, boucla sa petite valise contenant du linge et s'en alla. Il était plus de dix heures. A onze heures, visite de Merchez. Il était venu nous demander d'aider des officiers alliés, dont deux Belges, à passer en Espagne. Ces hommes étaient encore dans les Ardennes et n'avaient plus aucun moyen de poursuivre leur voyage. Je crus nécessaire de pratiquer comme il avait toujours été fait en pareille circonstance : indiquer la filière pour franchir les Pyrénées et octroyer les fonds indispensables pour ce périlleux voyage. Je fis donc reprendre quelque argent chez le maire et je remis quarante mille francs à Merchez, qui s'en alla après m'avoir donné le conseil de ne plus aller à Agen, où lui même prenait les plus grandes précautions, ne couchant plus chez lui et n'y retournant qu'avec beaucoup de circonspection. Le reste de la journée fut monotone. Je me remémorai quelques incidents survenus dernièrement entre « Hilaire » et moi, dont celui de ce matin semblait marquer le paroxysme. Bien que je pensasse de ces discussions qui nous opposaient parfois avec acuité qu'elles ne devraient avoir pour but que la recherche de meilleures méthodes de travail, il me semblait que quelque chose n'allait plus entre mon compagnon et moi. Et cependant, ensemble, nous avions déjà parcouru une bonne partie du chemin au bout duquel nous entrevoyions le but commun... Parmi les documents qui avaient été cachés dans l'oubliette, se trouvaient des papiers personnels de madame Delattre et de moi-même. Je les enfermai dans des boîtes métalliques, après y avoir jeté un dernier coup d'œil. J'y cherchai en vain une coupure d'un journal du Nord, relatant la condamnation dont j'avais été frappé, par défaut, par le tribunal d'Arras, en 1941. Je trouvais la chose bizarre, car j'avais la certitude absolue que l'institutrice avait précieusement classé ce document qui démontrerait, après la Libération, comment l'affaire avait été machinée. Et je pensai qu'un indiscret avait probablement fouillé nos papiers. Un indiscret qui n'avait pu les compulser que dans l'oubliette, un jour où nous étions absents. Après avoir creusé trois trous dans le jardin de l'école, j'y plaçai les boîtes avec leur contenu. Il serait toujours possible de les retrouver plus tard, si par hasard nous étions forcés de quitter les lieux jusqu'à présent hospitaliers. A neuf heures du soir, « Félix » arriva avec sa femme et sa fille. Leur garde-robe se composait des seuls vêtements qu'ils portaient sur eux, mais ça, ça pouvait s'arranger. S'ils étaient fatigués à la suite de leurs aventures des jours derniers, leur moral restait excellent. Auprès d'un bon feu, après un repas auquel ils firent honneur malgré leurs soucis, nous envisageâmes différentes solutions à apporter au problème de leur sécurité. Il y avait plusieurs maisons amies qui pouvaient les abriter. Les Lauray, à Miramont-Latour, pourraient nous aider ; il y avait aussi les Mansencal, à Mazères, et la maison, maintenant vide d'habitant depuis le départ de « Denis », des Campan à Luc-Harmeau, dans les Basses-Pyrénées. Nous échangions nos points de vue sur ce sujet, lorsque l'on frappa à la porte. Il était près de minuit et il faisait une nuit d'encre. Qui pouvait bien venir à cette heure ? J'armai doucement mon Colt, puis, allant dans le couloir, je demandai :

- Qui est là ?

- C'est moi, « Tonton ». Ouvrez.

J'avais reconnu la voix et, ayant entrebaillé l'huis, « Hilaire » se glissa dans la maison.
- Je reviens d'Agen, où Prieur m'a emmené. Nous sommes complètement fichus ! Il va falloir déguerpir en vitesse...
- ???
- A Agen, j'ai rencontré le grand Pinaud, votre ex-collègue de l'imprimerie de *l'Agenais* que j'ai quelquefois rencontré chez madame Falbet. Les Allemands sont allés dernièrement trouver monsieur « Tortillon » et l'ont questionné sur madame Falbet, Duffoir et... vous-même. Ainsi, ils savent maintenant tout et il est probable qu'ils ne vont pas tarder à arriver ici, où les employés de l'imprimerie et monsieur « Tortillon » savent que vous venez fréquemment.

A première vue, cela paraissait vraisemblable. Il était possible que les Allemands soient allés prendre des informations concernant « Félix » auprès de son ex-patron, à la rigueur il était encore plausible qu'ils s'enquièrent de madame Falbet, quoi qu'il semblerait qu'ils ne se soient jamais présentés à son domicile, mais pour moi, la chose me paraissait curieuse. Comment auraient-ils fait pour obtenir aussi rapidement des renseignements précis sur moi ? Il est vrai que, dans ce jeu serré, l'on avait déjà vu des choses aussi extraordinaires... Mais il y avait une expression qui m'avait frappé dans les propos d'« Hilaire » : pourquoi avait-il parlé du maître imprimeur en l'appelant monsieur « Tortillon » ? C'était là le surnom que lui avaient donné quelques-uns de ses amis et que nous utilisions seulement entre madame Falbet et moi. Je flairai là quelque chose d'anormal. Je réfléchis à tout cela très rapidement et les dires d'« Hilaire » offraient certainement matière à objections, mais je pensais aussi que nous étions tous plus ou moins grillés et que notre travail, dans de telles conditions, risquait de devenir assez inefficace, surtout si des frictions avec « Hilaire » devaient tendre nos relations. Ce qui importait par-dessus tout, c'était d'atteindre le but que nous nous étions assigné. Me tournant vers mon compagnon, je lui demandai :
- Alors, que pensez-vous qu'il faille faire ?
- Partir de suite, cette nuit ou demain avant l'aube. Vous allez prendre les devants, pendant que je vais essayer de sauver ce qui peut l'être encore, afin que le successeur que Londres m'enverra ici trouve tout de même des points de contact qui lui serviront à établir une nouvelle organisation.
- Mais, objecta madame Delattre, tout cela est peut-être très bien pour tous, sauf pour moi. Je suis fonctionnaire, les vacances finissent aujourd'hui et demain, à neuf heures, c'est la rentrée des classes. Comment cela se passera-t-il, si je n'y suis pas ?
- Il faudra trouver quelque chose, un motif plausible à votre absence, mais vous ne pouvez pas rester ici, répondit « Hilaire ». Je ne le permettrai pas, car, s'il vous arrivait un malheur, je me considérerais comme responsable.

Et, pathétique, il continua :
-Vous ignorez qu'il y a des nuits pendant lesquelles je n'arrive pas à fermer l'œil, tant je pense à ce pauvre Jacob à qui j'ai eu le malheur de ne pas imposer le départ !

Durant ce colloque, j'avais réfléchi et pensé aussi qu'il était bien préférable que madame Delattre parte avec nous. J'émis alors mon idée :
- Je crois que l'on pourrait, pour tout le monde et spécialement pour les habitants de Castelnau, donner une explication au départ de madame Delattre. Il faudrait avertir, avant le jour, un gendarme de La Romieu, le brigadier ou Bourrust, qui viendrait ici demain matin, au vu et au su de tout le monde, déclarer que l'institutrice a été informée cette nuit que sa mère était très malade et qu'elle a dû partir pour le Nord. Le maire confirmerait ceci et il est probable que la pilule serait avalée.

« Félix » et sa femme approuvèrent. « Hilaire » trouva l'idée excellente.
- Soit, dit madame Delattre. J'accepte. Mais à une condition. En passant par Auch, j'irai informer le secrétaire de l'inspection académique de mon départ précipité. C'est lui qui m'a nommée à ce poste, il connaît ma situation très spéciale, je peux donc avoir confiance en lui.

« Hilaire » marqua son accord et j'allai chercher Roger Larribeau qu'il était indispensable de mettre au courant de nos nouvelles dispositions. Le maire de Castelnau, fortement ému en apprenant que nous allions partir pour longtemps, peut-être définitivement, conserva difficilement une apparence calme.
- Puisque c'est nécessaire pour assurer votre sécurité, dit-il, il faut le faire. J'espère que nous nous reverrons plus tard, après la guerre.
- Tout ira bien, dit « Hilaire », et je crois que vous nous retrouverez bientôt. Connaissant bien le moyen de passer en Espagne pour avoir mis la filière sur pied, vous n'éprouverez sans doute pas de difficultés ; demain matin, « Annette » informera Londres de votre arrivée prochaine, comme il a été fait pour ceux qui sont partis jusque maintenant. Je vous rejoindrai bientôt. En passant à Montréjeau, vous vous arrangerez pour organiser le départ de « Coste ». Il m'em… poisonne aussi, celui-là, et il faut qu'il parte sans délai.

Je ne fis aucune objection, mais j'avais remarqué le « aussi ». Avec l'aide de notre grand ami Larribeau et de Joseph Novarini, que madame Delattre était allée quérir, nous fîmes le vide dans cette maison qui serait probablement occupée bientôt par une nouvelle institutrice. Nous emballâmes dans des caisses et des valises tout ce qu'il y avait de plus précieux, le linge et l'argenterie de madame Delattre, et nous répartîmes le tout entre les maisons Larribeau et Novarini. Après quoi, nous nous préparâmes un très léger bagage avec un peu de linge et, aussi, une demi-douzaine de paquets de cigarettes que j'avais puisés dans l'important stock d'« Hilaire », ce sur quoi ce dernier exprima le lendemain un profond mécontentement.

Ce déménagement impromptu nous avait pris pas mal de temps et il était deux heures du matin lorsque nous allâmes prendre un peu de repos. Mais personne ne dormit dans la maison d'école. A cinq heures du matin, nous étions sur pied et, à six heures, nous partîmes sur nos bicyclettes. Nous ressentions une grande tristesse en quittant, pour entreprendre un long et périlleux voyage, ce petit village qui fut pour nous si hospitalier. En passant devant la maison Novarini, nous avions tenu à serrer la main de « Pino » et de sa femme. Ces braves gens pleuraient en nous voyant partir... A Auch, madame Delattre alla informer le secrétaire de l'inspection académique de son départ en ce jour précis de la rentrée des classes et ce fonctionnaire patriote offrit de lui confier un nouveau poste dans un petit village à l'autre bout du département, où son nom ne serait pas mentionné. Mais l'institutrice ne pouvait accepter cette offre généreuse et c'est fort ému également que le secrétaire lui serra la main en lui souhaitant un bon voyage. Dans l'après-midi nous arrivâmes à Seissan où, comme toujours, Marius Sorbé et sa charmante femme nous offrirent la plus large hospitalité.
- Restez-donc, nous dirent-ils. Nous vous trouverons un refuge sûr à la campagne.

Mais la chose n'était pas possible. Le lendemain soir, ce fut la maison du maire de Tajan, Abadie, qui nous offrit un abri. Comme j'avais entendu dire que les Espagnols interneraient les hommes en-dessous de quarante ans, je me fis établir par le maire une carte qui me donnait quarante et un ans révolus. « Félix », lui, estima ne pas en avoir besoin, car, pensait-il, avec sa femme et sa fille, on ne l'internerait pas. Ce en quoi il avait tort. Mercredi 20 octobre nous arrivâmes à Mazères, chez Roland Mansencal. Nos amis ne pouvaient concevoir que nous partions ainsi, dans une aussi scabreuse aventure, sans avoir tout tenté pour rester en France.
- Vous pourriez toujours vous installer dans notre maison de Luc-Harmeau. Là, vous seriez à l'abri. Après on aviserait.
- Impossible, nous avons reçu l'ordre de gagner l'Angleterre et nous devons l'exécuter.

La discussion sur ce sujet fut reprise plusieurs fois mais, toujours, nous maintînmes notre point de vue. En fin de quoi, madame Mansencal, lassée, se décida à prévenir notre passeur, Bordes, dit « Blanchard », de cette décision. Et lorsque le passeur nous rendit visite, ce fut pour arrêter la date de notre départ : lundi 25 octobre, dans la soirée. En attendant, il y avait beaucoup de travail à faire à Montréjeau. En principe, d'après ce qu'il nous avait dit, « Hilaire » devait partir bientôt. Il convenait donc de prendre toutes dispositions pour que son successeur trouve, dans ce coin au moins, une organisation toute prête, sur laquelle il pourrait s'appuyer pour débuter. « Félix » et moi rendîmes visite à nos amis Laffargue, Bernadet, Larray. Je laissai une certaine somme d'argent qui couvrirait pendant quelque temps les frais de l'organisation et je m'enquérais d'une « transaction » qui avait été demandée par des amis de Pierre Labayle, en accord avec le brasseur. Celui-ci ayant été arrêté, ses amis et sa femme me firent part de ce qu'ils ne tenaient pas à poursuivre l'opération. Ce dont, aujourd'hui, je suis infiniment heureux. Le « morceau » le plus dur à enlever, ce fut le départ de « Coste » et de toute sa famille. Après bien des réticences de leur part, nous arrivâmes cependant à les convaincre et, finalement, ils prirent l'engagement de partir huit jours plus tard, lorsque le passeur pourrait tenter un nouveau voyage, après celui qu'il allait faire avec nous. Nous étions prêts, nous, pour notre long périple. Les événements qui s'étaient déroulés depuis l'arrestation de « Gérard » - depuis deux mois exactement - avaient ainsi ébranlé assez fortement notre organisation pour provoquer des départs de France et, aussi, la mise au vert de quelques-uns de nos bons amis. A la suite de l'arrestation de Lassauque, plusieurs de nos amis d'Agen avaient dû prendre du champ. Etienne Gardes, Grolotte, Arès Lapoque, Archidice et Lavergne étaient partis le 8 octobre, pour se retirer, en divers endroits, chez des amis sûrs. Ils ne devaient revoir leur bonne ville qu'en août 1944. Dimanche 24 octobre, en compagnie de Roland Mansencal et de Jean Campan, « Félix » et moi nous rendîmes chez Abadie, le maire de Tajan, où nous allâmes inventorier le matériel parachuté. Sur le colis spécial, nous prélevâmes quelques boîtes de cigarettes et une plaque de chocolat. Ce serait pour notre voyage transpyrénéen. Lundi 25 octobre au matin, nous fîmes nos derniers préparatifs de départ et bouclâmes nos sacs tyroliens contenant un peu de linge, quelques victuailles et... de nombreuses cigarettes. A midi, repas assez morose, auquel assistèrent les époux Duffaza, dans la grande salle à manger de la maison Campan. Dehors, il pleuvait et madame Mansencal jetait de temps en temps un coup d'œil dehors :

- Il va faire mauvais en montagne. Probablement va-t-il neiger...

Puis, faisant une dernière tentative :

- Vous voyez bien que ce n'est pas du temps pour partir. Restez donc ici.

- Impossible !

Ce seul mot résumait notre position. Le sort en était jeté, à cinq heures, nous quittâmes cette maison si hospitalière où de si braves gens, devenus de très grands amis, nous avaient si souvent accueillis et aidés, prenant à nos côtés leur part de peine et, aussi, d'espoir !

XV. La grande aventure

Paul Duffaza, au volant de sa camionnette, nous conduisit d'abord à Loures-Barbazan où nous devions retrouver notre guide. Madame Mansencal et son neveu Jean Campan avaient tenu à nous accompagner. A l'hôtel où nous nous arrêtâmes et qui s'appelle aujourd'hui hôtel de la Résistance, nous trouvâmes une demi-douzaine d'hommes et de jeunes gens venus là aussi tenter de forcer la frontière pyrénéenne. Nous attendîmes longtemps, jusqu'à neuf heures du soir, qu'un guide vienne nous chercher pour nous conduire à huit kilomètres de là, sur la route de Luchon, à la petite gare de Saléchan-Siradan. Le chef de gare, Verdier, nous y accueillit avec une grande affabilité et nous conduisit dans son appartement, où se trouvaient déjà rassemblés cinq ou six hommes et une femme qui devaient se joindre à nous. Tout ce monde ferait une belle cordée, tout à l'heure. « Félix » déballa alors un colis qu'il avait amené de Mazères. C'était une mitraillette que nous avions prélevée sur le stock de Mansencal et que Bordes, le guide, nous avait instamment demandé d'emporter. La vue de l'arme provoqua un large sourire sur les lèvres de tous ceux qui allaient partir. Ce n'était pas grand-chose mais, tout de même, cela pourrait nous permettre éventuellement de nous tirer d'affaire en cas de rencontre avec une patrouille légère. Bordes et ses deux aides étaient armés. Avec l'engin que nous venions d'apporter, ce n'était déjà pas si mal. Il fut décidé qu'un jeune adjoint au guide - qui, lui aussi, se faisait appeler Félix - assurerait la protection du groupe avec la mitraillette et Bordes me remit un pistolet, car j'avais laissé le mien à « Hilaire » avant de partir. Dehors, la pluie tombait toujours, fine, froide, perçante. Nous bavardâmes et mangeâmes un morceau, espérant une éclaircie. A minuit, madame Mansencal, Jean Campan et Paul Duffaza nous quittèrent. Les braves gens ! Ils avaient tenu à rester avec nous jusqu'à l'extrême limite et leurs yeux se mouillaient pendant qu'ils nous faisaient leurs adieux. A une heure du matin, le guide décida le départ. Sans bruit, dans la nuit noire, nous quittâmes le petit village de Saléchan et, abandonnant la route, trop dangereuse, nous empruntâmes la voie de chemin de fer de Luchon. Nous marchions à la file indienne, observant le plus grand silence qui, au moment où nous quittâmes la voie ferrée, ne fut troublé que par un « plouf » sonore. C'était « Félix » qui venait de choir dans une mare. Quelques rires étouffés fusèrent du groupe et nous repartîmes de plus belle. Tout à coup, nous aperçûmes au loin des lumières qui venaient droit sur nous. Il s'agissait de cyclistes. Mais, amis ou ennemis ? De toute façon, leur rencontre était dangereuse. Tapis tant bien que mal dans les buissons qui bordaient la route, nous attendîmes. Les inquiétantes lumières étaient

maintenant à vingt mètres de nous quand, faisant un angle brusque, nous les vîmes s'éloigner dans un petit chemin à gauche. L'alerte était passée, nous pouvions repartir. Une longue marche nous amena en vue des lumières du village de Marignac. Le guide nous rassembla pour nous dire presque à voix basse :
- Maintenant, il faut être très prudents. Au bout du village, nous devons traverser la route nationale où se trouve généralement un poste de garde allemand. Après, nous gagnerons la forêt.

C'est en déployant des ruses de Sioux que nous atteignîmes les abords du village.
- Quand on vous le dira, vous traverserez la route très rapidement, nous dit Bordes.

Lorsque les deux aides du guide, partis en avant, revinrent nous apprendre que le passage était libre, nous ne fîmes qu'un bond dans la nuit, pour nous retrouver, un instant après, au pied de la montagne. Sans perdre un moment, nous escaladâmes la pente, fort rude, et avançâmes le plus vite possible pour nous éloigner de la route. Avec mes souliers de ville, je glissais sur l'herbe mouillée et, tous les trois pas, je m'étalais sur le sol détrempé. Je sacrais comme un païen. Après un quart d'heure de cette marche éreintante, le guide nous arrêta et nous pûmes nous reposer quelques instants. Nous étions essoufflés mais très heureux, car nous venions de franchir avec succès un premier mauvais pas. Le repos fut bref et, bientôt, nous reprîmes notre marche, au creux d'une « cheminée » fort raide. L'obscurité était tellement opaque que nous étions forcés de marcher à tâtons. Parfois, l'un de nous, perdant pied, dégringolait de quelques mètres, entraînant ceux qui le suivaient. Et la rude montée continuait, aussi silencieuse que possible, de plus en plus épuisante. L'aube commençait à poindre lorsque nous nous arrêtâmes pour prendre une légère collation. Depuis un moment, nous avions repris notre dure ascension lorsque, soudain, à travers une éclaircie de forêt, nous vîmes se dresser devant nous, resplendissant de neige immaculée, le pic du Burat. Le coup d'œil était splendide et, au milieu de cette nature sauvage et grandiose, nous nous sentions bien petits. Mais les guides, eux, ne semblaient pas partager notre admiration. Du doigt, nous désignant le pic :
- Il va falloir passer là-haut et, ce qui est moche, c'est qu'il a neigé, cette nuit. Pourvu que ça ne recommence pas. Le ciel est menaçant.

Et, comme pour lancer un défi aux éléments qui nous menaçaient, Bordes ordonna de reprendre la marche. Celle-ci était considérablement gênée par la pluie qui, inlassablement, continuait à tomber. Parfois, nous faisions une courte halte et avalions une bouchée ou grillions une cigarette. Les autres m'avaient baptisé « bureau de tabac » en raison du stock, inépuisable semblait-il, que je portais sur moi. Au fur et à mesure que nous montions, la pluie était devenue glaciale et nous étions maintenant frappés par un vent violent. Cela dura quelque temps et nous marqua un peu plus du sceau de la fatigue qui, après cette rude ascension de plusieurs heures, commençait à se faire sentir sérieusement. Puis, brusquement, sans transition, la pluie cessa pour faire place à une neige légère, tourbillonnant dans le vent. Le sol était recouvert d'un léger tapis immaculé de quinze à vingt centimètres et les jeunes gens, oubliant leurs membres endoloris, s'amusaient à bombarder leurs compagnons à qui mieux mieux. Tout le monde rit. Il semblait que le changement des éléments marquait la fin de nos misères, de cette pluie qui nous avait transpercés. Un regard en arrière, sur le chemin parcouru, sur la forêt que nous venions de quitter, et nous repartîmes de plus belle. Mais, à nouveau, la fatigue se fit sentir et, un peu avant midi, nous prîmes quelques instants de repos au creux d'un buisson, l'un des derniers signes de végétation que nous allions rencontrer. Un de nos compagnons nous chanta des chansons, ma foi assez spirituelles, qu'il avait composées lui-même, au fond de son Alsace natale, et qui, toutes, disaient l'amour de la France et la haine du Boche. Il fallut vite reprendre notre route. Cette fois, la couche de neige était épaisse. Quelque cinquante centimètres. Récemment tombée, elle n'était pas encore gelée et nous nous y enfoncions jusqu'aux genoux. Le vent redoubla de violence et la neige, puissamment chassée, vint se plaquer sur nos visages, adhéra à nos cils, nos cheveux, et forma une désagréable carapace sur nos vêtements. Nous avions des têtes bien drôles, sous ce déguisement de Père Noël et nous ne pouvions, malgré nos difficultés, nous empêcher de rire en nous regardant les uns les autres. Un grand diable de jeune Alsacien, à l'abondante chevelure d'un roux flamboyant, qui s'est baptisé du nom d'« Acacia », était particulièrement comique. Nous étions très fatigués mais le moral restait bon. Quelques jeunes gens avaient pris les devants et traçaient la route dans la neige. Ce n'était pas une mince corvée. Lorsque nous levions les yeux, nous voyions, à quelque douze cents mètres devant, une sorte de piton, dont nous croyions que c'était le sommet du Burat. Hélas ! derrière ce piton-là, il y en avait un autre, et il fallait repartir. Pendant plus de six cents mètres, nous longeâmes une crête escarpée. A gauche, c'était l'abîme. Au milieu d'une plaine de neige, à un kilomètre de là, nous distinguions une cabane.

- C'est une cabane de berger, nous dit le guide. Les Boches y sont souvent, lorsqu'ils patrouillent en montagne. Mais, par ce temps-ci, ils doivent se tenir au chaud et nous risquons peu de les rencontrer. Là-haut, à un bon kilomètre devant nous, nous remarquâmes un poteau qui émergeait de la neige.

- C'est le poteau frontière, nous dit Bordes. Dépêchons-nous de le passer et nous n'aurons plus rien à craindre des Allemands... à condition toutefois que nous soyons suffisamment entrés en Espagne, car, dans ces solitudes, leurs chasseurs de montagne ne se gêneraient pas pour venir nous prendre de l'autre côté.

La perspective d'être bientôt hors de portée de l'ennemi nous donna un coup de fouet et, rassemblant nos forces défaillantes, nous atteignîmes enfin le sommet du piton sur lequel nous avions aperçu le poteau frontière. Il devait être là quelque part, pas très loin, ce merveilleux poteau, - simple tronc d'arbre - qui signifierait pour nous le commencement de la liberté. Mais nous ne le voyions pas, tant la neige tombait maintenant abondamment. Tout ce que nous constatâmes fut que nous n'étions pas au sommet de la montagne. Devant nous, se dressait un autre pic, très élevé, qu'il allait falloir escalader. Les visages tout à l'heure rayonnants d'espoir se crispèrent. Le froid devenait intense et les femmes, trop légèrement vêtues pour une pareille équipée, commençaient à en souffrir sérieusement. La fille de mon ami « Félix », la jeune Josette, éclata en sanglots. Elle était à bout de forces et, après avoir fait encore quelques mètres, s'écroula finalement, inanimée, dans la neige. Parmi nous, se trouvait heureusement un docteur qui lui prodigua immédiatement ses soins et, l'ayant ranimée, après une demi-heure d'efforts, lui offrit une culotte de ski qu'il portait dans son sac. Ce chaud vêtement venait bien à point. Le guide, Bordes, prit alors la jeune fille dans ses bras et nous repartîmes de l'avant. Au bout de quelque temps, la jeune Josette demanda à marcher, mais elle n'était pas encore remise et, bientôt, elle s'écroula à nouveau dans la neige. Bordes la reprit dans ses bras et je me plaçai en tête pour frayer le chemin dans la neige. Toujours nous montions et à un sommet en succédait un autre. C'était épuisant ! Nous commencions à être vivement inquiets. Les guides n'étaient plus sûrs du tout d'être dans la bonne voie. La neige, qui nous fouettait avec violence, était si abondante qu'on n'y voyait pas à plus de deux ou trois mètres, limite au-delà de laquelle tout devenait uniformément d'un blanc sale dans lequel on confondait ciel et terre. Il fallait faire un effort considérable pour avancer dans cette tourmente où le vent semblait vouloir barrer la route aux audacieux qui osent venir violer, à plus de deux mille mètres, les solitudes glacées du Burat. Vers une heure de l'après-midi, ce fut madame Duffoir qui, à son tour, se sentit très lasse. Deux jeunes gens, la soutenant, l'aidèrent alors à marcher. Mais ses pauvres pieds glacés, bleuis, terriblement gonflés, ne pouvaient plus supporter les souliers, qu'elle fut obligée d'enlever et c'est chaussée de minces bas de soie qu'elle continua sa route. Les bas furent bientôt réduits en charpie et c'est pieds nus, dans la neige glacée, que la courageuse Paulette fut contrainte de nous suivre. Dans mes bras, la petite Josette Duffoir sanglotait. Je la hissai sur mes épaules et cédai ma place de tête à un jeune homme vigoureux qui, à son tour, allait tracer la sente dans la neige, qui atteignait maintenant environ un mètre d'épaisseur. Et la marche reprit, monotone. Plus personne ne dit mot. Arriverions-nous au but ? C'était la question que chacun se posait. Les guides ne nous avaient pas caché qu'ils ne reconnaissaient plus les lieux. Enfin, nous arrivâmes au faîte du dernier piton. Malgré les éléments, les curieux alpinistes que nous étions avaient vaincu le Burat ! La descente commença, extrêmement périlleuse. Soudain, madame Duffoir s'écroula dans la neige, complètement exténuée. Pendant qu'une partie de notre groupe continuait sa marche, avec la conviction que nous suivions, quelques hommes restèrent autour de Paulette, qu'après bien des efforts l'on parvint à ranimer et qui reprit sa marche, soutenue par deux jeunes gens. Mais elle n'alla pas loin ainsi et bientôt, retombant dans le duvet blanc et glacé, elle dit dans un souffle :

- Ce n'est plus la peine que vous vous occupiez de moi, je suis à bout. Laissez-moi et partez !

Bien sûr il n'en fut rien fait et, aidé par un ou deux compagnons, « Félix » traîna sa pauvre femme, à demi-évanouie. Ce petit groupe eut beaucoup de peine à rattraper le premier car la neige, en tombant, avait complètement recouvert les traces de pas. C'est au bout d'une heure de marche que tout le monde fut réuni, au bord d'un gouffre immense, sorte d'entonnoir géant dans lequel flottait une brume épaisse à travers laquelle le regard ne pouvait percer. Les parois, abruptes, étaient couvertes de neige. Au premier abord, il n'y avait pas pour nous la moindre perspective de descendre là.

- Le passage est bloqué, nous dit le guide. Impossible de passer. Il va falloir faire demi-tour et rentrer en France !

Stupeur sur tous les visages.

- Retourner en France ? Mais c'est de la folie. De toute façon, ce serait la mort pour nous tous. Il faut trouver un passage pour continuer à descendre le versant espagnol.

A ce moment, l'homme à la tignasse rousse, le jeune Alsacien nommé « Acacia », s'élança dans la neige sur la pente raide de l'entonnoir et commença une descente vertigineuse. Les dix premiers mètres, il les déboula dans un nuage de cristaux blancs puis, la neige se tassant sous ses pas, ce fut finalement grâce à elle qu'il put, sur ce frêle appui, tracer la sente sur laquelle tout le monde le suivit. Nous côtoyions d'insondables abîmes, mais nous étions comme insensibilisés ou inconscients du danger. A chaque pas, nous risquions la mort et cependant nous étions insouciants. Le moindre faux pas, un peu de neige qui s'effondrait sous nos pieds, et c'en était fait. C'est d'ailleurs ce qui faillit m'arriver. A un passage difficile, je glissai et je commençai à dévaler la pente avec rapidité, lorsqu'une providentielle souche qui dépassait me permit de me raccrocher. Une vingtaine de mètres au-dessus de moi, la petite Josette Duffoir, maintenant complètement rétablie et inconsciente du danger, avait trouvé ma chute très drôle et riait aux éclats. Un peu plus loin, il fallut aborder une corniche longue de plusieurs centaines de mètres, large à peine de trente centimètres. A droite, un gouffre profond de près de deux cents mètres, à gauche, une muraille de roc qui revenant en arc de cercle, nous obligeait à marcher penchés et même légèrement incurvés au-dessus de l'abîme. Seule ressource, nous accrocher de-ci, de-là, à une aspérité du roc, tranchante comme une lame de couteau, ou à une frêle touffe d'herbe qui, parfois, nous restait dans la main. Nous ne pouvions poser le pied qu'après avoir pris les plus grandes précautions, car la pierre nue était rendue terriblement glissante par la neige fondue. Chose curieuse, la plupart de ceux qui étaient là avaient le vertige en grimpant sur un pauvre petit escabeau. Ici, rien. Personne n'éprouvait la moindre sensation. Il nous fallut près d'une demi-heure pour parcourir ces quelques centaines de mètres et sortir enfin du cauchemar. Après cela, nous connûmes encore bien des passages difficiles, nous eûmes à surmonter encore bien des obstacles, mais, tout de même, nous ne revivrions plus les minutes angoissantes que nous avions connues sur la mince corniche de pierre, avec la perspective d'arriver en bouillie au fond d'un insondable gouffre. Vers cinq heures de l'après-midi, nous atteignîmes la première zone de végétation. A cette altitude, de maigres sapins à peine hauts d'un mètre. Après les heures terribles que nous venions de passer, il nous semblait cependant que nous étions au milieu d'un bois enchanteur. Nous en profitâmes pour nous reposer quelques instants. A six heures du soir, nous étions tous réunis dans une pauvre cabane de bergers, à moitié en ruines, mais qui nous semblait être un palais, où les compagnons qui nous avaient précédés avaient allumé un grand feu. Il y avait là de la paille bien sèche sur laquelle nous prîmes plaisir à allonger nos membres endoloris, blessés, saignants des mille petites plaies que nous nous étions faites. Partis dix-neuf, nous arrivions dix-neuf ! Cela semblait dépasser l'entendement du guide qui, quelques instants auparavant avait déclaré : « *C'est le plus mauvais passage que j'aie jamais fait. Je ne sais pas si tous les hommes arriveront au but, mais les femmes et la gosse, nous ne devons plus compter les revoir.* » Il convient de rendre hommage au courage de Bordes et de ses deux aides qui, pour ne pas nous abandonner dans les éléments déchaînés, n'hésitèrent pas à pénétrer en territoire espagnol, plutôt que de faire demi-tour à la frontière, comme cela se pratiquait habituellement. Ce faisant, les trois hommes couraient le risque de se faire arrêter par les gardes-frontière espagnols et la chose eût été certainement plutôt désagréable pour l'un des aides de Bordes, ancien combattant républicain espagnol, réfugié en France parce que condamné par contumace dans son pays natal. Assis autour du feu qui flambait dans la cheminée de la cabane, nous riions en commentant l'aventure que nous venions de vivre. Madame Duffoir, que la mort avait frôlée de bien près, éprouvait plus de plaisir que les autres à se retrouver là, dans cette lamentable chaumière où, pour tout mobilier, il n'y avait que quelques bottes de paille. Maintenant, nous avions faim et soif. Chacun fouilla le fond de son sac pour y trouver des aliments. Hélas ! Il ne fut possible d'en retirer que quelques quignons de pain mouillé, car la neige avait tout transpercé. N'importe ! avec une ou deux boîtes de pâté que je trouvai dans mon bagage, ce fut un fort maigre repas auquel nous fîmes honneur. Nous complétâmes par un peu de sucre, lui aussi bien humecté de neige fondue, sur lequel nous versâmes, en guise d'alcool -nous n'avions plus rien d'autre- quelques gouttes... d'eau de Cologne que l'une des femmes avait eu la précaution -ou la coquetterie- d'emporter. Pour trouver à boire, ce fut tout aussi difficile. Une de nos boîtes de pâté, soigneusement raclée, constitua un récipient avec lequel nous allâmes recueillir dehors de la neige et de la glace que nous fîmes fondre. Ce fut là, durant toute la nuit, le seul breuvage avec lequel nous pûmes nous désaltérer. De temps à autre, nous sortions sur le pas de la porte. Nous ne nous lassions pas d'admirer, là-bas, très loin, au fond de la vallée, les lumières d'un petit village espagnol. Qu'elles nous paraissaient donc curieuses, à nous qui, depuis quatre ans, étions habitués en France au black-out le plus complet, où même un pauvre rais de lumière filtrant au travers des volets clos donnait lieu à des sanctions sévères. L'Espagne ! Que nous réserverait ce pays ? Nous n'en savions rien, mais notre cœur se gonflait tour à tour d'espoir à la perspective que bientôt nous rejoindrions des terres amies et aussi de tristesse lorsque nous pensions à ceux qui, moins heureux que nous, subissaient au fond des geôles nazies les tortures d'une dure détention pour avoir, à nos côtés, pris part à la lutte pour la libération.

XVI. Espagne !

Mercredi 27 octobre 1943 nous fûmes sur pied avant l'aube. Nos membres étaient douloureux, nos vêtements sales, mouillés, déchirés, nos visages portaient l'empreinte de la fatigue, mais nous eûmes malgré tout, la coquetterie de faire notre toilette aussi bien que possible, en nous frictionnant avec la neige, avant de descendre vers le village dont, vues de l'altitude où nous étions, les habitations ressemblaient à des maisons de poupée. Un montagnard espagnol se présenta à nous vers huit heures du matin. Il offrit de nous guider jusqu'à la route qui serpentait tout là-bas, bien loin en bas. Il affirmait qu'il nous ferait éviter les postes de gardes-frontière et, pour son service, nous demanda deux mille francs. Deux mille francs en billets bleus de la Troisième République, car il ne voulait pas des coupures émises par le Gouvernement de Vichy. Je payai les deux mille francs. Nous n'étions que deux, dans le groupe, à disposer assez largement de quelque argent : un diamantaire qui se faisait appeler « Cousin » et moi-même. Nous convînmes entre nous de payer à tour de rôle pour ceux qui, moins favorisés, ne portaient pas sur eux un seul maravédis. Nous serrâmes fortement les mains de nos trois guides qui s'en retournèrent en France, où d'autres hommes, d'autres femmes, traqués, attendaient leurs services. Nous les regardâmes jusqu'à ce qu'ils aient disparu derrière un rocher... Après deux heures de descente fort pénible, nous arrivâmes devant une route fort bien entretenue et le montagnard qui nous avait guidé nous quitta.

- A droite, dit-il, c'est le village espagnol de Lès, à gauche, à deux kilomètres, le Pont du Roi et la frontière française.

Il n'y avait pas beaucoup d'espoir d'aller loin sans se faire prendre par les carabiniers, mais on pouvait quand même essayer. Toutefois, pour cela, il faudrait de l'argent espagnol. Deux jeunes gens, qui pensaient aussi pouvoir fausser l'attention des gardes-frontière, essayèrent de se procurer des pesetas. Nous leur confiâmes des coupures françaises qu'ils allaient tenter de changer à la prochaine maison. Pendant ce temps, nous nous blottîmes dans les buissons qui surplombaient la route à une trentaine de mètres et nous en profitâmes pour camoufler ce qui nous restait d'argent français qui nous serait impitoyablement confisqué si nous nous faisions prendre. Madame Delattre et madame Duffoir en cachèrent dans leur épaisse chevelure. Je gardai un certain nombre de billets que je plaçai tout simplement dans mon béret. Je me débrouillerais pour être fouillé après les autres et j'aviserais au dernier moment. L'attente dura longtemps. Nous admirions le paysage vraiment grandiose. Le val d'Aran, avec sa haute chute de la Garonne, constituait un site splendide. Mais voici venir une patrouille espagnole.

Les soldats se dirigeaient vers le Pont du Roi, dans la direction qu'avaient prise nos deux compagnons. Il était vraisemblable qu'ils allaient se faire arrêter. Nous finîmes de descendre sur la route, juste à point pour les voir revenir encadrés de deux douaniers à l'habit gris verdâtre ressemblant assez bien à l'uniforme allemand. Cette fois, ça y était ! Tout le monde était bon pour la casserole ! Conduits à la caserne des douanes, à Lès, nous fûmes fouillés les uns après les autres. Les femmes eurent l'honneur des premières investigations des gardes qui, ma foi, avaient une bonne bouille et l'air correct. Pour elles, la fouille fut très superficielle et elles gardèrent tout ce qu'elles portaient. Pour les hommes, elle fut beaucoup plus minutieuse. De-ci de-là, les douaniers trouvaient un peu d'argent, un couteau, un canif, un rasoir, des photos. Ils prenaient tout. J'avais soigneusement observé. Lorsque vint mon tour, je me déboutonnai et, me découvrant poliment du béret dans le fond duquel se trouvait la « galette », je me présentai les bras tendus, ma coiffure serrée dans la main droite, un sourire aux lèvres. Le gabelou me tâta sur toutes les coutures, vida mes poches, fit le triage de ce qu'elles contenaient. Après m'avoir confisqué un couteau, une somme de dix mille francs ainsi qu'un billet de cinq cents pesetas que venait de me rapporter l'un de nos compagnons et que j'avais gardé dans mon porte-feuille, croyant qu'un minimum était permis, il m'autorisa à reprendre le reste de mes objets.

- Je vous remercie, monsieur.

Je lui adressai un sourire si gentil qu'il se crut obligé de me le rendre et j'empochai, sans me presser, mon béret coffre-fort qu'il n'avait pas pensé à aller chercher au bout de mon bras. Il nous restait bien assez de « galette ». Un lieutenant de douane avait assisté, impassible, à toute la fouille, lançant partout des regards scrutateurs. Souvent, il avait observé avec insistance l'un de nos compagnons, homme de quarante-cinq ans, à l'accent étranger, qui se disait Canadien. En réalité, il était Russe et il venait de me confier qu'il s'était battu en Espagne, pendant la guerre civile, dans les rangs de la brigade internationale. Il s'évadait de France où les Allemands l'avaient incorporé dans l'organisation Todt et il voulait se rendre en Afrique du Nord.

- Je connais ce type-là, me dit-il en me désignant discrètement le lieutenant de douane. Nous nous sommes trouvés face à face pendant la guerre civile.

A l'officier aussi, la tête du Russe avait l'air de lui rappeler quelque chose. Le voici qui s'approcha de l'homme et lui dit quelques mots en espagnol. L'autre eut un hochement de tête qui signifiait qu'il n'avait pas compris.

- Vous comprenez l'espagnol ! Lui jeta le lieutenant. Non ! Je suis Canadien.

Les deux hommes s'observèrent pendant quelques instants et, finalement, le lieutenant de douane s'en alla maugréant. L'alerte avait été chaude pour « Canada ». Tout le monde ayant été fouillé, nous fûmes enfin dirigés vers un hôtel passablement confortable, où nous trouvâmes un excellant repas et des lits moelleux... dans lesquels nous eûmes peine à nous hisser, tant nos membres étaient douloureux. Il nous fut possible, en changeant clandestinement de l'argent français (cent francs pour cinq pesetas), de faire quelques achats. Les magasins mettaient en vente des quantités de choses introuvables en France. La femme de mon ami « Félix » put se procurer, d'occasion, une paire de bottines « mode 1900 », hautes tiges à boutons, talons plats. Au pied mignon de madame Duffoir qui chaussait du trente-sept, cette pointure quarante-deux rendait un effet cocasse. La charmante Paulette fut vite baptisée « Berthe au grand pied ». Le lendemain, accompagnés de carabiniers, nous fûmes transférés à Viella, toujours dans le val d'Aran, à une vingtaine de kilomètres de Lès. Là, nouvelle fouille, par une espèce de commissaire de police qui était en même temps le gardien-chef de la prison locale. Nos identités (du moins celles que nous voulûmes bien donner) furent consignées sur un énorme registre où figuraient déjà les noms de ceux qui, comme nous, avaient franchi clandestinement la frontière. Après quoi, nous fûmes répartis en différentes maisons où nous allions habiter. Nous étions sous le régime de la liberté surveillée. Et, ma foi, cette surveillance n'était pas un vain mot. Le petit bourg regorgeait de carabiniers. Par égard pour les femmes et la fillette, le petit groupe que je menais avec « Félix » était logé dans une maison bourgeoise où d'excellentes chambres, chauffées, furent mises à notre disposition. Mais la plupart de nos compagnons étaient contraints de se contenter de paille étalée par terre dans les pièces nues, aux vitres brisées, ou dans les couloirs de la « fonda » locale. C'est qu'il y avait surpopulation, en ce moment, à Viella, où nous avions retrouvé un groupe d'une trentaine d'hommes et de deux femmes, arrivés de France une huitaine de jours avant nous. Le « gargotier » chargé de nous nourrir dut édifier une jolie fortune, durant cette guerre. Il recevait des autorités alliées vingt-deux pesetas par jour et par personne, mais ne servait à ses hôtes, régulièrement à chaque repas, qu'une espèce de jus dans lequel on savait que des pommes de terre avaient bouilli avec un os duquel toute la viande avait été détachée, mais qui s'appelait tout de même pompeusement « côte de mouton ». Nous crevions littéralement de faim et, suprême ressource, nous nous rabattions sur des figues pleines d'asticots (c'est sans doute pourquoi elles coûtaient fort cher), que nous avions réussi à dénicher à l'épicerie du coin. Nous aurions passé dans ce village dix jours désespérants si, de temps à autre, un petit incident n'était venu rompre la monotonie quotidienne. D'abord, il y eut la visite d'officiers allemands venus de Luchon en voiture. Ces messieurs se pavanaient en grand uniforme dans le village, essayèrent d'engager la conversation avec des jeunes qui avaient franchi la frontière en même temps que nous et eurent une longue entrevue avec l'officier de carabiniers qui commandait la place. Ensuite, nous vîmes arriver Coste et toute sa famille. Il n'avait pas l'air très satisfait du sort qui lui était fait et je fus contraint de subir ses assauts et ses jérémiades, mais j'avais maintenant la conviction que, pour la sécurité du groupe de Montréjeau, il valait mieux qu'il parte. Tous les évadés de France qui se trouvaient là ne tarderaient pas à savoir ce qu'il faisait de l'autre côté, avec détails à l'appui, et pourquoi il était parti. J'avais réussi à téléphoner au consulat britannique de Barcelone, qui m'apprit qu'il ne pourrait s'occuper de nous que dès notre arrivée à Lérida, où nous serions sûrement transférés sous peu. En attendant, les journées étaient mortellement longues et le manège du « prisonnier », que nous avions observé pendant un jour ou deux, ne nous intéressa finalement plus. Ce « prisonnier » était un jeune homme d'environ vingt-cinq ans, qui avait été condamné à six mois de prison pour délit de port d'arme prohibée. Pour l'instant il était le seul pensionnaire de la maison de force, sorte de masure en pierres, qui se dressait juste en face de notre appartement. Le matin, le condamné en sortait et balayait consciencieusement les feuilles qui jonchaient la place. A midi, il allait au restaurant - « notre » restaurant- et prenait place à l'une quelconque des tables pour déjeuner. L'après-midi, il faisait des courses pour qui voulait bien l'en charger et, surtout, opérait de petites tractations pour des Français qui, pour faire quelque argent, revendaient certains de leurs objets : montres, stylos, etc. Le soir, il allait au café comme tout le monde - ou même au bal - et, lorsqu'il en avait assez, il retournait lui-même s'enfermer à la prison ! Enfin, après dix jours passés dans l'affligeant décor de ce triste village, nous fûmes transférés à Lérida. C'est un car de la police qui nous emmena au chef-lieu de la province. Avant de partir, l'officier qui commandait le poste de Viella trouva moyen de nous faire une rosserie que nous goûtâmes fort peu, mais à laquelle il fut impossible de parer ici. Sans motif valable, cet argousin décréta que seuls les hommes feraient partie du premier convoi. Les femmes partiraient, assura-t-il, le lendemain ou le surlendemain avec le reste des détenus. Je me proposai de protester auprès du chargé d'affaires britannique, dès que nous serions arrivés à Lérida. C'est sous bonne garde que nous partîmes, entassés dans un camion qui n'était même pas bâché. Il faisait très froid, là-haut, dans les cols pyrénéens, à près de trois mille mètres d'altitude. Plusieurs d'entre nous étaient malades. Le soir, halte à Sor, petite bourgade montagnarde située sur le versant sud de la chaîne des Pyrénées. Nous fûmes accueillis à la mairie par un vieil employé galonné sur toutes les coutures, que nous désignâmes immédiatement par le pseudonyme de « l'amiral ». La tête et l'attitude du bonhomme étaient à ce point cocasses que tous ceux qui passèrent là éprouvèrent le besoin de le prendre pour tête de Turc. Il eut la prétention de relever l'identité de chacun, ce qui donna lieu à des quiproquos savoureux, car certains d'entre nous avaient déjà tellement changé de nom, d'âge, de nationalité, de lieu de naissance ou de domicile, qu'ils ne savaient plus où ils en étaient. L'amiral s'arrachait les cheveux, poussait des

hurlements, nous menaçait, et… tout le monde lui riait au nez. S'adressant à un grand garçon de Saint-Girons, qui s'exprimait avec le plus pur accent ariégeois, il lui demanda :
- Quelle est votre nationalité ?
- Canadieng !
- Et comment êtes-vous venu ici ?
- Bé ! à pied, té ! en passant la frontière…
(Regard étonné du bonhomme, derrière les lunettes).
- Et où êtes-vous né, au Canada ?
- A Montréal.
- Ça s'écrit comment, ça, Montréal ?
- Ah ! Oh ! Bah ! Mettez Québec, c'est pareil !

En rond autour de la table, nous assistâmes au plus désopilant des vaudevilles. Dès que l'interrogatoire fut terminé, « l'amiral » nous dit :
- Maintenant, faites ce que vous voulez, débrouillez-vous pour trouver des chambres car, moi, je ne peux pas vous loger. En ville, tout est pris car demain c'est la grande foire et il y a affluence. Nous filâmes comme une volée de moineaux et nous nous abattîmes sur le plus grand hôtel-restaurant de la ville. Il n'y avait pas de chambres, mais nous pûmes nous faire servir un excellent repas. Ceux qui avaient de l'argent payèrent pour ceux qui n'en avaient pas. Vers minuit, le diamantaire parisien Cartouzou (qui se faisait appeler « Cousin ») s'approcha du maire de la ville qui se trouvait là, et, très poliment, lui faisant remarquer que nous étions tous fatigués, insista pour qu'il fasse un effort afin de trouver un endroit où nous pourrions dormir cette nuit. Mais l'autre le prit très mal.
- Ah ! vous voulez un dortoir pour cette nuit, lui dit-il. Eh bien ! Je vais vous trouver ça !

Et, appelant un carabinier, il lui glissa quelques mots à l'oreille. L'autre fit demi-tour et s'en revint bientôt, suivi de quatre militaires en armes.
- Allez, ouste ! Tout le monde à la prison ! Là, vous pourrez dormir…

Et nous voilà partis, en colonne par quatre, sous bonne garde, jusqu'à un cube de pierre qui se trouvait au milieu d'une place. C'était la prison, dont « l'amiral », qui cumulait diverses fonctions, referma rapidement la porte sur nous. Deux pièces dénudées, violemment éclairées à l'électricité, aux murs blanchis à la chaux. Pas le moindre brin de paille par terre. Aux petites lucarnes, pas de vitres, mais de solides barreaux. Nous nous étendîmes à même le sol humide, avec nos sacs pour oreillers. Il faisait glacial dans cette geôle. Les murailles portaient encore des traces de balles. Pendant la guerre civile, des prisonniers détenus ici y furent impitoyablement massacrés.
- Merde ! on va se faire suer, ici dedans !

C'était un de nos compagnons qui venait d'exprimer sa pensée.
- Si on chantait, ça ferait passer le temps !

Adopté ! Et les trente hommes qui étaient là, encagés, débitèrent à tue-tête tout le répertoire grivois des chansons estudiantines. On devait nous entendre de loin et il est probable que les voisins de la prison ne dormirent pas très bien, cette nuit-là. Il y avait une demi-heure que cela durait lorsque la clé, à l'extérieur, grinça dans la serrure.

- Ça y est ! Ils vont nous engueuler, maintenant, pour le chahut que nous faisons.

« L'amiral » parut. Il était hilare.

- Voilà, mes amis. Le maire a décidé que vous pourriez aller en ville chercher des chambres et, si vous n'en trouvez pas, vous n'aurez qu'à rester au café, que l'on laissera ouvert exprès pour vous.

- Vive « l'amiral ».

- Oui, mes amis, ça va bien, ça va bien. Et s'il y en a qui préfèrent rester ici, ils pourront le faire. Je vous donne la clé. Ici, vous êtes chez vous. Oui, mes amis, chez vous !

L'homme s'était incroyablement attendri. Pour un peu, il pleurait. Et il nous donna une clé énorme longue de vingt-cinq à trente centimètres, grosse comme le pouce.

- Vive « l'amiral » ! Vive le pépère ! On va boire un coup !

Et, bouclant la porte à double tour sur nos sacs que nous laissâmes dans la prison, nous prîmes « l'amiral » sous les bras et nous voilà repartis à la « fonda ». La nuit se passa à manger, à boire et à essayer de trouver un peu de sommeil. Le lendemain matin, j'allai trouver le maire et lui expliquai qu'une partie des nôtres, dont les femmes, avaient été obligés, sans motif, de rester à Viella.

- Je ne puis admettre cela, lui dis-je, et je me propose de me plaindre au chargé d'affaires britannique dès que nous serons à Lerida.

Le premier magistrat municipal était maintenant beaucoup plus conciliant.

- Je vais téléphoner là-bas et essayer de mettre les choses au point avec le chef militaire du district, me répondit-il.

C'est effectivement ce qu'il fit et, après une longue conversation, la situation s'arrangea. A cinq heures de l'après-midi, le reste des détenus, dont les femmes et la famille Coste, étaient à leur tour à Sor. Notre groupe prit ses dispositions pour ne plus être divisé et, le lendemain matin, un car de la *policia armada* nous transporta à Lerida. Le transfert des détenus en « liberté surveillée » se faisait toujours sous la garde de carabiniers ou de gardes civils. Sans que la bravoure légendaire de ces soldats espagnols soit mise en doute un seul instant, les étrangers qui venaient pour la première fois dans ce pays ne pouvaient s'empêcher de jeter des regards étonnés sur leurs uniformes. Bien coupés, de couleur gris verdâtre assez ressemblant à celle de l'uniforme de campagne allemand, les militaires étaient sanglés dans de multiples courroies en cuir, ceinturon, doubles baudriers, etc. d'une teinte jaune canari du plus curieux effet. Et la longue cape et le bicorne en toile cirée achevaient de leur donner un petit air de soldats d'opérette auquel nous ne parvînmes pas à nous habituer. La façon dont ils portaient leur couvre-chef était pour le moins curieuse. Pendant le transfert, des détenus remarquèrent un soldat se passant une jugulaire sous le menton, puis... la bouclant sur l'épaisse toison qui lui tenait lieu de chevelure. Prenant ensuite son bicorne qu'il avait mis sur la banquette, il le posa délicatement sur son crâne enserré dans la courroie de cuir, qui n'était là que pour la décoration et ne retenait pas le chapeau. Regards étonnés de tous ceux qui avaient vu le manège.

- Chez nous, dit un Français, la jugulaire sert à tenir la coiffure. Mais chez vous, à quoi est-elle utile ?

Eclat de rire général, cependant que le soldat roulait des yeux furibonds. Arrivés à Lerida vers onze heures du matin, nous fûmes enfermés dans le jardin de l'immeuble occupé par la *securidad*. Nous restâmes là longtemps sans que l'on daignât s'intéresser à nous. Une aigre bise qui descendait de la sierra voisine nous glaça jusqu'aux os. A une heure de l'après-midi, un policier en civil vint prendre la main de la petite Josette Duffoir et de la fille de Coste. Avec un sourire bienveillant, il expliqua :

- Elles doivent avoir froid, alors nous allons leur donner à manger et quelques boissons chaudes.

Les fillettes furent longtemps avant de revenir et lorsqu'elles nous eurent rejoints, ce fut pour nous dire qu'elles n'avaient reçu ni boissons ni aliments, mais qu'on les avait interrogées sans répit : « *Qui sont vos parents, Que faisaient-ils en France ? Pourquoi sont-ils partis ? Par où êtes-vous passés ? Qui vous a guidés ? etc.* »

Bien que fort jeunes, les gamines avaient vécu trop d'heures difficiles pour ne pas comprendre qu'on voulait leur tirer les vers du nez et, fort adroitement, elles jouèrent les ignorantes ou éludèrent les questions embarrassantes. Toute l'après-midi fut consacrée aux interrogatoires que nous fûmes à notre tour obligés de subir, lesquels se terminèrent, une fois encore, par une fouille minutieuse, après que l'on eut relevé nos empreintes digitales. Les menus objets qui avaient jusqu'à maintenant échappé aux recherches furent raflés par les policiers de la *securidad*. Tout était bon : briquets, pierres, rasoirs, canifs, stylos, etc. Il n'y eut qu'une chose qu'ils ne trouvèrent pas : l'argent que nous portions. A huit heures du soir, les trois quarts d'entre nous allèrent coucher en prison, dont mon ami « Félix » qui, n'ayant pas voulu, avant de partir, changer sa carte d'identité, fut interné, en vertu des lois internationales, comme homme en âge de porter les armes. Je me retrouverai sur le pavé avec Coste et les femmes. Un carabinier nous conduisit dans un hôtel où nous devions résider jusqu'à ce que les autorités aient décidé de nous transférer ailleurs. Mais, tout de même, nous allions jouir d'une liberté relative qu'il s'agirait de mettre à profit. Tous ceux qui, durant cette guerre, furent plus ou moins longtemps internés dans les camps ou les prisons espagnoles gardent l'ineffaçable souvenir de l'effroyable saleté qui régnait en ces lieux. La prison de Lerida où furent conduits nos compagnons, le *Seminario Viejo*, ne dérogeait pas à cette règle. J'emprunterai la description qui suit aux souvenirs d'un jeune homme d'origine maltaise, Paul Mifsud, qui fit partie de notre caravane et que j'ai retrouvé, après la guerre, dans la gendarmerie française :

« *Sitôt après notre arrivée au* Seminario Viejo, *on nous rasa les cheveux. Puis, en guise de gamelle, on nous donna, à chacun, une vieille boîte à conserve toute rouillée. Nous n'avions ni cuiller, ni fourchette. Pour dortoir, une immense salle où tout était couvert de poussière. Les murs étaient rouges du sang de milliers et de milliers de punaises écrasées. Ces insectes pullulaient. Comme parquet, des dalles. Il faisait là-dedans un froid de loup. Notre repas de ce premier soir en prison fut fort simple : de l'eau avec quelques débris de choux même pas nettoyés. Pour relever cette nourriture, on y trouvait des moucherons et des larves de légumes. Le matin, à six heures, réveil au son du clairon. A six heures trente, on nous ouvrit les portes afin de nous permettre d'aller chercher une espèce de boisson répugnante, mais qui avait la qualité d'être chaude. Auparavant, on nous faisait mettre en rang et l'hymne national espagnol se faisait entendre. Les prisonniers espagnols devaient saluer le bras tendu. Nous, nous devions nous découvrir. Pour terminer la cérémonie, le gardien-chef de la prison criait trois fois* "Arriba España ! Viva Franco !" *Les prisonniers politiques espagnols devaient répéter ces mots. Après quoi, nous avions enfin droit à notre "jus". Nous avions jusqu'à sept heures pour faire notre toilette et, de nouveau, nous étions enfermés. A dix heures, on nous rouvrait les portes. A onze heures, distribution des repas, invariablement composés de la fameuse soupe aux choux. Un jour, j'ai trouvé dans ce brouet, nageant parmi les mouches et les asticots, quelques punaises ! Après la soupe, nous étions remis sous clé jusqu'à quatre heures de l'après-midi. A cinq heures, nouvelle distribution de bouillon de choux. Comme le matin, nous assistions à la petite cérémonie patriotique, puis nous étions à nouveau "bouclés" jusqu'au lendemain. La nuit, il nous était difficile de dormir. Les lumières restaient allumées et la vermine nous rongeait. Lorsque, terrassés par la fatigue, nous arrivions à fermer les yeux, c'était pour être bien vite réveillés par les cris des sentinelles, fort nombreuses et qui, juchées sur les toits, s'interpellaient de l'une à l'autre :* "Alerta a la uno ! Alerta a las dos ! Alerta a la tres !" *et ainsi de suite. L'après-midi nous avions droit à un quart d'heure de parloir, où nos camarades en liberté venaient nous voir. Nous pouvions converser à travers deux rangées de barreaux distantes d'un mètre et entre lesquelles les surveillants montaient une garde sévère.* »

C'est dans cet infect *Seminario Viejo* que, le lendemain, je retrouvai mon ami « Félix ». Il s'agitait là-dedans comme un fauve en cage.

- Bon Dieu de bon Dieu ! Dém… vous, mon vieil Albert, pour ne pas me laisser moisir ici !

Je comprenais la hâte de mon ami à vouloir sortir de ces lieux sinistres et enfin, après dix jours d'incarcération, il lui fut permis de venir nous rejoindre dans le confortable hôtel où nous étions tenus de résider. A Lerida, nous avions retrouvé quelques-uns de nos amis de France. Marco Diener, de l'équipe de Maurice Jacob, était interné au *Seminario Viejo*. Son jeune concitoyen Maginot était dans un hôtel voisin du nôtre, ainsi que Robert Scillac et Robert Portaix. Ce dernier passait des heures affreuses. Sa pensée allait constamment à sa jeune femme morte en des circonstances tragiques. Nous apprîmes que Joseph Meisterman, autre adjoint de Jacob, était interné au camp d'Onteniente. Nous lui écrivions, c'est tout ce que nous pouvions faire. Quant aux autres de nos anciens compagnons de réseau, absolument démunis de tout, l'aide que nous leur apportâmes grâce à l'argent que nous avions pu passer clandestinement - et que nous changions à raison de cent francs pour quatre pesetas - leur fut d'un grand secours. Un jour, nous assistâmes à un transfert de détenus qui partaient pour le camp de Victoria. Parmi eux se trouvait Marco Diener. Les malheureux étaient enchaînés deux par deux et souvent à peine couverts d'un mince pantalon et d'une chemise en lambeaux. Ils grelottaient sous la morsure du vent glacial qui balayait les quais de la gare où on les avait parqués. Nous sentions nos cœurs se serrer et nous étions impuissants à leur apporter le moindre réconfort. Malgré cette misère, le moral de ces hommes, de ces jeunes gens, paraissait excellent.
- A bientôt ! Nous cria de loin Marco Diener.

Par le truchement du chargé d'affaires britannique à Lerida, nous pûmes entrer en rapports avec le consulat général de Grande-Bretagne à Barcelone. Malheureusement, la décision de nous laisser continuer notre voyage appartenait aux autorités espagnoles et, chaque fois que nous abordions cette question avec le chargé d'affaires, charmant garçon mais Espagnol lui-même, nous recevions la traditionnelle réponse d'outre-Pyrénées :
- *Mañana, señores. Por la mañana*, peut-être le *gobernador* signera-t-il votre autorisation de départ. Je finis par connaître l'antienne. Il y avait quinze jours que je l'entendais. Nous avions eu le temps de visiter Lerida, importante ville de cinquante mille habitants, qui portait, partout encore, les plaies béantes laissées par la guerre civile. Ponts sautés sur la Sègre, murailles éventrées. Dominant la ville, l'importante mais vieille citadelle était criblée de trous d'obus. Des officiers allemands en uniforme étaient venus dernièrement et on les avait vus au Palacio, le café chic de la ville. L'on nous apprit qu'ils s'étaient rendus à la *securidad* et avaient vérifié les papiers pris sur les détenus. Parmi ces papiers se trouvaient nos cartes d'identité et si, quelques jours plus tard, la plupart de ces cartes avaient été remises à nos compagnons de hasard, les nôtres ne nous furent pas rendues. Même fausses, elles portaient nos photos et ça pouvait devenir ennuyeux.

Tout cela n'était pas rassurant et nous voulions partir sans tarder. J'en avais assez de la sempiternelle réponse : « *A la mañana.* » Un matin, je décidai d'aller trouver le gouverneur. Comme entrée en matière, je pouvais toujours lui demander à être remboursé des dix mille francs et des cinq cents pesetas que l'on m'avait confisqués à la frontière et dont je portais le reçu. Il y avait plus d'une heure que je faisais antichambre chez le haut fonctionnaire, lorsque je vis entrer le commissaire de police de Lerida, que je connaissais d'autant mieux qu'il prenait ses repas dans le même restaurant que nous.
- Qu'attendez-vous ? Me demanda le policier.

Je lui expliquai le but de ma visite. Je voulais rentrer en possession de mes fonds et, aussi, obtenir l'autorisation pour mon groupe, de continuer le voyage.
- Un instant, me dit-il.

Et, en ma présence, il téléphona au gouverneur. L'explication paraissait laborieuse. Après de longues minutes, il raccrocha l'appareil et, se tournant vers moi :
- Le gouverneur ne peut pas vous recevoir. Il attend des instructions du gouvernement de Madrid au sujet de votre départ vers Barcelone. Quant à votre argent, il ne pourra vous être remboursé qu'à votre sortie d'Espagne, au dernier poste frontière, sur présentation du reçu.

Je n'avais plus qu'à m'en aller. Quelques jours plus tard, le chargé d'affaires britannique m'apprenait que, le lendemain, tous les sujets britanniques et « protégés britanniques » partiraient le matin pour Barcelone. Il nous accompagnerait. Le lendemain, à midi, nous étions effectivement rendus au consulat général de Grande-Bretagne, où l'accueil le plus chaleureux nous fut réservé. En attendant que les autorités espagnoles nous aient permis de poursuivre notre voyage, nous allions séjourner à Barcelone. Recommandation essentielle : ne pas sortir après neuf heures du soir, car il est arrivé que des agents alliés et des résistants français disparaissent sans laisser de traces. La *Gestapo* qui travaillait en Espagne avait trouvé auprès des phalangistes, qui formaient un Etat dans l'Etat, une aide fort précieuse. Après un séjour d'une quinzaine dans un grand hôtel de la *Rambla Cataluna*, nous obtenions enfin nos passeports, pour nous rendre, via Madrid, à Gibraltar. Nous séjournâmes quarante-huit heures à Madrid, où nous retrouvâmes certains de nos compagnons qui, comme Coste et sa famille, le diamantaire Cartouzou et d'autres, allaient s'embarquer à Malaga à destination de l'Afrique du Nord. Madrid, tout comme Lerida, étalait encore ses affreuses blessures de la guerre civile. Le plus grand luxe côtoyait la plus lamentable misère. Des palais somptueux et des taudis, les toilettes les plus raffinées, les voitures de grande marque et les guenilles les plus sordides. Dans tout cela, beaucoup d'Allemands. Tout au long de la ligne Madrid-San Roque, gare frontière avant Gibraltar, nous trouvâmes, courbés sur le ballast, des équipes de travailleurs en haillons, presque tous portant encore quelque défroque d'un vieil uniforme militaire. Ces hommes étaient sévèrement gardés. On nous apprit que c'étaient des prisonniers de l'armée républicaine vaincue. A San Roque, nous étions attendus par un officier anglais vêtu d'un complet civil. Il nous accompagna chez le consul de l'endroit qui visa nos passeports et auquel je présentai mon fameux reçu pour dix mille francs et cinq cents pesetas. Ce fut pour apprendre que ce reçu n'avait aucune valeur et que je ne devais pas compter revoir ma « galette ». Ça m'était bien égal, pourvu que nous soyons bientôt en territoire allié. Il y avait sept semaines que nous étions en Espagne, dans des conditions très spéciales, et ça nous suffisait !

XVII. Gibraltar

En sortant de La Linea, dernière bourgade espagnole avant la frontière, l'énorme rocher de Gibraltar apparut devant nous. Notre voiture nous emmena rapidement à travers une courte plaine hérissée de casemates, de fortifications de toutes sortes. Notre guide nous apprit qu'avant guerre, cette bande de terrain constituait une sorte de « *no man's land* » respecté des deux parties. Depuis 1940, le gouvernement espagnol l'avait fait farcir de tranchées et de toutes les constructions bétonnées que nous voyions là. Un poste de police espagnol était même venu s'adosser à la grille qui, à l'entrée de Gibraltar, marquait nettement la frontière. Le capitaine britannique H. nous expliqua tout cela en souriant placidement. Toutes ces dispositions n'avaient pas l'air d'émouvoir beaucoup les Anglais. C'est donc le 14 décembre 1943, à quatorze heures précises, que nous fîmes notre entrée dans la forteresse britannique, ou plutôt dans la ville de Gibraltar elle-même. L'accueil qui nous y fut réservé fut extrêmement cordial et nous eûmes le plaisir de retrouver quelques Français qui, comme nous, se rendaient à Londres. Il y avait là un diable de petit homme qui s'agitait beaucoup, mais d'une amabilité exquise. Il nous fit les honneurs de la maison et nous présenta ses compagnons : un Belge, un chirurgien français, N., qui n'était autre que le commandant-médecin « Nattier », attaché à Carlton Garden, quartier général des Forces françaises libres à Londres. Notre cicerone était lui-même un gros soyeux lyonnais obligé de quitter la France après avoir été « brûlé » dans la lutte clandestine contre les Allemands. Il devint, à Londres, l'un des dirigeants de l'Office des changes et transferts. Les Anglais menaient les choses rondement. Nous avions à peine terminé le repas qui venait de nous être offert, que l'on vint nous chercher afin de nous conduire aux demeures qui seraient les nôtres en attendant notre départ pour l'Angleterre. Un coquet appartement au Grand hôtel et un autre dans une maison de Collège Lane, où une domestique espagnole fut mise à notre disposition. Durant les journées qui suivirent, nous n'avions pas autre chose à faire que de visiter la puissante forteresse britannique. Ou, plutôt, la ville forteresse, car tout, ici, respirait la vie militaire. Une vie militaire intense du temps de guerre. Gibraltar était alors une sorte de moderne Babel. Il y avait là des représentants de toutes les races, des marins de toutes nationalités. On entendait parler toutes les langues. Un soir, nous eûmes le plaisir de remarquer les pompons rouges des Forces navales françaises libres. Le soir les commerçants dont les magasins s'étendaient le long de Main Street, les gens de maison, les ouvriers des chantiers navals, des arsenaux, etc., presque tous d'origine espagnole, étaient tenus de s'en retourner vers La Linea. Après huit heures, il n'y avait plus, autour du rocher, que des militaires et des personnes ayant qualité pour séjourner en ces lieux. Pas de femmes à Gibraltar. Sinon celles, assez rares d'ailleurs, que l'exercice de leur mission avait amenées là. En quelques jours, on avait tout visité, sur cette maigre bande de terrain. L'énorme rocher, creusé telle une termitière de mille et une galeries et dans les flancs duquel étaient cachés des centaines de canons, l'immense aérodrome que le Génie britannique avait construit, grâce à un système de pilotis, par-dessus la mer, les bassins sur lesquels flottaient d'imposants vaisseaux de guerre aux monstrueuses pièces d'artillerie, tout cela, on l'avait rapidement vu et, après, l'on se sentait désœuvré. Suprême ressource contre l'ennui : aller de temps à autre sur l'aérodrome voir décoller ou atterrir les appareils de toutes espèces qui fouillaient les cieux les plus divers. Il y avait là depuis les énormes bombardiers jusqu'aux minuscules avions de chasse tels les *Spitfires*, mais tous terriblement armés. Les navires ne voguaient plus qu'en convois et, pour l'instant, rien n'était annoncé faisant route pour l'Angleterre. Le temps sur la Manche et les îles britanniques était peu favorable et, de ce fait, peu d'avions prenaient l'air. Les journées étaient mortellement longues. Enfin, un soir, c'est D., le soyeux lyonnais, qui s'en alla. Il y avait une place pour lui dans un avion. Veinard, va ! Quelques jours plus tard, le capitaine H. revint nous informer de ce que, nous aussi, nous allions partir en avion, dès qu'un gros transport pourrait prendre l'air. Espoir ! Un, deux, trois jours se passèrent. Rien ! Le capitaine H. revint nous voir.

- Impossible de partir en ce moment. Il y a un brouillard opaque sur l'Angleterre. Les pilotes ne veulent pas prendre l'air, d'autant qu'il y a eu avant-hier un grave accident, un avion a percuté une colline et ses passagers sauf un ou deux ont été carbonisés. C'est ainsi que, pour la première fois, j'entendais parler de l'accident survenu à l'avion qui transportait « Colette », cette grande fille que les résistants et maquisards gascons avaient vue auprès du colonel « Hilaire ». Il n'y avait pas autre chose à faire que ronger son frein…

Enfin, le 29 décembre, à une heure du matin, le Dakota qui nous enleva décolla de l'aérodrome de Gibraltar et, après un long détour au-dessus de l'Atlantique afin d'éviter la chasse allemande, nous atterrissions, à neuf heures du matin, sur l'aérodrome de Bristol.

XVIII. Le Service

Tout individu qui pénétrait en Angleterre pendant la guerre était méticuleusement passé au crible. Ce en quoi les autorités britanniques n'avaient pas tort, puisqu'il me fut rapporté que des Allemands avaient réussi à s'infiltrer là-bas en se faisant passer pour des évadés de France. Des agents ennemis avaient pris l'identité d'hommes qu'ils venaient d'arrêter et, les ayant forcés à parler sous la torture, avaient cru obtenir assez de renseignements pour se glisser, via l'Espagne, parmi ceux qui étaient admis à se rendre à Londres. Mais les officiers de l'*Intelligence Corps* veillaient et, nantis d'une extraordinaire documentation sur toutes choses, n'avaient pas tardé à confondre les imposteurs. Si nous avions subi de longues heures d'ennui à Gibraltar, ici, nous ne pouvions pas dire que l'on perdait son temps. Interrogatoires, rapports, demandes de renseignements les plus divers, etc. Nous étions continuellement sur la brèche. Un jour, nous fûmes convoqués dans un bureau, où se tenaient trois officiers. L'un d'eux, de haute taille, fort distingué, était le colonel Buckmaster, chef des services secrets de la « *French Section* ». Ses deux aides étaient également officiers supérieurs du service.

- Je vous félicite d'être tous bien arrivés, nous dit le colonel. Maintenant, que comptez-vous faire ?

- Repartir en France !

C'est « Félix » et moi-même qui venions de répondre. Les mêmes mots avaient fusé en même temps.

- Je vous remercie, dit le colonel. Comment envisagez-vous la chose ?

- Madame Duffoir restera ici avec sa fillette. Madame Delattre - pardon ! madame Rendier - « Félix » et moi-même tenons à former équipe et repartir ensemble.

- C'est fort possible. Madame serait votre courrier et je vous adjoindrais un opérateur radio de façon que votre équipe soit complète.

- Nous vous remercions de ces dispositions, mon colonel. Nous espérons pouvoir recommencer là-bas quelque chose d'utile.

- A ce propos, croyez-vous qu'il vous soit possible de repartir dans le Nord ?

- Oui, mon colonel. A la condition que je ne sois pas obligé de vivre à Lille où il est probable que je me ferais vite repérer en raison du nombre de personnes que j'y connais. Il serait nécessaire que mon point d'attache se situât autour de Valenciennes, et que je ne sorte pas d'un cercle assez restreint.

Le colonel Buckmaster avait-il envisagé de me renvoyer dans le Nord pour y prendre la succession du capitaine « Michel », qui venait d'être tué à Lille dans l'exercice de sa mission ? C'est possible. Mais il faut avouer que le terrain était scabreux pour moi et que rendre un travail efficace dans ces conditions eût été chose vraiment difficile. Finalement, je ne partis pas pour le nord de la France.

- Eh bien, maintenant, vous allez prendre quelques semaines de repos, car j'imagine que vous devez être assez fatigués. Nous aurons certainement encore quelques précisions à vous demander pendant ce temps, puis, avant votre départ en mission, vous ferez un petit stage en école afin de vous perfectionner avec le matériel moderne, prendre connaissance de nos nouvelles méthodes et, aussi, de celles de l'ennemi. Pour vous, ce ne sera pas long, puisque vous n'êtes pas des novices et que vous connaissez déjà bien le travail « de l'autre côté ».

- A vos ordres, mon colonel.

Et nous nous séparâmes sur une chaleureuse poignée de mains. Les services secrets de Londres ? On en a beaucoup parlé, pendant la guerre, après la Libération et l'on y fait encore souvent allusion aujourd'hui. Des romanciers ont souvent cité l'*Intelligence Service*. Des résistants, pour avoir été les aides ou les compagnons de lutte des agents secrets venus de Londres, ont cru dur comme fer, et de très bonne foi, qu'ils avaient appartenu au légendaire service secret britannique. *Intelligence Service* : ces deux mots évoquaient en l'esprit de certains des aventures mystérieuses et une puissance contre laquelle des forces redoutables s'étaient déjà brisées. Tant pis pour le romantisme, mais il est préférable de dire clairement ce que fut ce fameux service secret, né de la guerre, créé pour la guerre, dissout après la cessation des hostilités, et qui couvrit les territoires occupés et particulièrement la France, de ses réseaux. Et qui pourrait le faire mieux que l'homme, l'officier de grande valeur, qui en fut l'âme et le promoteur ? Que le colonel Buckmaster me permette donc d'emprunter, à ses intéressants *Souvenirs*, ces quelques lignes si hautement expressives :

« *Mai 1940 : Dunkerque... Le corps expéditionnaire britannique battait en retraite devant l'assaut fanatique des Allemands. Nous les avions arrêtés pour un temps devant Arras, mais, cernés de trois côtés, il fallut nous replier vers la côte. Nous nous étions battus sans interruption depuis quatre jours. La débâcle était complète. Les communications avec nos unités de flanc et même avec le GQG étaient coupées. Dans la ville de Dunkerque, une cohue de soldats anglais, français et belges attendait les yachts et les "petits bateaux" aujourd'hui fameux, qui devaient les emmener vers l'Angleterre. Je ne pouvais m'empêcher de penser - et combien troublante était une telle pensée - que ces armées battues, abandonnant le continent, il ne resterait plus de troupes britanniques qu'à Gibraltar, ce rocher lointain et relativement vulnérable, qui commande l'entrée de la Méditerranée occidentale. Je me demandais combien de temps allait durer leur absence... Néanmoins, même en cette heure de désespoir, je formulais dans ma tête de vagues questions touchant à la possibilité de constituer en France, derrière les lignes ennemies, une armée régulière destinée à harceler l'occupant, à saboter, à combattre dans l'ombre... Pendant les longs mois qui virent les bombardements aériens succéder l'un à l'autre à cadence ininterrompue et qui virent aussi, grâce à Dieu, l'inoubliable Bataille d'Angleterre sauver les îles britanniques de l'invasion, pendant ces longs mois, dis-je, toute tentative de diversion de l'effort de guerre de notre pays était fatalement vouée à l'échec. Impossible d'envisager l'apport d'une aide efficace aux patriotes français à une heure où l'Angleterre, acculée le dos au mur, attendait d'un jour à l'autre la ruée ennemie sur ses côtes et se préparait au combat suprême. Mais, dès le mois de décembre, un plan fut mis à l'étude, irréalisable sur-le-champ, mais praticable quelques mois plus tard. Déjà, les premiers volontaires se présentaient, prêts à se faire parachuter en France...* »

Voilà donc quelle fut l'origine de ce fameux service secret, si souvent et si improprement dénommé « *IS* ». Nous bénéficiâmes, après notre entrevue avec le colonel, d'une période de repos, de tranquillité relative. Un jour que nous faisions quelques courses au centre de Londres, nous eûmes la surprise et le très grand plaisir de rencontrer notre ancienne compagne « Catherine » ou plutôt Denise Bloch qui, ici, s'appelait Danièle Williams. Nous avions bien, déjà, demandé au bureau à revoir nos anciens compagnons rentrés en Angleterre, mais l'on nous avait répondu que cela se ferait plus tard et... on n'était pas prolixe, au « service ». Nous ne connûmes même pas leurs adresses. Le hasard, bon enfant, avait réalisé ce que les hommes n'avaient pas voulu. « Catherine » comptait beaucoup rentrer bientôt en France. Elle avait passé plusieurs mois en Ecosse dans une école spéciale et était devenue une excellente opératrice radio. En décembre, elle était revenue avec quelques collègues, dont le capitaine Frager, jusque sur les côtes de France, en vedette rapide. Mais au moment où, dans la nuit noire, ils se préparaient à débarquer, le petit bâtiment de guerre britannique fut pris dans le faisceau des projecteurs allemands et eut beaucoup de peine à échapper au feu des batteries côtières. Notre amie conservait un mauvais souvenir de cette expédition et nous confia que sa préférence, si on lui laissait le libre choix, irait dorénavant à l'avion. C'est le hasard aussi qui nous remit en présence d'« Arnaud », le capitaine radio. C'est dans un bureau de tabac que je le retrouvai un beau matin. Mais, l'après-midi, au thé, il nous fit ses adieux, car il partait le soir même pour la France, où il devait travailler dans l'Est. Nous ne devions plus revoir « Arnaud ». Qu'est-il devenu ? Nul ne l'a su. Dernièrement, j'ai appris que ses parents, qui se trouvent maintenant au Caire, gardent l'espoir de le retrouver un jour. Selon eux, il aurait été fait prisonnier par les Allemands devant Strasbourg et il serait possible qu'il se trouvât encore parmi ces prisonniers (ou ex-prisonniers), qui n'ont pu rejoindre leur famille. Quant à Denise Bloch, nous ne devions plus la voir que très peu de temps à Londres. Revenue en mission en France avec un officier de valeur, au nom bien connu, le capitaine Benoît - qui n'était autre que Benoît, l'ex-champion du volant de la firme Bugatti -, elle fut arrêtée par les Allemands et le sort de cette belle et grande jeune fille fut celui de tant de héros obscurs, disparus en luttant dans l'ombre.

En février 1944, « Félix » et moi partîmes faire notre stage dans une école spéciale. Madame Delattre (conservons-lui ce nom jusqu'au bout), malade et en observation dans une clinique londonienne, n'avait pu nous accompagner. Pour dépeindre rapidement ces écoles, qu'il me soit permis d'emprunter ces quelques lignes aux *Souvenirs* du colonel Buckmaster. Ce sont, dit-il, « *des maisons de campagne, quelque part en Angleterre, où l'entraînement des commandos alternait avec l'étude des cartes, de la boussole et de l'armée allemande. L'agent subit ensuite une période d'entraînement physique en Ecosse pour durcir ses muscles et exercer son endurance. N'oublions pas des études spéciales très poussées des méthodes particulières employées dans la vie clandestine. Avant son départ, chaque officier passait au moins trois semaines à Londres, au cours desquelles les officiers du GQG lui consacraient le plus de temps possible. Sous leur direction, il étudiait les objectifs de sabotage se trouvant dans son secteur ; il se familiarisait avec la topographie de la France, apprenait par cœur les mots de passe, les adresses de maisons sûres ; il suivait quotidiennement les dernières nouvelles de Radio-Vichy et de la presse vichyssoise. On lui posait des colles périlleuses, on discutait avec lui de son ordre de mission sous tous ses aspects. On mettait au point le vocabulaire conventionnel dont il allait devoir se servir. Enfin, juste avant son départ, il passait en revue tout ce qu'il avait appris pendant les différents cours. Ce n'était certes pas à la légère que nous envoyions ces hommes -et ces femmes- en France pour y risquer leur vie. Dans ce métier hasardeux qui échappe aux lois normales, il fallait prévoir d'une façon aussi étendue que possible toutes les éventualités à redouter, tous les pièges qui allaient être tendus. Mais nos officiers n'étaient pas des automates. Ils avaient l'entière liberté d'adapter les règles du jeu aux circonstances imprévisibles. Si la "lettre" leur apportait un tracé des règlements auxquels ils devaient se plier, ils avaient toute latitude d'en appliquer "l'esprit" selon leur propre initiative. Ils étaient, en fait, les ambassadeurs officieux qui apportaient à un peuple opprimé la promesse de la libération, les armes nécessaires pour conquérir et, par-dessus tout, l'exemple volontaire du courage. Les missions n'avaient jamais aucun aspect politique. Dès le début de l'organisation, nous constatâmes la nécessité d'établir un système adéquat de communication avec nos officiers de liaison. Les opérateurs de radio étaient relativement peu nombreux, car la durée du temps d'instruction était très longue et la besogne assez ingrate. Mais nous estimions indispensable qu'il y eût un opérateur au moins pour chaque réseau. L'unité idéale consistait en un organisateur, un lieutenant spécialisé dans le maniement des armes et des explosifs en même temps que bon instructeur, un opérateur radio et enfin un courrier, fonction confiée la plupart du temps à une femme. Le courrier établissait les liaisons nécessaires entre les groupes. Au début, nous manquions d'opérateurs radio, mais au jour J, nous en avions environ cinquante, répartis entre autant de réseaux et reliés chacun avec le poste central. »*

Nous trouvâmes, dans ces écoles spéciales, des hommes et des femmes venus de tous les points du globe. Les Canadiens étaient nombreux. Certains hommes avaient un âge avancé et pourtant, ils n'hésitaient pas à se lancer dans de périlleuses aventures. Ces « mercenaires », pour reprendre l'expression que certains n'hésitèrent pas à leur appliquer, étaient venus là uniquement pour se battre, à leur manière, avec efficacité, contre l'ennemi commun. Ils faisaient abstraction de toute idéologie politique et dédaignaient les avantages matériels, puisque la solde attribuée par le *Service* était la moins élevée de toutes celles du genre que l'on distribua à Londres. J'ai connu là un certain « Loiseau » (je crois qu'il s'appelait Lesage). Il avait travaillé longtemps en Haute-Savoie et, à la suite de je ne sais quelle circonstance, n'avait pas hésité, âgé de cinquante-sept ans, à franchir les Pyrénées, traverser l'Espagne, pour venir prendre des instructions précises au QG. Il repartit bientôt en France et je ne le revis jamais plus. Il m'a été donné également de faire la connaissance d'un garçon extrêmement sympathique, qui portait l'un des plus grands noms de France. Ce jeune lieutenant n'était pas un novice au *Service*, puisqu'il avait déjà rempli une périlleuse mission en Extrême-Orient, en se faisant débarquer par un sous-marin sur les côtes sauvages du Japon. Maintenant, de nationalité canadienne, il était venu à Londres avec l'intention d'aller se battre en France, sur la terre de ses aïeux. Et quels aïeux ! Le jeune comte Guy d'Artois était le descendant direct de Monsieur, frère du roi Louis XVI. Parachuté dans le Vercors, il s'y battit héroïquement et décrocha son troisième galon. Tout le monde ignora sa véritable identité. Quelques jours avant son départ, il avait épousé fort démocratiquement une charmante anglaise, appartenant, elle aussi, au *Service* et qui fut parachutée, je crois, en Anjou. Tous deux sont maintenant repartis dans le lointain Canada, pensant à la France qu'ils sont venus si ardemment et si discrètement servir. Un soir, à l'école où je me trouvais, je vis arriver « Gauthier », chez qui j'aurais dû me trouver le 10 novembre 1942. Il était accompagné d'officiers que je ne connaissais pas. Tous venaient de s'échapper de la centrale d'Eysse. Ils avaient franchi les Pyrénées par le passage créé par Mansencal et Bordes et, pour ce faire, avaient reçu l'aide du réseau *Hilaire*. Mais tout a une fin. Après avoir manipulé toutes sortes et des quantités d'explosifs, notre stage à l'école était terminé. Il était temps, d'ailleurs, car « Félix » commençait à s'impatienter.
- Bon dieu ! Ils vont nous renvoyer en France après le débarquement ! Clamait-il à tout bout de champ.

Au début d'avril, on nous accorda un congé et l'autorisation de rentrer à Londres.
- Cette fois, ça y est. Dans un mois, au plus, nous serons en France.

Nous ne pensions pas si bien dire. Si le colonel Buckmaster rapporte dans

ses souvenirs qu'en moyenne les officiers en instance de départ passaient trois semaines à Londres afin de prendre les dernières dispositions, ce ne fut pas notre cas particulier. Trois jours après notre rentrée dans la capitale, il nous fit appeler à son bureau.
- Messieurs, j'ai le plaisir de vous informer que vous allez repartir en France. Vous voudrez donc bien prendre vos dispositions.
- Avec plaisir, mon colonel. J'ai une denture bien malade et un homme de l'art, agréé par le service, me donne actuellement ses soins. Je vais demander au dentiste de faire vite, mon colonel. Je crois qu'il aura terminé dans une quinzaine de jours.
- Comment, ça n'est pas encore fait ? Mais, quinze jours c'est impossible !
- Et quand devons nous partir, alors ?
- Dans une huitaine de jours.
- Dans huit jours ? Et comment cela ? Ce ne sera pas encore la « période de lune ».

Pour nous, la période de lune, c'était la possibilité d'opérations aériennes et nous nous étions toujours imaginé que nous allions revenir en avion.
- Justement il ne faut pas de lune. Il est nécessaire de faire vite pour arriver avant. Vous repartirez en vedette rapide.
- Ah !

« Félix » et moi avions poussé simultanément cette exclamation et nous nous regardions. Pour ma part, je pense à la description que m'avait faite « Catherine », de l'opération maritime à laquelle elle avait participé. Visiblement, la perspective de cette promenade en mer ne nous enchantait ni l'un ni l'autre.
- C'est un moyen très sûr, nous dit le colonel. Vous verrez, tout ira très bien.

Evidemment les nécessités du service obligeaient notre chef à agir ainsi. Aujourd'hui, je m'amuse légèrement, en lisant ces quelques lignes dans les *Souvenirs* de notre ancien patron :
« Nous envoyions rarement nos officiers par mer, moyen dangereux à cause de l'obligation de traverser la zone côtière interdite avant l'aube. »
- Le débarquement est proche, continua la colonel Buckmaster. Le grand état-major m'a demandé deux hommes pour une mission importante liée aux opérations qui vont se dérouler. Il me faut pour cela des hommes qui connaissent bien le travail en France et non pas des novices. Presque tous les anciens sont maintenant partis. Je compte sur vous pour cette mission que je vous demande d'accepter.

Ce que nous fîmes avec empressement.
- Bien, mon colonel, à vos ordres.
- Je vous remercie, messieurs. Vous pouvez passer chez votre commandant qui va vous donner des instructions. Je vous reverrai tout à l'heure.

Dans le bureau du major B-P s'étalait une immense carte murale de France.

- Le débarquement doit se faire par ici (l'index du commandant indique le pied du Cotentin) et aussi probablement de ce côté-là (l'index revient se promener aux environs de Saint-Nazaire).
- Premier objectif probable : couper les presqu'îles, dont celle de Bretagne, qui est la plus importante. Les Allemands, pour parer à toute opération offensive sur les côtes françaises, ont massé ici, à l'ouest de Brest - très exactement autour de Guer -, d'importantes forces blindées. De là, ils pourraient en effet se porter rapidement sur les côtes de la Manche ou sur celles de l'Atlantique. Leurs *Panzer* pourraient être acheminés, soit par route, soit par fer. Mais pour des raisons de rapidité, de commodité et d'économie de carburant, ils choisiront vraisemblablement ce dernier moyen. C'est à cette intention qu'ils ont aménagé de façon toute particulière la petite gare de Guer. Votre mission consistera donc à détruire les diverses petites voies ferrées qui, de Guer, leur permettraient de rejoindre les grandes lignes. Il vous faudra ainsi opérer les coupures de voies entre Guer et Rennes, Guer-Messac, Guer-Ploermel et par mesure de précaution entre Messac-Rennes, Messac-Redon et Ploërmel-La Brohinière. Fractionnez les voies ferrées en plusieurs endroits sur la même ligne, de façon à rendre des réparations rapides impossibles. Vous voyez le travail ? Vous savez d'ailleurs comment vous y prendre...

Nous acquiesçâmes.

- Il faudra aussi détruire à l'ennemi le maximum de carburant pour qu'il ne puisse par partir par la route. En bref, vous devez tout faire pour que les blindés allemands ne puissent atteindre le front avant le cinquième jour qui suivra le débarquement. Cela, c'est le travail indispensable. Ensuite, vous devrez essayer de couper les réseaux téléphoniques et spécialement la ligne directe Brest-Berlin, installée par les Allemands. C'est tout. Comme matériel, dès que vous aurez trouvé des terrains de parachutage, nous vous enverrons surtout des explosifs, quelques fusils-mitrailleurs et mitraillettes et des pistolets silencieux. N'oubliez pas qu'il s'agit d'opérations de sabotage pour lesquelles il vous faudra un personnel réduit, mais décidé.

« Félix » me regarda avec un petit sourire en coin. Tout ça ne serait pas du billard, en effet.

Je posai alors une question au major B-P :

- Mais dites-moi, mon commandant : il doit bien y avoir eu quelque chose de fait dans ce coin et nous pourrions peut-être y trouver quelques éléments de la Résistance qui pourraient nous aider.
- Oh ! vous savez, répondit B-P, en appuyant ses mots d'un geste vague, nous ne nous sommes jamais bien occupés de ce coin-là.

« Félix » et moi éclatâmes de rire.

- Non, commandant. Nous connaissons assez le jeu pour que vous nous disiez franchement que nous allons là-bas remplacer un collègue qui s'est fait prendre.

B-P sourit.

- Soit. Je vais vous faire communiquer un dossier que vous étudierez rapidement. Vous y trouverez quelques noms et adresses qui pourraient vous être utiles, ainsi que diverses indications sur votre mission. Enfoncez-vous tout cela dans la tête, mais ne prenez pas de notes. Vous avez huit jours devant vous pour vous préparer.

Le colonel vint alors nous retrouver.

- Vous avez compris ce que nous attendons de vous ? Vous êtes d'accord ?
- Oui, mon colonel.
- C'est parfait. Le service compétent va vous préparer vos faux papiers, que vous recevrez juste avant votre départ. Demain, on vous présentera votre opérateur de radio. Comme ces spécialistes sont en ce moment en nombre réduit, votre opérateur sera affecté à deux réseaux : le vôtre et celui d'un de vos collègues qui sera un peu votre voisin. Cet opérateur partira huit jours avant vous avec son organisateur et vous vous mettrez d'accord avec lui sur un certain nombre de dates et de points où vous pourrez le retrouver. Après le débarquement, dès que vous aurez effectué le travail qui vous est confié et que la bataille se rapprochera de vous, vous vous terrerez jusqu'à ce que vous soyiez dans le secteur occupé par nos troupes. Vous vous ferez alors reconnaître et nous irons vous reprendre. Vous ne serez pas absents plus de trois mois. Je ne crois pas que vous aurez le temps et les moyens de préparer une action de guérilla. Vous verrez cela vous-mêmes sur place. N'oubliez pas que ce qui importe le plus est de réussir votre mission. Je vais vous laisser. Je vous reverrai avant votre départ.
- A vos ordres, mon colonel.

Huit jours pour nous préparer, c'était bien peu. Il nous fallut mettre les bouchées doubles. D'abord, entrevue avec notre opérateur de radio, qui devait porter le pseudonyme de « Baudouin ». Nous n'avions jamais vu ce grand garçon de trente-cinq ans environ. Il s'agissait de le reconnaître de l'autre côté. Nous lui fixâmes trois rendez-vous : le 29 avril à Angers, au bureau de poste, le 5 mai à Tours, le 10 à Angers. Ensuite, étude de la région où nous allions opérer : plans, liste de Résistants chez qui, éventuellement, nous pourrions obtenir de l'aide, etc. L'avant-veille de notre départ, un officier vint nous remettre nos papiers d'identité, nous communiqua la clé de notre code secret (nous avions chacun le nôtre), en même temps qu'il nous apprenait quels noms de guerre nous devrions porter pour cette mission. « Félix » s'appellerait « Amédée » et moi « Adolphe » !

- Nom de Dieu ! J'ai déjà refusé ce nom en 1942 !
- Il est trop tard maintenant pour en changer, me répondit le lieutenant Conrad avec un ineffable sourire.
- Merde ! Vous me faites… suer.

« Félix » rigolait.

- Maintenant, voici les photos micrométriques portant indication de vos messages spéciaux qui seront diffusés par la BBC à l'occasion du débarquement. Les deux premiers sont des messages d'alerte vous annonçant que le débarquement aura lieu dans les quinze jours qui suivent. Ce sont : *« l'Avenue fourmillait d'autos »* ; *« Accusé, levez-vous ! »* Ces phrases seront diffusées le premier ou le quinze. Vous devrez commencer à écouter le 1er mai, mais il est peu probable que ça ce passe avant le 15 de ce mois. Dès que ces premiers messages auront été diffusés, vous vous tiendrez à l'écoute tous les jours, pour entendre les seconds qui vous indiqueront que vous devez passer à l'action. Le premier a trait à votre mission de sabotage, que vous devrez effectuer dans la nuit même. Le voici : *« Le camion est en panne »*. Le second vous indiquera que vous pouvez passer à la guérilla dans les quarante-huit heures qui suivent. Il est libellé ainsi : *« Son innocence est indéniable »*.
- C'est bien. Nous retiendrons cela. Nous n'avons pas besoin des photos micrométriques.
- Bien. C'est tout. Vous n'avez plus rien à demander ?
- Non.
- Au revoir, messieurs. Bonne chance.

Une dernière journée pour boucler nos valises, recevoir les quelques menus objets, boîtes d'allumettes de la régie française, paquets de Gauloises, coiffures portant les marques de grands chapeliers parisiens, etc., qui, de « l'autre côté », nous donneraient l'aspect de citoyens français résidant depuis longtemps sur le continent, nous voilà fin prêts. Le 14 avril, à neuf heures du matin, « Félix » et moi quittâmes rapidement la maison où nous habitions ensemble, afin d'écourter au maximum l'instant des adieux devant les femmes qui, en ayant vu d'autres, voulaient être fortes, mais avaient tout de même les yeux embués de larmes.

Le colonel Buckmaster nous attendait au bureau.
- Alors, messieurs, en pleine forme ?
- Oui, mon colonel. Nous avons seulement une demande à formuler : laissez toujours croire que nous sommes partis en avion. Nous voudrions que les femmes ne sachent pas que nous avons fait la traversée en vedette rapide.
- D'accord. Maintenant, je vous prie d'accepter ce petit cadeau personnel (le colonel nous tendit à chacun un magnifique étui à cigarettes en argent massif) et… je ne vous dirai pas « Bonne chance » mais… « Cambronne ».

Solide poignée de mains.
- Au revoir, mon colonel.

Accompagnés de notre « ange gardien », un officier du *Service* qui resta jusqu'au bout attaché à nos talons, nous arrivâmes, dans le courant de l'après-midi, dans un port militaire du sud de l'Angleterre, où, jusqu'au lendemain soir, nous attendîmes, sur un bateau, notre départ. Vinrent nous rejoindre bientôt un lieutenant-colonel et un sous-lieutenant des Forces françaises libres, un officier de la *Royal Air Force* et un capitaine radio du *Service*. Je devais apprendre plus tard que ce dernier était l'opérateur radio de notre ex-courrier de Castelnau, Maurice Dupont, alias « Yvan ». Le pauvre garçon était arrivé en Angleterre huit jours plus tôt afin d'y prendre un peu de repos mais, vu l'imminence du débarquement, il avait été aussitôt renvoyé à pied d'œuvre. Tous ces hommes, chargés de missions spéciales, allaient faire la traversée avec nous. Le lendemain soir, 15 avril, à neuf heures, deux vedettes rapides de la Marine royale britannique quittaient le port. Elles emportaient six hommes vers leur destin.

XIX. France !

Le temps était beau et le soleil couchant marquait les lames de milliers de petits éclairs rougeâtres. Les deux bâtiments voguaient à la file, à une centaine de mètres l'un de l'autre. Nous restions sur le pont pour jouir du spectacle. Les équipages étaient au poste de combat. Tout à coup un tonnerre effrayant se déchaîna. Les artilleurs essayaient leurs pièces. Bientôt, la nuit fut opaque. L'on n'entendait plus que le bruissement de la lame contre les flancs du bateau et le ronronnement des moteurs.

- Je vais me coucher, dit « Félix ». Vous m'éveillerez quand on arrivera.

Pour ma part, j'aimais mieux rester au grand air sur le pont. Je ne supportais pas les odeurs d'huile qui se répandaient jusque dans le carré. A minuit, nous étions près des côtes françaises. Dans cette nuit d'encre, nous ne voyions pas la terre, mais elle était là, devant, à quelques kilomètres. Des projecteurs allemands fouillaient le ciel, et nous admirions le feu d'artifice que l'ennemi tirait, comme s'il voulait saluer notre arrivée. Fusées blanches, rouges, vertes. Nous avancions maintenant à vitesse réduite, tout en longeant la côte à quelques kilomètres. Le capitaine qui commandait l'expédition vint me trouver :

- Nous arrivons. Où est votre compagnon ?

Je descendis retrouver « Félix ». Un ronflement sonore m'avertit qu'il dormait du sommeil du juste, dont j'eus peine à le tirer.

- Ah ! On arrive. Bon ! Je viens.

Et, aussi tranquillement que si l'on arrivait en gare de Waterloo-Station, mon ami prit sa valise et monta sur le pont. Les bâtiments étaient arrêtés. Deux filets partant du bordage pendaient sur leurs flancs. En bas, deux canots étaient descendus, qui nous attendaient. Nous y avions bien vite pris place et… vogue la galère. J'occupai un canot avec « Félix ». Il y avait là deux rameurs, le capitaine de commando et un matelot armé d'une mitraillette silencieuse. Il y avait bien vingt minutes que nous avions pris le départ, lorsque nous vîmes surgir la côte, là devant nous, toute proche, à quinze mètres. Mais notre canot vira précipitamment et fit mine de reprendre le large. Je tirai le matelot mitrailleur par son blouson.

- Que se passe-t-il ?

- Chut !

L'homme, levant le doigt, me montra au-dessus de nous, à une trentaine de mètres, sur la falaise, une petite lueur qui perçait à travers la fente d'une muraille.

- Blockhaus allemand !

Le canot refit un tour, deux tours, repassa sous le blockhaus dans lequel nous devinions les guetteurs allemands à l'affût puis, finalement, vint atterrir dans une petite crique. Sur la plage de galets, nous voyions des ombres s'agiter. Nous fûmes bien vite à terre, accueillis par un camarade du *Service*, aidé de deux courageuses jeunes Bretonnes. Un groupe de huit à dix personnes attendait à quelques mètres de là. Tout ce monde fut rapidement embarqué sur les canots qui firent force de rames vers les vedettes qui attendaient au large. C'étaient des agents qui rentraient en Angleterre. Nous ne nous éternisâmes pas sur la plage et, escaladant l'abrupte falaise qui se dressait devant nous, nous ne tardâmes pas à fouler la glaise de la campagne bretonne. Il avait plu et nous nous y enfoncions jusqu'au-dessus des chevilles. Nous avions à peine fait cinq cents mètres dans la campagne que nous perçûmes le bruit des moteurs des bâtiments britanniques qui repartaient. Mais l'ennemi aussi avait entendu. Voici que s'allumaient les projecteurs et aussitôt les batteries côtières crachèrent avec rage leur mitraille vers les sympathiques petits navires qui venaient de nous amener.
- Merde ! Ils viennent de repérer les vedettes, dit le camarade qui était venu nous accueillir. Ce n'est pas le moment de moisir ici, maintenant. Filons.

Filer, c'est vite dit. Mais il y avait cette boue tenace dans laquelle nous nous engluions. Il y avait aussi ces muretins de terre que les paysans bretons élèvent autour de leurs moindres champs et qu'il faut escalader. Nous ressemblâmes bientôt à des hommes d'argile. Enfin, nous finîmes, après une bonne demi-heure de marche, par atteindre une maison abandonnée, dans laquelle notre guide avait établi une sorte de refuge. Là, à peu près tranquillement, nous pûmes boire une large rasade d'excellent rhum à la petite gourde que l'on nous avait remise avant notre départ.
- Maintenant, dit notre guide, vous devriez remettre ici vos armes, car elles peuvent être un danger pour continuer votre voyage.

Tout le monde s'exécuta, sauf « Félix » et moi, qui éprouvions un amour intense pour nos Colts.
- Et maintenant, où voulez-vous aller, messieurs ?

Tout le monde cita Paris.
- C'est bien, on va arranger ça pour que vous n'alliez pas tous prendre le train à la même station.

J'avais consulté « Félix » et nous décidâmes de ne pas prendre le train de suite.
- Avant de partir, nous voudrions rester un jour ou deux par ici.
- D'accord, répondit notre guide. Alors, vous viendrez avec moi. Nous nous en allons de suite. Les autres partiront dans la matinée.

C'est sans avoir fait aucune mauvaise rencontre que, à six heures du matin, nous arrivâmes, par les jardins, dans le petit village de Guimaëc, où l'accueillante maison de madame Jacob, une honorable commerçante, nous offrit l'hospitalité la plus complète. Les deux courageuses jeunes Bretonnes

venues nous accueillir sur la côte étaient les filles de madame Jacob. Quant à notre guide, qui était-il ? Nous savions seulement qu'au *Service* on l'appelait « Yves ». C'était un compagnon qui comme tous ceux de la « maison », se battait dans l'ombre.
- Ici vous êtes en sécurité, nous dit madame Jacob. Les Allemands sont déjà venus perquisitionner deux fois, alors maintenant, on peut être tranquilles.

Nous avions besoin de repos. Après une copieuse collation, nous allâmes dormir jusqu'à midi. Nous avisâmes après des dispositions que nous allions prendre.

XX. Mission en Bretagne

Nous restâmes jusqu'au lundi à dix-huit heures chez madame Jacob. Après quoi, un vétérinaire de Morlaix, monsieur Baron, vint nous prendre en voiture pour nous emmener à la gare de sa bonne ville, où nous comptions prendre le train pour Rennes. Lorsque je me présentai au guichet, ce fut pour apprendre qu'il n'y avait pas de train ce jour-là et que l'on ne pouvait pas savoir combien de jours il faudrait pour que le service reprenne. Un sabotage près de Saint-Brieuc avait provoqué un important déraillement. Nous voilà jolis, dans cette ville où nous ne connaissions personne, à quelques centaines de mètres de la zone interdite ! Nous sortîmes de la gare pour prendre le vent et vîmes monsieur Baron en conversation avec un homme de haute taille, à quelques pas de là. Signe discret et le vétérinaire revint vers nous. Nous lui demandâmes s'il ne connaissait pas un hôtel tranquille où nous pourrions séjourner en attendant de pouvoir poursuivre notre voyage.

- Attendez un instant. Je crois que j'ai votre affaire.

Et il s'en retourna dire quelques mots à l'homme avec qui il conversait. Tous deux revinrent bientôt vers nous.

- Si vous voulez bien m'accompagner, messieurs, je vais vous conduire chez moi, dit l'inconnu. Vous y serez en sécurité.

La maison dans laquelle nous fûmes bientôt introduits était spacieuse. Tout dénotait que l'habitant de ces lieux occupait une situation sociale importante. Notre cicerone se présenta et confirma notre impression.

- Docteur Jean Le Duc. Ici, vous êtes en sécurité et chez un ami. Jusque maintenant j'ai fait ce que j'ai pu contre l'ennemi. Il ne me déplairait pas de faire plus si c'est possible. Si je peux vous rendre service, considérez que je suis à votre entière disposition.

J'allais apprendre quelques jours plus tard que le docteur Jean Le Duc était de ces vaillants Bretons qui, clandestinement, armaient les barques de pêche, quelquefois de frêles canots, qui amenaient des patriotes français en Angleterre et, aussi, permettaient le rapatriement d'aviateurs alliés tombés en France. Quelques semaines avant notre arrivée, l'un de ceux-ci avait été longtemps hébergé par Le Duc qui, la veille de son départ, l'avait nanti, en guise de souvenir, d'un panneau indicateur *Feldgendarmerie* arraché par lui dans la ville de Morlaix.

- Vous pourrez peut-être, en effet, docteur, nous rendre de grands services. Ce que vous pourriez faire de suite, c'est constituer une équipe de huit à dix hommes extrêmement sûrs et trouver un terrain propice pour recevoir des parachutages de matériel.

- C'est possible, mais comme je n'ai pas de contacts directs avec les hommes de la Résistance, il faudrait que j'en réfère au chef local de l'organisation. Accepteriez-vous de le voir ?
- Oui, si vous êtes sûr de lui.
- Absolument sûr. Je vais le chercher de suite.

C'est ainsi que nous fîmes la connaissance du docteur Le Jane, de Morlaix. Sans rien lui dévoiler de notre mission, nous demandâmes simplement de recevoir, éventuellement, des parachutages de matériel, lequel matériel devrait probablement être transféré « beaucoup plus loin ». Le Jane et Le Duc, connaissant fort bien la région, prirent aussitôt toutes dispositions utiles. Nos premiers contacts avec les Bretons donnaient d'excellents résultats. Cependant, dans la région de Rennes, dans l'Ille-et-Vilaine en général et dans le Morbihan, les choses allaient moins bien. Les quelques éléments de l'ancienne organisation que nous aurions pu contacter avaient été arrêtés par la *Gestapo* ou bien étaient en fuite. La police allemande s'agitait encore beaucoup par-là et il eût été vraiment difficile d'y construire quelque chose de nouveau en ce moment. Nous revînmes donc à Morlaix, où le docteur Le Duc nous mit en rapport avec un ex-aviateur, Alexandre Marsin. Celui-ci, qui connaissait bien les différents groupes de Résistance de la région - et nous fit une excellente impression - pouvait nous servir d'agent de liaison. Des équipes de parachutage avaient été constituées et il ne restait plus qu'à attendre les opérations, que nous ne pourrions toutefois déclencher qu'après avoir repris contact avec notre opérateur radio. Le 29 avril, nous étions à Angers pour y retrouver l'indispensable « Baudouin ». Nous avions rendez-vous, soit à midi, soit à quinze heures, à la poste centrale. A midi, pas de « Baudouin », mais je remarquai, devant l'hôtel des postes, quatre petits groupes de deux ou trois hommes qui avaient l'air de surveiller attentivement la porte. Nous étions à peine entrés que l'un des hommes nous suivit. Nous fîmes mine de nous adresser à un guichet et partîmes lentement. Les autres étaient toujours dehors et, en passant, je vis bien que l'on nous observait. Il me semblait que tout cela « sentait mauvais » et, ayant fait part de mes impressions à « Félix », nous décidâmes de ne pas venir cette après-midi, à trois heures, mais de quitter Angers de suite. Aujourd'hui encore, je reste persuadé qu'en cette circonstance nous avons eu du « nez », car Londres nous fit connaître peu après que nous ne devions plus aller à nos rendez-vous, notre opérateur, « Baudouin », ayant été arrêté. Je crois bien que si nous étions revenus l'après-midi, nous aurions été à notre tour appréhendés. Mais tout cela ne nous donnait pas le moyen de reprendre contact avec Londres. J'émis l'idée que nous devrions tenter de faire passer un message par « Hilaire », qui opérait toujours en Gascogne. « Félix » proposa de le faire toucher par le truchement d'un de ses parents habitant Vanves, dans la banlieue parisienne. Adopté. C'est ainsi que monsieur Belliard, inspecteur à la préfecture de Police, allait commencer à nous rendre de grands services. « Hilaire », de son PC qu'il avait conservé à Castelnau-sur-l'Auvignon, fit donc passer pour nous, à Londres, le message demandant des parachutages sur les terrains désignés dans le Finistère. Ces opérations aériennes nous furent de suite accordées et c'est alors que le GQG nous informa de l'arrestation de « Baudouin », nous recommandant de ne pas nous présenter à Tours. Trop tard ! « Félix » (pardon ! ici, il s'appelle « Amédée ») y était déjà parti. « Colette », qu'« Hilaire » avait envoyée chez Belliard afin de nous prévenir, y était arrivée après notre départ. Heureusement, il n'arriva rien de fâcheux à mon ami qui vint, le 8 mai, me retrouver à Morlaix, après avoir remis à Paris, à destination d'« Hilaire », quelques messages pour Londres. Madame Duffoir, mère de « Félix », joua ainsi plusieurs fois le rôle de courrier entre la capitale et la Gascogne. A Agen, les messages étaient remis à un excellent homme que nous avions connu un an plus tôt et qui se chargeait de les transmettre à « Hilaire ». Monsieur Sébelin, qui était tranquillement resté à son domicile de la route de Toulouse, continuait ainsi son précieux service de « boîte aux lettres ». Pour effectuer la liaison Morlaix-Paris, le docteur Le Duc nous avait mis en rapport avec un ancien colonial, Loïc Rault, habitant Carantec. Cet homme fit pour nous plusieurs voyages… qui, trouvés suspects par les résistants locaux, lui furent reprochés à la Libération. Mais, sur les explications que nous donnâmes alors, les choses s'arrangèrent rapidement. Afin d'assurer nos contacts avec Londres, il fallait donc trouver un opérateur radio, et pour ce faire couvrir près de mille kilomètres. Avec les difficultés de transport de l'époque, ce n'était pas peu de chose. Mais qu'importe ! le résultat seul comptait. Tout de même, lorsque, deux ans plus tôt, nous formions avec tant d'ardeur nos groupements en Gascogne, nous n'imaginions pas que notre travail d'alors permettrait d'aider à l'accomplissement d'une mission liée intimement aux opérations de débarquement. Le « climat » de Morlaix n'étant pas toujours excellent, le docteur Le Duc avait trouvé à la campagne un brave homme de propriétaire terrien, bon Français et de ce fait ardemment anti-Boche, qui accepta de nous recevoir, de nous héberger, lorsqu'il serait nécessaire. Jean Prat, propriétaire de Quélédern, à Plourin, n'était pas l'un de ces agriculteurs dont les connaissances s'arrêtaient aux choses de la terre. Si, maintenant, il cultivait sa terre, il avait auparavant profondément cultivé son esprit. Parlant plusieurs langues, ses connaissances étendues rendaient sa conversation agréable. Aussi agréable que sa maison, parfaitement tenue par la sympathique et toujours souriante madame Prat, entourée de sa nombreuse petite famille. En quelque sorte, nous retrouvions, en Jean Prat, un deuxième Roger Larribeau. Nous ne tardâmes pas à nous installer à Quélédern. Le docteur Le Duc, connaissant seul notre retraite, assurait la liaison avec l'extérieur. Dans le calme reposant de cette belle campagne bretonne, nous pouvions préparer efficacement notre délicat travail. J'eus

cependant, dans cette maison, à subir un jour une chaude alerte. Pendant que « Félix » était parti faire la reconnaissance d'un terrain, je travaillais dans une chambre du premier étage cartes et boussole sur la table. Tout à coup, au travers des rideaux, je vis deux Allemands, mitraillettes sous le bras, se précipiter vers la maison. Jean Prat aussi les avait vus et il était déjà devant la porte. Les spadassins l'abordèrent :
- Vous êtes le propriétaire, ici ?
- Oui ! répondit Jean Prat.

Et, fermement, les mains aux hanches, il barrait la porte.
- Pas de terroristes, ici ?
- Non. Ici, tout le monde travaille.

L'Allemand était soupçonneux. Il examinait les lieux. Là-haut, dans ma chambre, j'avais essayé de dissimuler tant bien que mal cartes et boussole. L'Allemand marmotta quelque chose, puis dit :
- Voulez-vous nous donner à manger ?
- Je n'ai rien.
- Vendez-nous une poule.
- Je n'en ai pas.

(Il y en avait une douzaine qui picoraient devant la porte.)
- Et ça ?
- Elles sont recensées par le ravitaillement.
- Vendez-nous des œufs, alors ?
- Mes poules ne pondent pas !!!

De ma chambre, j'entendais tout et je me demandais si la comédie allait finir. Le Boche n'avait pas l'air content, maugréa, puis... finit par partir avec son compagnon. Lorsque je retrouvai Jean Prat, je lui demandai pourquoi il n'avait rien donné afin de les expédier plus vite.
- Parce qu'ils seraient venus nous embêter tous les jours, me répondit-il.

Deux opérations aériennes eurent bientôt lieu dans le Finistère, l'une à Berrien, l'autre à Huelgoat, près de Carhaix. Le « comité de réception » de Berrien était dirigé par un homme de confiance du docteur Le Duc, Yves Rouswald ; celui de Huelgoat par le capitaine Gouesnec et le lieutenant Tromeur. Dans cette partie de la Bretagne, les parachutages étaient particulièrement délicats à effectuer, ou plutôt à recevoir. En effet, les troupes allemandes y étaient fort nombreuses. Il m'avait été assuré que, dans le Finistère, deux petits hameaux seulement n'étaient pas occupés et que, souvent, des villages de quelque deux cents habitants devaient héberger quatre cents hommes de troupe. De plus, les agglomérations étaient relativement rapprochées, ce qui fait qu'il fallait opérer presque toujours au nez et à la barbe de l'ennemi. Dès ces premiers parachutages, les difficultés se firent jour. Les Allemands ayant procédé à l'arrestation du capitaine Gouesnec et du lieutenant Tromeur, officiers d'active qui étaient, paraît-il, en situation irrégulière, eurent le malheur de découvrir aussi des traces de l'opération aérienne. Ils organisèrent alors une vaste rafle et arrêtèrent une douzaine de résistants de l'endroit, dont trois appartenaient à l'équipe de réception. Nous préparâmes rapidement d'autres parachutages : six pour un officier que nous avait présenté le docteur Le Jane, le commandant « Poussin » (je ne l'ai jamais connu sous un autre nom) et d'autres aux environs de Rennes, où nous devions assurer les sabotages qui constituaient notre mission. Nous avions également organisé une opération « spéciale », à nouveau sur le terrain de Berrien. Outre du matériel, nous voulions recevoir là une somme d'argent assez importante pour subvenir aux besoins des organisations de Résistance et des maquis qui allaient se former le jour du débarquement. Partis à Paris pour assurer jusqu'à l'extrême limite les dernières liaisons avec le QG, nous avions confié au docteur Le Duc le soin de cette opération. Les hommes dont il disposait, parfaitement groupés par Yves Rouswald, étaient absolument sûrs et, sauf complication de dernière minute, nous n'éprouvions pas trop d'inquiétude pour ce parachutage. Au fur et à mesure que l'organisation que nous établissions en Bretagne prenait corps, nous nous rendions compte que, le temps passant vite, il serait nécessaire d'aller opérer en Ille-et-Vilaine, sur les objectifs qui nous étaient assignés autour de Guer, avec des éléments étrangers à cette région où nous n'avions pu, personnellement, contacter qui que ce soit. Les docteurs Le Duc et Le Jane furent consultés à ce sujet. Le Jane, qui avait des ramifications partout, se chargea de trouver les équipes nécessaires pour que le sabotage s'opérât simultanément sur les différents objectifs. Une partie des hommes nécessaires fut trouvée par lui sur place ; les autres dans la région de Morlaix. Si l'on ne recevait pas de parachutage près de Rennes, le matériel nécessaire (explosifs et autres) serait transporté du Finistère jusqu'en Ille-et-Vilaine. Pour que le travail s'effectuât, même au cas où un malheur nous frapperait, nous confiâmes alors le secret des messages à Le Duc et à Le Jane. De Paris, nous venions d'expédier nos derniers messages à « Hilaire », lorsque « Félix », qui écoutait, ce soir du 1er juin, les « messages personnels » de la BBC, lança un grand coup de poing sur la table en s'exclamant :

- Ça y est, cette fois !

Je n'avais pas besoin de lui demander de quoi il s'agissait. Au nombre considérable de messages radio-diffusés, j'avais compris que quelque chose d'extraordinaire se passait. Nos deux messages d'avertissement : *« L'Avenue fourmillait d'autos »* et *« Accusé levez-vous »* venaient de nous être apportés par les ondes, nous informant ainsi que le débarquement allait avoir lieu dans la quinzaine. Nous prîmes nos ultimes dispositions et, dans la nuit du 5 au 6 juin, nous nous trouvions non loin de Rennes. Afin d'exécuter les coupures de voies ferrées simultanément sur tous les points, quelques dizaines d'hommes sûrs avaient été recrutés, répartis en petits groupes s'ignorant les uns les autres et ayant chacun leur objectif. C'est un Breton du Finistère, Charles Le Joncourt, de Carhaix, qui avait réussi le tour de force de venir constituer sur place, en un temps record, ces équipes de sabotage et qui leur avait apporté, tout tranquillement, le matériel nécessaire que nous avions reçu près de Berrien et à Huelgoat. Par mesure de sécurité, les instructions précises concernant le travail n'avaient été données aux chefs de groupes qu'après la diffusion du message d'alerte. Dans la nuit du 5 au 6 juin, les maquisards commis à cet effet faisaient sauter les objectifs assignés, des citernes d'essence et des lignes téléphoniques. L'ennemi tenta bien de réparer rapidement les dommages, mais, comme les coupures de voies furent reprises le lendemain, il dut finalement se résoudre à gagner le front de Normandie par ses propres moyens. Grâce à l'aide d'hommes, de jeunes gens de France, notre mission avait été exécutée avec un plein succès. Au QG, on nous avait demandé de retarder de cinq jours l'arrivée des blindés allemands de Bretagne sur le front : ils mirent neuf jours pour atteindre les zones de combat. La sourde lutte dans l'ombre était pour nous terminée. Les combattants, avec ou sans uniforme, allaient maintenant s'affronter face à face, durement, sauvagement. La relation de ces combats appartient maintenant à l'Histoire et ce serait dépasser le cadre de cet ouvrage que d'en entreprendre la longue - et combien palpitante - narration.

Qu'il me soit permis d'ajouter quelques lignes concernant notre action clandestine. Lorsque le 6 juin au soir nous rentrâmes à Morlaix ce fut pour trouver close la maison de notre ami le docteur Le Duc. Après de scabreuses recherches en ville, nous apprenions que le docteur avait été arrêté par la *Gestapo*, quelques jours auparavant, alors que, vers neuf heures du matin, il rentrait du parachutage qui venait d'avoir lieu à Berrien. Il portait sur lui l'importante somme d'argent que le QG de Londres nous envoyait à l'intention des maquis bretons, donnant ainsi aux sbires de la *Gestapo* la preuve de son activité anti-allemande. Horriblement malmené, le docteur Le Duc ne dut sans doute son salut qu'au mutisme qu'il opposa à tous les interrogatoires, desquels les Allemands ne purent tirer aucun renseignement. Lorsque, à bout de forces, Le Duc finit par répondre, ce fut pour donner des indications erronées. Et les coups, alors, de pleuvoir de plus belle.

- Mais, nous dit plus tard Le Duc, j'avais été tellement maltraité, tellement battu, que le troisième jour j'étais comme anesthésié. Il n'y avait alors plus de danger que je parle, je ne ressentais plus la douleur !

Interné à Rennes, puis, au moment de l'avance américaine expédié avec un convoi de détenus vers l'Allemagne, le docteur Le Duc parvint à s'évader du train qui l'emmenait et, traversant les lignes, vint nous retrouver, mi-août, à Morlaix. Nous n'allions pas rester longtemps ensemble, car, le 25 août, une corvette de la marine britannique vint nous reprendre sur la côte. Le 26 août au matin nous rentrions à Londres, mission accomplie.

XXI. Point final

Quel fut l'épilogue de la longue lutte menée dans l'ombre par les résistants de France, appuyés par les agents des services secrets de Londres et d'Alger, de tel ou tel bureau ? Le colonel Buckmaster nous apporta lui-même la réponse à cette question lorsque, en septembre 1944, il réunit les officiers de son service :

- Les résistants et maquisards de France ont bien mérité de la Libération. Leur action a permis de faire progresser le cours des opérations militaires de plusieurs mois.

Des compagnons du *Service* que j'avais connus à Londres, il me sembla qu'il en restait bien peu, à cette réunion provoquée par notre chef. Des quatre cents officiers qui, durant toute la guerre, vinrent opérer en France, le nombre est considérable de ceux qui ne sont pas revenus. C'est à Londres que j'eus l'occasion de retrouver « Hilaire ». Il rentrait de sa mission, accompagné de son opératrice de radio, « Annette », après une vingtaine de mois passés sans interruption sur le sol de France, dont dix-huit dans le Sud-Ouest, particulièrement à Castelnau-sur-l'Auvignon. De bien braves gens avaient accompli là la prouesse de tenir secrète la véritable personnalité de l'officier britannique. Mais combien cher ces patriotes devaient-ils payer ce service !

- Castelnau n'est plus ! m'annonça immédiatement « Hilaire ».

Et il me fit le récit des grands événements qui s'étaient déroulés en ce haut lieu de Gascogne, le 21 juin 1944. Lorsque survint le débarquement, des centaines d'hommes escaladèrent le dur chemin qui mène à l'ancienne résidence des seigneurs du Fieumarcon et constituèrent dans le petit village un important maquis. Attaqués le 21 juin par les Allemands, trois fois supérieurs en nombre et formidablement armés, les maquisards se défendirent vaillamment et ce n'est qu'après plusieurs heures de combat que l'ennemi put prendre pied dans le village. De son propre aveu, les pertes de l'ennemi furent fort lourdes : environ deux cent cinquante tués et cent cinquante blessés. Du côté maquisards, il y eut dix-sept tués. Mais Castelnau-sur-l'Auvignon était frappé à mort. Avant de se retirer, les patriotes firent sauter la vieille et haute tour du XIe siècle, magnifique vestige roman du vieux château fort, dans laquelle avaient été entassés quelque douze cents kilos de plastic, cinq à six cents grenades et une grande quantité d'armes et de munitions. Pas une pierre ne resta sur ses assises. Les Allemands, par représailles, incendièrent ou firent sauter, une à une, toutes les maisons du village. En quelques instants, ils firent de ce lieu naguère si riant un désert de ruines, murailles calcinées et branlantes, amas de pierres, de poutres, de ferrailles tordues. Heureusement, presque tous les habitants avaient pu fuir et il n'y eut qu'un seul mort parmi la population, un homme à qui un Allemand logea froidement une balle dans la tête. Les combattants de Castelnau rejoignirent alors d'autres maquis et le regroupement de toutes les forces donna naissance au *Bataillon de l'Armagnac*, dont les exploits dans tout le Sud-Ouest et sur les côtes de l'Atlantique sont devenus légendaires.

En rentrant en France, je voulus revoir Castelnau et tous mes amis de l'endroit. Je trouvai des gens qui vivaient dans une lamentable misère. Je vis des anciens compagnons de lutte encore enthousiastes et d'autres déjà profondément déçus. Au fur et à mesure que le temps passait, que le flamboiement de la Libération s'estompait, des amertumes se faisaient plus grandes. Combien de fois n'ai-je pas dû répondre à ces gens qui me présentaient leurs doléances : *« Ne jugez pas un service, une organisation, un peuple, sur quelques faits, sur un ou quelques hommes. Patientez. La vérité finit toujours par éclater. »* Et ceux à qui il me fallait tenir ces propos avaient été, souvent, les meilleurs, les plus désintéressés. D'un côté, des hommes, des femmes, qui s'étaient montrés les plus ardents, souvent les plus héroïques dans la lutte, rentraient tranquillement dans le rang. Le but qu'ils avaient poursuivi pendant quatre ans - briser le joug odieux de l'étranger - était atteint. Ils n'en demandaient pas d'avantage. De l'autre, on assistait à une véritable course aux honneurs, aux distinctions de toutes sortes. De misérables questions d'intérêts vinrent souvent ternir les reflets d'un passé brillant et encore récent. Hélas ! Mais l'œuvre immense accomplie par la véritable Résistance, malgré les attaques sournoises qu'elle eut à subir, se dégageait quand même, lumineuse un peu plus tous les jours avec les apports de l'Histoire. A côté des basses mesquineries, que de grandeur, de désintéressement, d'abnégation ne trouvait-on pas, magnifiquement réconfortants.

En Gascogne, voisinant avec les groupements que, aidé de quelques amis, j'avais eu l'honneur de fonder (absorbés presque entièrement plus tard par le réseau du colonel « Hilaire »), d'autres organisations avaient apporté leur pierre à l'édifice. Que de services rendus qui n'avaient même pas été soupçonnés ! C'est dans le bureau de la préfecture, à Auch, que des amis nouveaux mais très chers me révélèrent un jour des noms, des activités que je n'avais pas connus. C'est ainsi que j'appris comment, avec quelle foi ardente et aussi quel désintéressement avaient été aidés, dans leur rapatriement, les sept aviateurs alliés tombés à Arx le 13 août 1943. Tout leur avait été fourni gratuitement : hébergement, vêtements, passage aux Pyrénées, etc. Je l'avais ignoré jusqu'à ce jour. Les meilleurs furent souvent les plus attaqués, ceux sur qui l'on tenta de jeter le plus de boue. Témoin de cet incident provoqué un jour en ma présence par une personne à qui, sous l'Occupation, il n'aurait pas fait bon demander un service et qui s'exclamait :

- Le maire de Castelnau ? Ah ! parlons-en, il a les poches profondes !

La réponse arriva, cinglante. Et je revoyais Roger Larribeau, naguère propriétaire terrien aisé, qui avait tout perdu, absolument tout, dans la grande lutte, qui avait tout donné sans accepter jamais la moindre rétribution et qui vivait maintenant dans la gêne la plus étroite. Larribeau avait cependant détenu des millions, que cet homme scrupuleusement honnête avait remis à leur propriétaire, alors qu'il n'avait plus ni sou ni maille. Lorsqu'en décembre 1943, le colonel « Hilaire », en tournée de « remerciements » passa chez lui avec « Annette », Larribeau, tirant de son jardin dévasté un million et demi, les lui remit jusqu'au dernier centime. Il n'avait pas alors de quoi assurer le lendemain de sa famille. Ces exemples de probité intégrale ne furent pas, heureusement, exceptionnels. Avec la cessation des hostilités, la capitulation de l'Allemagne amena le retour des déportés politiques, de tous ceux qui avaient pu résister aux horreurs des camps d'internement. Mais, là aussi, quel drame ! Combien ceux qui revenaient étaient parfois diminués, physiquement, sinon moralement ! Ces hommes que j'avais connus si brillants n'étaient plus, souvent, que l'ombre d'eux-mêmes. Pierre Labayle, Duffaza, Blazy, Chanut, maire de Saint-Antoine-du-Queyret en Gironde, combien vous avez dû souffrir !

Mais le drame atroce n'est-il pas dans les familles qui n'ont plus revu les leurs et qui n'ont même pas la consolation d'aller se recueillir sur la tombe d'un être cher ? Pensons toujours à ces héros. Inclinons-nous devant leur mémoire. Maurice Jacob, Gaucher, Cazeuneuve, Marius Bouchou, Coulanges, Alexandre Marsin le Breton, arrêté dans un bois à la veille de la Libération, tous les autres qui furent nos amis, vous tous qui partout furent les victimes de la violence et de la barbarie, que nos grandes et belles figures restent un symbole de l'honneur et de l'abnégation poussée jusqu'au sacrifice suprême pour la victoire de votre idéal. Comme, auprès de ceux-là, l'on se sent petit. Comme on en arrive à dédaigner les vilenies dont on est parfois abreuvé, que l'on finit par considérer même comme simples incidents, aux motifs louches et obscurs, telle cette piquante aventure qui m'arriva fin 1946. Lorsque je revins à Castelnau, fin 1944, les papiers que j'avais enterrés dans le jardin de l'école avaient disparu. La chose était extrêmement gênante parce que je possédais là des documents personnels importants. Mais j'avais l'intuition que cela n'était pas absolument perdu. Et c'était juste, puisque le tout me revint d'une façon qui n'était, certes, pas banale… et qui fit quelque bruit à l'époque. Au début de septembre 1946 mon ex-compagnon de lutte, Georges Starr (« Hilaire ») venait effectuer une brève tournée en Gascogne, auprès de ses anciens collaborateurs, parmi lesquels quelques-uns étaient restés ses amis. Je n'eus pas l'honneur de le rencontrer. Mais quelques jours plus tard, une lettre parvenait à le Sûreté nationale, à Paris, disant *« qu'un certain lieutenant-colonel Starr aurait connu l'intéressé (c'était moi) en 1942 et 1943 dans la Résistance en France. Plus tard, l'intéressé habitait l'Angleterre et fut parachuté en Bretagne en 1944. Il habite-*

rait actuellement à Condom. Le colonel Starr a appris que le susnommé est recherché par la police française pour un crime des droits communs (sic) et m'a prié de vous faire parvenir les effets personnels que l'intéressé a laissés chez lui (chez lui ? ou chez moi ?) *et qui peuvent être utiles à l'enquête faite par vos services. Signé : L.* » C'est ainsi que mon ex-camarade ravivait l'affaire déclenchée contre moi sous l'Occupation, à l'instigation de la *Gestapo*, par une personne condamnée à la Libération pour collaboration avec l'ennemi. Sans commentaires. Les journaux ont cité l'affaire en son temps. On a vu comment cela s'était terminé. Dans ce beau pays de Gascogne, au ciel toujours bleu, où tout respire la douceur de vivre, je découvris aussi la clé d'une cruelle énigme qui avait intrigué tout le Nord et particulièrement la région lilloise. Le capitaine « Michel », des services secrets de la « *French Section* », opérait dans les départements du nord de la France. Il avait constitué là-bas une organisation puissante, connue aujourd'hui encore sous les initiales WO. Dans la nuit du 27 novembre 1943, il entendit du bruit dans la maison où il avait trouvé refuge et bientôt des coups retentirent à sa porte. « Michel » ouvrit, le colt en main. Il se trouva face à face avec un officier allemand, braquant lui aussi son pistolet. A la même fraction de seconde, les deux hommes appuient sur la gâchette… et tous deux tombent frappés à mort. « Michel » avait été trahi, mais par qui ? Les résistants du Nord échafaudèrent mille et une suppositions et, naturellement, suspectèrent bon nombre de personnes de l'entourage du capitaine « Michel ». La vérité est toute autre. L'officier britannique avait été dénoncé, inconsidérément, par une fillette de treize ans qui le connaissait à peine et qui n'éprouvait cependant, elle-même, aucune sympathie, tant s'en faut, pour les Allemands ; mesurant le poids de son erreur, la pauvrette s'enfuit alors de Lille et vint se réfugier dans le Midi. Quelques-uns connurent l'affaire, mais ne l'ébruitèrent pas. La petite avait agi sans discernement et la torture du remords la punissait cruellement du drame qu'elle avait stupidement provoqué. C'est l'un des personnages officiels qui connut le fond de cette tragédie qui me rapporta les faits. Aujourd'hui, c'est toujours avec une émotion profonde que je revois mes camarades de guerre. Ils sont devenus mes amis et c'est pour eux que j'ai tracé ces lignes, pour qu'entre nous s'affirment indéfectibles les liens qui nous ont unis dans les jours sombres et les heures d'espoir.

Deuxième partie
Evasion 1943
(passage des Pyrénées)

XXII. Premières actions et premier départ

Dans le Nord, à Lille, où j'étais alors institutrice, l'action démarra dès le 19 mai 1940, à l'arrivée de l'armée allemande. L'appel du général De Gaulle, le 18 juin 1940, conforta cet élan. Après l'essai d'exode, sous la mitraille des avions allemands (à bicyclette pour moi-même comme pour beaucoup d'autres), essai stoppé à Hesdin (Pas-de-Calais) par les tanks qui tiraient sur tous ces civils qui voulaient fuir l'envahisseur, ce fut le retour difficile et piteux dans nos logis et la reprise de nos activités. Mais, aussitôt, le besoin de participer à une action contre cette invasion et la réalisation de ce vœu grâce à mon cousin Léon Degand, cheminot à la gare de Lille. Nous étions en zone interdite. Des soldats français et anglais se cachaient dans les champignonnières de Loos-Lez-Lille où j'exerçais ma fonction. Mon cousin avait toute possibilité d'en faire évader quelques-uns en leur faisant franchir la ligne de zone interdite dans un wagon plombé. Il fallait, d'abord, trouver de la nourriture et aussi des vêtements civils. Ma mère et moi nous sommes attelées à ce programme. Mes collègues : madame Samyn, ma directrice, madame Coudoux, adjointe, et des amis nous ont aidées. J'étais à l'époque Jeanne Delattre, veuve depuis deux ans, libre de mes actes, j'avais vingt-six ans et une splendide santé. Le capitaine Rendier (j'utilise ce nom qui le situe mieux dans le Gers et le Sud-Ouest) avait été arrêté par les Allemands près d'Arras. Parvenant à s'échapper, il était arrivé chez mes parents. Mon petit appartement, près de chez eux, étant libre, je l'y cachai jusqu'en avril 1941. Les Allemands le recherchant dans le secteur, mon cousin le fit partir par le moyen cité plus haut. Il arriva à Pau où il trouva du travail en imprimerie. En juin 1941, la *Gestapo*, dans sa célèbre voiture noire à roues jaunes, m'attendait à la sortie de l'école à 11 h 30… et se mit à me suivre alors que j'étais à bicyclette. Sans hésiter, je lui faussai compagnie en passant entre deux maisons et en roulant, à travers champs, jusque chez mon cousin. Mêmes moyens que dit précédemment et, après avoir franchi la ligne de zone interdite, je pris le train de Paris à Orthez sans problème. Là, mon amie, madame Leleu, réfugiée du Nord, institutrice à Castétis, en zone libre, s'occupa de me faire passer la ligne de démarcation. A la rentrée scolaire, pas de poste pour moi dans les Basses-Pyrénées, ni dans les Hautes-Pyrénées. Je m'adressai donc à l'inspection académique du Gers où je fus accueillie avec beaucoup de compréhension et de sympathie par monsieur l'inspecteur d'académie Baïssas et par son secrétaire (réfugié d'Alsace-Lorraine). Il me fut proposé : Castelnau-Rivière-Basse, Barbotan ou Castelnau-sur-l'Auvignon. Je choisis ce dernier poste parce que c'était une classe unique (où je n'aurais donc pas d'explication à donner à mes collègues) et que le logement de fonction était dans l'école. J'étais donc à Castelnau dès octobre 1941. A l'époque, il n'y avait ni l'eau ni l'électricité à Castelnau. Si cela compliquait, évidemment, les tâches ménagères, j'avoue ne pas en avoir souffert du tout. Je me suis très vite habituée à la lampe à carbure, au transport des seaux d'eau potable puisée chez monsieur Larribeau, le maire, à cuisiner sur les braises de la grande cheminée, à la lessive au lavoir de monsieur Monestès. C'était une nouvelle façon de vivre. Et j'avais des élèves tellement gentils ! Le capitaine Rendier trouva un emploi à l'imprimerie Saint-Lannes à Agen et cette proximité permit de nous remettre à la recherche de sympathisants à notre action. Et il y en eut !

Pour Pâques 1942, j'avais invité, à Castelnau, Rendier et notre ami Pierre Wallerand, originaire de Normandie, sous-officier au 150e RI d'Agen. C'était le 12 avril. Nous faisions des projets : nous étions assez nombreux pour fonder un réseau. J'allai quérir Roger Larribeau (le maire) que je savais favorable à notre action. C'est ainsi, et, donc, dans la grande cuisine du logement de l'école que fut créé le réseau *Victoire* par Maurice Rouneau, « Albert » ou capitaine Rendier, Pierre Wallerand, Roger Larribeau et moi-même Jeanne Robert (à cette époque madame Delattre). Presque aussitôt se joignirent à nous madame Larribeau, Pino et Tina Novarini. Peu de temps après : Hélène Falbet, Pierre (alias « Félix ») et Paulette Duffoir, ainsi que la mère et la sœur de Pierre (madame Avian) ; les sous-officiers Maurice Dupont, Maurice Lefebvre et Fernand Gaucher, monsieur Leurquin (consul de Belgique), Antoine Merchez et sa famille, dont Maguy à l'activité restée légendaire, Maurice Jacob (directeur du Service des Alsaciens-Lorrains à la préfecture d'Agen), son épouse et ses amis, Maurice Lamothe, d'Agen, deux agents du réseau Buckmaster (SOE) « Rodolphe » et « Gontrand » (qui allaient nous permettre les contacts avec Londres) ; à Condom : Jean Corne, Bourdettes, Bordes, Prieur, Espiau (qui mit « Albert » en contact avec Alexandre Baurens de Valence-sur-Baïse), Abel Sempé (Aignan), Abel Abeillé (Condom), Etienne Barbé, Louvet, Max Larribeau, madame Baurens et son frère, le député Louis Dubosc, Honoré Cazaubon (cousin de Roger Larribeau), monsieur Pialoux, André Lalanne, Pagès (capitaine de gendarmerie), le docteur Deyries, Solange et Charles Lauray (Miramont Latour), Bourrust (gendarme à La Romieu), Darroux (Fourcès), Cantal (Lubbon), Herlin, Pujol (père et fils), Prost (Montréal), Dugoujon (Lagraulet), Dépis (Larroque-sur-l'Osse), Yvan Lalanne et Saint-Avit (Vic-Fezensac), Jean Coueille et l'abbé Boé (Blaziert), Marius et Etiennette Sorbé (Seissan), Rouzier, Duquesne (Auch), Maës (Condom), agents du ravitaillement, Guy Basquet (Agen), madame Leleu (Castétis, B.P), Pierre Labayle et son épouse (Montréjeau), monsieur et madame Mansencal, Jean

Campan et ses sœurs Jeanne et Juliette et André Coulon, monsieur et madame Duffaza (Mazère de Neste), Abadie (maire de Tajan), Cazeneuve (Agen), Coulanges (Lamontjoie). C'est le consul de Belgique, monsieur Leurquin, qui permit de connaître « Rodolphe ». Le réseau *Victoire* prit rapidement de l'extension tout en nécessitant beaucoup de volonté, de précautions et de patience. Le capitaine Rendier relate cela dans *Quatre ans dans l'ombre*. Lorsque le colonel « Hilaire » s'installa à Castelnau, amené par Rendier, le 22 novembre 1942, il put utiliser de nombreux points de chute. « Hilaire » dont j'inventai le nom et l'histoire (monsieur Serge Wattremez, dit « Gaston » ou « Tonton » pour les intimes, un ami de mes parents, Belge, qui ne pouvait plus supporter la vie difficile de là-haut). Cela se passa fort bien, malgré son accent, explicable toutefois par son origine belge. Le colonel « Hilaire » sut utiliser à merveille le travail des premiers résistants de la région. Le réseau *Victoire* fut alors rattaché au réseau Hilaire Buckmaster (SOE). Un agent particulièrement important, Denise Bloch, alias « Catherine », qui faillit être arrêtée à Lyon, vint se réfugier chez moi après un séjour à Agen, chez Hélène Falbet. Je lui installai donc une petite chambre au premier étage. Le sous-officier Maurice Dupont vint aussi se réfugier chez moi lors de la dissolution du 150e RI. Il occupa la grande chambre du premier étage où se trouvaient un lit, plusieurs chalis, matelas en prévision des futurs parachutages. Je mis un divan pour moi dans la grande cuisine qui devint vraiment ma « salle de séjour ». Le sous-officier Dupont a dû laisser un certain souvenir dans l'esprit de mes élèves : il avait monté un mât devant l'école et, pendant son séjour à Castelnau, chaque matin, avant la rentrée en classe, il effectuait la levée des couleurs et le salut au drapeau. Grâce à lui, je pouvais prendre un peu de repos pendant les cours de gymnastique qu'il assurait et que je surveillais, assise sur le banc de pierre.

Un premier parachutage fut prévu sur le terrain de chez Novarini. Le message passa « *Victoire embrasse Joseph* ». Nos amis d'Agen arrivèrent, l'avion aussi. Il survola de nombreuses fois Castelnau mais rien d'autre ne se passa : le S Phone d'« Hilaire » ne fonctionnait pas. Cruelle déception ! En août 1943, le 12, ce fut le message « *La déshydratation est épatante* » qui annonçait un parachutage à Miramont-Latour, chez Charles et Solange Lauray. Ce fut une réussite. Ensuite il y eut beaucoup de problèmes, relatés dans *Quatre ans dans l'ombre*, et notre départ pour l'Angleterre, avec l'espoir de revenir très vite dans le charmant petit village de Castelnau-sur-l'Auvignon. Nous n'avions pas prévu n'y retrouver que des ruines ! Il m'a été demandé la motivation de la prise de tous ces risques. J'ai dû réfléchir pour trouver une réponse ; cela me paraissait tellement naturel ! Je pense que l'éducation reçue, tant familiale que scolaire, a formé le terrain prédisposé à cette réaction. Les leçons de morale et de civisme m'ont inculqué l'amour de la France, l'amour de la Liberté (liberté bien comprise, qui n'empiète pas sur celle du voisin), le respect des autres. Ces conditions étant, il n'était pas possible d'accepter, sans réagir, l'invasion allemande, la soumission à un régime draconien que bien des écrits ont fait connaître. Il fallait faire quelque chose... je n'ai fait que satisfaire ma conscience et, surtout, j'ai eu la chance d'éviter l'arrestation. Ce qui me paraît plus surprenant, c'est comment j'ai pu assumer toutes les occupations que cela imposait lorsque le réseau a pris de l'extension. Le travail scolaire n'en a pas souffert, bien que cette classe unique comptât 28 élèves ; j'ai gardé d'eux un souvenir reconnaissant pour leur gentillesse et leur sérieux au travail. Hors cela, il fallait assumer les repas, l'entretien du linge de ces messieurs qui passaient ou séjournaient. A cette époque, il n'y avait, à Castelnau, ni l'eau courante, ni l'électricité. Je traversais le village pour pomper l'eau potable chez Larribeau, je descendais au lavoir de chez Monestes pour laver le linge. Un grand feu brûlait constamment dans l'immense cheminée. J'y cuisais de grandes marmites de soupe. Tina Novarini m'avait appris à faire du pain, des pâtes fraîches, du millasson. Je trouvais facilement du ravitaillement dans les fermes : chez Novarini, chez Boison, entre autres (Cela me changeait du Nord). Je m'y procurais du blé que j'allais moudre chez monsieur Boyer, le père de mon élève Armand. Des fers chauffaient sur les braises pour le repassage des chemises nécessaires aux déplacements de nos amis. Le soir, une lampe à carbure nous éclairait. Je ne me rappelle pas avoir souffert de ces problèmes. Souvent le colonel « Hilaire » m'aidait pour la préparation des repas et la vaisselle. Il s'efforçait de me simplifier le travail ménager, gardant toujours une parfaite correction lorsqu'il était seul avec moi, mais se rattrapant en plaisanteries lorsque nous étions plus nombreux. C'était vraiment un personnage extraordinaire, sachant se mettre au diapason de toute situation. Les jours de congé, nous en profitions pour rendre visite à des amis, faire des projets de parachutage ou de recrutement, transporter le S-Phone si cela était nécessaire. « Tonton » roulait sur le vélomoteur de monsieur Larribeau et moi, je suivais, à bicyclette, avec l'appareil. Il m'est arrivé aussi de ramener, dans mes sacoches, des « objets » d'un parachutage ou de porter des documents. Je n'ai jamais été contrôlée. Question de chance ! Si plusieurs jours de congé se succédaient, je partais pour Castétis (juste avant Orthez) pour récupérer du courrier venant de zone occupée, déposé chez mon amie madame Leleu, par « le gamin », venu de Dax et qui n'était autre que Maurice Calvinhac, qui fut président de la Section girondine des combattants volontaires de 1988 à 1998. Presque toujours « Albert » (capitaine Rendier) m'accompagnait. Evidemment, ce trajet se faisait à bicyclette et cela ne nous paraissait pas pénible !

Je n'étais pas la seule femme du réseau à accomplir ces missions. Hélène Falbet (née Sanchez), mon amie d'Agen, pratiquait le même « sport » et a aussi hébergé « Hilaire », « Catherine », reçu les agents toulousains « Rodolphe » et « Gontrand ». A ce sujet voici une petite anecdote :

recevant « Rodolphe » pour la première fois, Hélène le conduisit dans la chambre qu'elle lui avait réservée. Rodolphe regarda le joli drap brodé H. S. et, surpris, se tourna vers Hélène : *« Comment connaissez-vous mon nom ? Mais, dit Hélène, ce sont mes initiales : je suis Hélène Sanchez. Et moi, dit "Rodolphe", Henri Sévenet. »*

Après cette parenthèse, je continue mes citations : Solange Lauray participait aux parachutages, abritait la radio « Annette », cachait des armes et des documents. Tina Novarini et madame Larribeau ont hébergé et nourri des agents. La librairie de madame Baurens, rue Gambetta à Condom, était un point de rencontre ainsi que chez Bordes, Bourdettes et Prieur. Madame Sorbé à Seissan, comme son mari, nous a aussi reçus et a caché d'autres agents en particulier « Hilaire ». Madame Labayle aidait son mari Pierre dans ses activités de grand résistant de Montréjeau, madame Mansencal et madame Duffaza à Mazères, près de Montréjeau, ont caché des agents recherchés (dont nous-mêmes) et les « évadés » de la prison d'Eysses et préparé leur passage en Espagne, en complicité avec Jeanne et Jeannot Campan, André et Juliette Coulon (à Tarbes) et madame Mauléon à Aventignan. Je pense aussi à d'autres résistantes du Gers : madame Lacq, madame Darroux, madame Dépis, madame Pujol (mère de Pierre). Mais je vais arrêter ici mes citations car la liste pourrait paraître trop longue. Cependant, il faut retenir que le rôle des femmes dans la Résistance a été très important, voire indispensable, et que leur discrétion a bien mérité le sujet du concours de la Résistance de l'année 1997 : *« Les femmes dans la Résistance »*.

Le recueil de photos ci-joint apportera un complément à cette liste en présentant une partie de nos amis résistants. La lecture de *Quatre ans dans l'ombre* aura déjà permis de les connaître.

XXIII. Du Gers aux Pyrénées

17 octobre 1943 : Le filet se resserra sur nos amis d'Agen. Beaucoup avaient déjà été arrêtés... la *Gestapo* avait fait de bonnes prises... « Félix » vint nous en avertir dans notre « fief » de Castelnau-sur-l'Auvignon (Castelnau de las Loubères ou encore Castelnau des loups où résidèrent les seigneurs de Fieumarcon), dans la « maison d'école » qui était en même temps la mairie et le PC du colonel « Hilaire » (George Starr). J'avais vraiment l'impression d'être à l'abri de tous les ennuis dans ce petit village du Gers qui nous avait adoptés. Forte de ce sentiment, je dis à « Félix » qui avait dû se réfugier chez des cousins, avec sa femme et leur fillette (sa mère et sa sœur ayant été emmenées par la *Gestapo*) : « *Venez donc ici, tous les trois. Je dirai tout simplement aux curieux que j'ai des amis en vacances. Ils (ceux qui vous cherchent à Agen) ne viendront sûrement pas ici. "Hilaire" est en déplacement mais nous pouvons compter sur son accord* ». « Hilaire », colonel du réseau Buckmaster (SOE) était ici chez lui, dans « son » village. En effet, il possédait un tel don d'adaptation qu'il avait su se rendre très populaire parmi les habitants de Castelnau. J'ai dû trouver une explication, bien sûr, pour faire admettre que la « régente » (comme on appelle l'institutrice dans les villages de Gascogne), femme seule, accueille ainsi, chez elle, ce monsieur. Moi-même réfugiée du Nord (plus précisément « évadée » de zone interdite), mais seuls le maire, son épouse et les Novarini étaient au courant, j'ai raconté que « *monsieur Wattremez, ingénieur retraité, grand ami de ma famille, fatigué de la vie difficile que l'on subit en zone interdite, est venu me voir ici. Trouvant le village tellement sympathique et doté de facilités de ravitaillement que l'on n'a guère partout, il désire y rester en attendant la fin des hostilités* ». Pour ne pas attirer de commentaires, le maire Roger Larribeau et son épouse ont mis à sa disposition une chambre. La maison de l'école était son restaurant et son bureau. A part les initiés, nul ne savait qu'elle dissimulait dans une oubliette (dont l'ouverture a été découverte, par hasard, dans la bûchette) tout un arsenal d'armes et de munitions, des postes émetteurs et récepteurs. C'était en réalité le PC du colonel « Hilaire » et bien des agents du SOE y furent reçus : « Rodolphe », « Gontran », « Catherine » (Denise Bloch), « Yvan » (Maurice Dupont), « Gérard » (sous-officier Gaucher), « Albert » (Maurice Rouneau, alias Rendier), « Félix » (Pierre Duffoir), Hélène Falbet, Merchez et sa fille Maguy. Chez Larribeau et chez Novarini, on connaissait tous ces amis. Les autres habitants se disaient peut-être parfois que « ces gens du Nord » semblaient mener joyeuse vie. Mais, justement, cela leur était sympathique et les invitations à leurs soirées, où l'on jouait aux cartes en dégustant le pastis et le vin blanc du pays, ou le délicieux

armagnac, nous prouvaient qu'il n'y avait pas suspicion de leur part. Il y a pourtant eu des coups durs : l'adjudant Gaucher (du 150e RI cantonné à Agen et dissous lors de l'arrivée des Allemands en zone dite libre), qui était venu s'installer dans une maison du village avec sa femme et ses deux fils, a été arrêté à La Réole puis déporté ! Le secret a pu être gardé. Un ami d'Agen, monsieur Gardes, a pris sous sa protection madame Gaucher et ses deux jeunes enfants. Il est évident que, malgré la torture, Fernand Gaucher n'a jamais parlé de Castelnau-sur-l'Auvignon. Tous les agents qui venaient ici éprouvaient, comme nous-mêmes, une impression de sécurité…

Mais revenons à cette soirée du 17 octobre 1943. « Félix » était là, avec sa femme Paulette et leur fillette Josette, âgée de onze ans. « Albert » est venu nous rejoindre. Nous discutions et nous nous interrogions sur le sort réservé à nos amis arrêtés à Agen. Nous étions peinés et n'avions guère sommeil. Seule la petite Josette dormait à poings fermés. Il était presque minuit quand nous entendîmes frapper à la porte. C'est « Albert » qui alla demander « Qui est là ? ». « Tonton » (c'est le nom que nous donnions familièrement à « Hilaire ») nous apportait de mauvaises nouvelles d'Agen. *« Vous devez tous partir au plus vite, vous êtes tous brûlés à Agen. Même madame Delattre (c'était mon nom à l'époque).* La Gestapo *y recherche une institutrice venue du Nord, grande et blonde. Vous pensez qu'elle ne tardera pas à la trouver. D'ailleurs, j'ai pris toutes dispositions pour votre départ. "Annette" a déjà dû passer un message à Londres pour annoncer votre arrivée. »*

J'essayai d'intervenir : *« Mais enfin, "Tonton", je pourrais peut-être partir ailleurs et être encore utile ? »*

La réponse fut brève : *« C'est un ordre. Vous êtes brûlée dans la région. Vous ne pouvez plus y être utile. Il faut aller à Londres et vous préparer pour une autre mission. »*

Et voilà ! C'était à nous d'accomplir maintenant ce passage des Pyrénées que nous avions si souvent préparé pour d'autres ! Nous n'avions guère le temps de nous attendrir. Il fallait faire vite. Ranger ou brûler ce qui devait l'être. Avertir les Larribeau et les Novarini. Nous passâmes une nuit blanche. Et, vers cinq heures, nous enfourchions nos bicyclettes et prenions la direction des Pyrénées. C'était le jour de la rentrée scolaire. J'avais le cœur gros ! « Mes enfants » allaient attendre devant la porte qui ne s'ouvrirait pas… C'était là un poids bien lourd qui s'ajoutait à la tristesse de tout abandonner encore une fois ! (car j'avais déjà dû quitter le Nord, en juin 1941, dans des conditions sensiblement analogues). Je tenais à passer à l'inspection académique d'Auch afin d'avertir de ce qui m'arrivait le secrétaire de monsieur l'inspecteur d'académie (réfugié d'Alsace-Lorraine, à qui je devais mon intégration dans le Gers). Je pouvais le faire, car il était des nôtres. Et il me promit de faire nommer tout de suite un ou une remplaçante à mon poste. Il me fit, en outre, une proposition toute à son honneur et à celui de son chef, monsieur l'inspecteur d'académie Baïssas : *« Voulez-*

vous que nous vous donnions un autre poste, dans un coin opposé du département, que nous tâcherons de tenir secret ? » Je fus obligée de lui dire qu'il s'agissait maintenant, pour moi, d'obéir à un ordre d'« Hilaire » et que nous étions attendus à Londres. Je n'oublierai jamais la sollicitude de tels chefs. Nous avons fait une pause à Seissan, chez nos amis Sorbé, tout dévoués à la cause. Puis nous reprîmes, toujours à bicyclette, la route des Pyrénées. Nous marquâmes un nouvel arrêt chez le maire de Tajan, monsieur Abadie. Celui-ci établit une carte d'identité donnant à « Albert » 41 ans révolus, afin d'éviter son internement en Espagne. « Félix » ne voulut pas se « vieillir » et, comme vous le verrez plus loin, il le regrettera. Enfin, le mercredi 20 octobre 1943, nous trouvâmes chez monsieur et madame Roland Mansencal et Jeannot et Jeanne Campan, à Mazères, près de Montréjeau, l'accueil chaleureux qu'y avaient trouvé bien d'autres avant nous et que bien d'autres après nous y trouvèrent jusqu'à la fin des hostilités. Madame Mansencal contacta le guide et nous attendîmes la date du départ. Paul Duffaza et son épouse nous conduisirent, dans leur camionnette, jusqu'à Loures-Barbazan, dans un hôtel, lieu du rendez-vous avec les guides (il paraît que cet hôtel porte maintenant le nom bien mérité d'hôtel de la Résistance). Un guide vint nous y chercher et nous partîmes pour la gare de Saléchan. Madame Mansencal et son neveu Jean Campan nous accompagnèrent jusque là. Quand monsieur Verdier, le chef de gare, nous introduisit dans son appartement, nous y trouvâmes, déjà rassemblés, des hommes et une femme. « Albert » et « Félix » avaient apporté une mitraillette. Ils la remirent au guide Bordes (alias Blanchard). Lui et ses deux aides n'étaient armés, jusqu'à présent, que de revolvers, et ils étaient heureux de posséder une arme plus efficace. C'est ainsi que, le 25 octobre 1943, à une heure du matin, nous quittâmes notre dernier abri français. Adieux calmes et silencieux à nos hôtes dévoués. Ma dernière vision de cet instant est celle de madame Mansencal, toute pâle et laissant, sans fausse honte, couler ses larmes.

XXIV. Le pic du Burat

L'un derrière l'autre, douze hommes, trois femmes et une fillette de onze ans, dirigés par trois guides, s'engageaient, sous une pluie fine, vers la Liberté. Nous ne connaissions pas ceux qui nous accompagnaient. Et, cependant, il semblait qu'un lien d'amitié unissait et guidait nos pas dans la nuit. A un certain moment, un « floc » indiqua que la chaîne s'était rompue : nous sûmes plus tard que c'était « Félix » qui avait malencontreusement chu dans le fossé. Petit incident sans gravité qui apporta par la suite sa note de gaîté. Nous empruntâmes la voie de chemin de fer de Luchon, puis nous la quittâmes pour prendre la direction de Marignac. A ce moment, des lumières que nous apercevions au loin et qui semblaient être des phares de bicyclette jetèrent l'inquiétude. A cette heure, et dans cette zone, il ne pouvait s'agir que d'une patrouille allemande. *« Vite dissimulez-vous dans les buissons, à droite. »* C'est l'ordre qui passa de bouche à oreille et qui fut exécuté sans bruit. L'alerte était passée. Les guides nous récupérèrent et la marche reprit. Voici d'autres lumières, fixes celles-là. Le guide Bordes nous rassembla pour nous donner, à voix basse, ses instructions : *« Il faut être très prudents. Au bout du village, nous devons traverser la route nationale où se trouve un poste de garde allemand. Après, nous gagnerons la forêt. »* A l'approche de l'endroit dangereux, les deux aides du guide partirent en reconnaissance. Tout allait bien. Le passage était libre. La route fut traversée sans bruit. C'est incroyable comme un tel groupe peut agir en silence. Toujours très vite, nous escaladâmes la rude côte de la montagne qui commençait. Au bout d'un quart d'heure, arrêt et court repos. Et la montée pénible reprit dans la nuit noire, sur l'herbe glissante. Le silence de rigueur était parfois coupé par la dégringolade de l'un de nous. La fatigue commençait à se faire sentir, mais le guide ne permit un nouvel arrêt que lorsque l'aube s'annonça. Une légère collation redonna des forces. Nous avions emporté un peu de chocolat, du pain et de l'armagnac (notre seule boisson !). Jean, un des jeunes gens du groupe, coupa pour chacun un peu de jambon pris chez sa grand-mère. « Albert » et « Félix » distribuaient les cigarettes qu'ils avaient eu la précaution de garder depuis le dernier parachutage de Tajan. Tous les hommes en éprouvaient une grande satisfaction et surnommèrent « Albert» « le bureau de tabac ». Nous reprîmes notre ascension. C'est étrange : nous avions tout quitté et nous n'étions ni inquiets, ni tristes. C'est tout juste si nous n'avions pas l'impression d'être en excursion entre camarades. C'est probablement la même situation imposée, le même danger couru qui créaient ce climat amical entre ces hommes et ces femmes qui ne se connaissaient pas voici quelques heures.

J'étais près du guide Bordes. Il nous dit : « *Regardez là-bas, ce pic tout blanc, c'est le pic du Burat. Cette blancheur majestueuse ne me plaît guère. Il faut gravir ce pic. Et il a neigé là-haut cette nuit. Pourvu que cela ne recommence pas ! Le ciel est bien menaçant !* »

Il pleuvait sans arrêt : pluie fine, froide, pénétrante. Et voici que le vent se mit de la partie, cinglant nos visages et gênant notre marche... Magie ! Tout à coup, ce fut la neige ! Ô ! blancheur immaculée d'un tapis de rêve ! Nous éprouvions une joie d'enfant à y poser nos pieds, à y puiser à pleines mains de grosses poignées, vite formées en boules que nous nous lancions en riant. Joie enfantine et fulgurante. La couche de neige devint de plus en plus épaisse. Neige fraîche, friable, dans laquelle nous nous enfoncions jusqu'aux genoux. Le vent se fâchait de plus en plus. Par rafales il nous jetait la neige en plein visage. Elle se glaçait sur nos cheveux, sur nos cils, sur nos vêtements. « Acacia », un jeune Alsacien, grand, mince, à l'abondante chevelure rousse et frisée, s'était transformé en un mannequin étrange : des mèches droites et glacées, les unes toutes blanches, les autres encore rousses, surmontaient une tête aux joues rouges, au nez rouge, aux yeux rouges entourés de glaçons blancs, plaqués sur ses cils ; sa veste, toute raide, semblait être en bois ripoliné. Nous n'avions plus l'aspect d'êtres humains, mais de robots bizarres et comiques... et nous étions encore en état d'en rire ! Nous restions gais malgré la fatigue et le froid. La liberté nous attendait de l'autre côté du Burat !

Les jeunes gens passèrent les premiers pour nous tracer le chemin dans la neige. Nous étions de fichus alpinistes, sans équipement mais nous ne nous inquiétions pas encore. Notre ignorance de la montagne nous protégeait... Nous aperçûmes un faîte à un peu plus d'un kilomètre. Nous crûmes que c'était le pic du Burat et que notre épreuve touchait à sa fin. Les guides ne nous détrompèrent pas, afin de ne pas saper notre courage et notre enthousiasme. Ils savaient bien, eux, qu'après ce sommet il y en aurait encore d'autres ! Nous suivions un escarpement dangereux : à gauche, c'était l'abîme. Là-bas, perdue dans la neige, une cabane émergea : « *C'est la cabane de bergers qu'utilisent les Allemands lorsqu'ils patrouillent en montagne. Mais, par ce temps, nous n'avons certainement pas à craindre qu'ils en sortent* » nous dit le guide Bordes. « *Regardez plutôt là-haut : ce point noir, c'est le poteau frontière. Encore un kilomètre d'efforts pour le dépasser. Nous devrons encore, toutefois, être vigilants, car les chasseurs allemands ne se gênent pas pour empiéter sur le territoire espagnol. Nous pouvons en trouver, de l'autre côté, qui n'hésiteraient pas à nous arrêter.* » N'empêche que la perspective d'être bientôt « de l'autre côté » fouettait notre courage. Ce n'était pas superflu, car, dans les yeux tout à l'heure brillants et résolus se lisaient maintenant fatigue et inquiétude. Un autre pic se dressait, qu'il allait falloir escalader et la neige tombait de plus en plus abondamment. Nous, les femmes, qui nous étions lancées dans cette aventure en tailleur, bas de soie (ou plutôt de rayonne) et sandales, étions transies. J'étais l'une des mieux protégées, grâce à un vieil imperméable que j'avais eu la bonne idée de rouler dans mon sac, avant le départ, et par les sandales de corde que madame Mansencal m'avait recommandé de mettre à la place de celles en cuir : si les pieds gonflent, ils y restent à l'aise. La petite Josette n'en pouvait plus, elle pleurait, et, après avoir marché encore quelques mètres, s'affala, évanouie, dans la neige. Un docteur polonais faisait partie du groupe (le docteur Gottschalk qui vit actuellement à Paris). Il frictionna l'enfant, la ranima, sortit de son sac une culotte de ski qu'il lui fit passer. Bordes, ce guide d'un dévouement admirable bien que de santé précaire, prit Josette dans ses bras. Quelques minutes après, se sentant mieux, elle demanda à marcher. Hélas ! elle s'affaissa à nouveau. Le guide la reprit. Les jeunes gens étaient fatigués. « Albert » passa le premier pour frayer le chemin. Et nous avancions lentement, nous enfonçant parfois jusqu'au ventre dans cette neige molle. Cette marche devenait hallucinante, prenait tournure de cauchemar. Un pic franchi, un autre apparaissait ! Les guides laissaient percer leur inquiétude. Dans cette tempête de neige, d'une violence inouïe, qui empêchait toute visibilité, ils doutaient d'être restés dans la bonne voie. Ils recommandaient de poser le pied avec précaution, car un lac devait se trouver dans les parages, nous disaient-ils, et il était peut-être dissimulé par la neige recouvrant une glace fragile. Au point où nous en étions, plus rien n'avait de mesure et cela nous paraissait une petite recommandation toute simple, à laquelle nous obéissions cependant, ce qui ne facilitait pas notre marche. « Albert » prit, à son tour, Josette dans ses bras, car le guide Bordes semblait, à présent, bien fatigué. La fillette ne tarda pas à reprendre des forces et pria « Albert » de la laisser marcher. Nous comptions être en Espagne pour midi. Il était treize heures, et nous ne savions guère quand nous atteindrions ce pays. Mon amie Paulette, la maman de Josette, ne surmontait plus sa fatigue. Elle ne pouvait plus avancer. Deux jeunes gens, Paul et Jean, la soutenaient. Ses sandales de cuir comprimaient des pieds gonflés et bleuis. Elle enleva ses chaussures et les abandonna. Ses bas de rayonne furent vite rongés par la neige et, c'est pieds nus qu'elle continua la marche. Marche monotone, silencieuse, harassante ! Rien que du blanc, du blanc, du blanc ! Où était le ciel ? Où était la terre ? Tout se confondait dans cette blancheur déprimante ! Il me semblait entendre encore le chant d'un des Alsaciens, tout à l'heure, au cours d'une pause, juste avant d'atteindre la neige : *« Sur la route qui va, qui va, qui va… »* Et je me posai la question : où va-elle, cette route ? Pourtant, voici que nous descendions. Avions-nous vaincu le Burat ? A ce moment, Paulette, épuisée, s'affaissa dans la neige. Elle nous supplia de la laisser. *« Ne restez pas près de moi. Vous allez perdre les guides. Ce n'est pas la peine. Je n'en peux plus. Je veux rester là ! »* Deux jeunes gens et son mari la soulevèrent et la portèrent. Mais le groupe de tête avait pris un peu d'avance et la neige avait déjà dissimulé les pas. Ce ne fut qu'une heure après que nous nous retrouvâmes tous au complet. Et tout le monde semblait atterré. A nos pieds s'ouvrait un entonnoir immense, rempli de brume. La neige qui recouvrait la pente en suggérait les dimensions vertigineuses. Le guide dit, sans nous regarder : *« Impossible de passer, il faut faire demi-tour et rentrer en France. »* Rentrer en France ? Courte phrase n'est-ce pas ? Enormité impensable pour chacun d'entre-nous. Car ce serait, sans aucun doute, aller au-devant de la mort ou pire. Et j'étais sûre que dans chaque esprit s'éveillait l'idée de l'arrestation, de l'emprisonnement, de la déportation… Autant risquer le tout pour le tout et tenter cette descente. Sans rien dire, « Acacia », le jeune Alsacien aux cheveux roux, s'élança sur la pente enneigée et commença une descente vertigineuse. Il descendit plusieurs mètres dans un nuage blanc puis, la neige se tassant sous ses pas, il parvint à tracer un sentier que tout le monde suivit. Nous n'avions plus rien de l'être humain. Notre sensibilité était anéantie. Nous risquions la mort à chaque pas et nous avancions, insouciants, inconscients. Un faux pas entraînerait la chute dans l'abîme. « Albert » évita cela de justesse : après avoir roulé en boule pendant plusieurs mètres, il se retrouva dans le sentier, juste devant Josette qui en rit aux éclats. Une souche se trouvait là pour l'arrêter ! Jean, le jeune homme au jambon des Pyrénées, Jean, ce garçon tellement sympathique qui, hélas, trouverait la mort au débarquement sur la côte méditerranéenne, glissa aussi vers le fond de l'entonnoir. Nous nous arrêtâmes et regardâmes hébétés, sans pouvoir intervenir. Son sac à dos, glissant sur la neige l'amassait et la tassait et il s'arrêta assez vite pour que les autres, faisant la chaîne, parviennent à le tirer de cette fâcheuse position. Mais voilà que se présentait une longue corniche, très étroite. La muraille de roc, concave et rendue glissante par l'humidité, nous obligeait à marcher penchés, le nez au-dessus de l'abîme qui s'ouvrait devant nous. Nous ne pouvions poser fermement nos pieds qu'après avoir pris toutes précautions. Une notion, émise par mon subconscient, m'indiquait que le dos doit rester en contact avec le roc. Le dos et les mains qui, à plat, cherchaient à tout hasard une aspérité à laquelle s'accrocher. Passage périlleux, qui dura plus d'une demi-heure et pendant lequel chacun de nous avouera, plus tard, avoir eu la sensation d'être hors du monde, sans éprouver ni vertige, ni angoisse. Le guide déclara alors à ceux qui arrivaient près de lui : *« C'est le plus mauvais passage que j'aie jamais fait. Je ne sais pas si tous les hommes arriveront. Quant aux femmes et à la gosse, il ne faut pas compter les revoir. »* Aussi, imaginez la joie de tous quand, vers dix-huit heures, nous nous trouvâmes réunis dans une pauvre cabane de bergers où les premiers arrivés avaient allumé un grand feu de bois ! Nous nous allongeâmes sur la paille. Nous étions exténués. Nos membres étaient douloureux. Mais nous étions au complet : dix-neuf au départ, dix-neuf dans cette petite cabane providentielle ! Nous trouvions tout naturel que le guide Bordes et ses deux aides soient encore avec nous. Et pourtant ces trois hommes couraient un grand risque en restant, cette nuit, sur le territoire espagnol. Surtout l'un des aides, ancien combattant républicain espagnol, réfugié en France parce que condamné par contumace. Nous avions retrouvé la joie de vivre et la faculté d'éprouver des sensations. Celle de la soif, surtout, qui se manifesta impérieusement. Nous n'avions plus une goutte d'armagnac. Les poignées de neige que nous sucions avivaient la soif. Nous essayâmes de la calmer en versant quelques gouttes d'eau de Cologne sur du sucre (ceci à la grande désapprobation du docteur polonais). Bordes partit alors à la recherche de glace qu'il fit fondre dans des boîtes de conserves. Il paraît que les hommes firent le guet toute la nuit, à tour de rôle. Je dis : « il paraît », car nous, les femmes et la gosse, exténuées, nous nous endormîmes sur la paille, pour ne nous réveiller qu'à l'aube. En m'éveillant, je m'aperçus que je n'avais plus ma bague qui avait dû rester accrochée à une paille pendant mon profond sommeil. Je cherchai un peu, auprès de moi, mais il ne pouvait être question de fouiller toute cette paille ! Et je laissai, dans cette cabane, un souvenir auquel je tenais beaucoup. Nos trois guides nous quittèrent et reprirent la route de France. Nous espérions qu'ils ne rencontreraient pas les difficultés subies la veille. Le ciel était clair. Le temps était beau. Ils étaient optimistes. Paulette et moi-même eûmes la surprise de constater que nos jambes étaient presque paralysées à hauteur des cuisses. Il nous était impossible de marcher seules et normalement. Pour descendre vers le village que nous apercevions tout au fond de la vallée, les jeunes gens nous soutinrent. Nous avions tous un aspect bien peu engageant : vêtements sales, déchirés et mouillés, visages fatigués bien que débarbouillés avec de la neige. Un montagnard espagnol vint à notre rencontre et nous dit qu'il parviendrait à nous faire éviter les postes de police espagnols si nous lui faisions confiance et si nous lui donnions deux mille francs en billets de la Troisième République. « Albert » avait cela et les lui donna. « Hilaire » avait remis suffisamment d'argent à « Albert » pour couvrir notre passage à tous les cinq. Un diamantaire parisien (monsieur Cartouzou) qui se trouvait dans le groupe et qui, lui aussi, avait le portefeuille bien garni, décida, avec « Albert », de faire face, ensemble, à tous les frais du groupe, tant que cela serait possible, à travers l'Espagne. Après deux heures de descente fort pénibles, le montagnard nous indiqua la route pour atteindre le village de Lès… et nous quitta.

XXV. Lès, Viella et Lerida

«Albert » confia à Paul et à Jean des billets français qu'ils essayèrent d'aller changer à la prochaine maison. Pendant ce temps, le reste du groupe se blottit dans les buissons. Monsieur Cartouzou (alias « Cousin ») le diamantaire, et nous cinq, cherchâmes comment dissimuler, le mieux possible, nos billets français. Paulette et moi avions adopté la mode des cheveux roulés sur le haut de la tête : bonne cachette ! Nous glissâmes aussi des billets dans notre linge intime (heureusement que les tampax n'existaient pas encore) comptant sur la délicatesse proverbiale des Espagnols vis-à-vis des femmes. « Albert » mit une liasse de billets dans son béret basque. « Cousin » glissa un diamant sous sa langue : ce serait la dernière ressource si les billets étaient trouvés et confisqués. L'attente fut longue... De notre cachette, nous aperçûmes une patrouille espagnole sur la route. Aucun doute, nos deux compagnons allaient être arrêtés ! Nous n'attendîmes pas plus longtemps. Il valait mieux aller franchement à la rencontre des Espagnols et retrouver Paul et Jean. Les douaniers à l'uniforme verdâtre, couleur qui nous rappelait de mauvais souvenirs, nous conduisirent à la caserne des douanes, à Lès.

Honneur aux dames ! Nous passâmes les premières à la fouille qui fut très superficielle et ne nous démunit de rien. Pour les hommes, elle s'avéra plus sérieuse : on leur retira couteaux, canifs, rasoirs, photos et l'argent qui n'avait pas été caché. Albert se vit confisquer dix mille francs laissés dans le portefeuille et le billet de cinq cents pesetas que Paul avait pu obtenir. Nous pensions tous que cela représentait le minimum autorisé... sinon la prise eût été moins importante. On lui remit un reçu de cette somme, lui affirmant qu'il serait remboursé à Barcelone (ni à Barcelone, ni à Madrid, ni à La Linea cette promesse ne serait honorée). Pendant la fouille, il avait tenu, poliment, son béret basque dans la main... et cela n'avait pas du tout attiré l'attention. Paulette et moi avions un rouleau de billets dans nos cheveux. « Cousin » avait son diamant. Nous étions donc parés pour les jours à venir. Un de nos compagnons de route, qui se disait Canadien, mais avait un tout autre accent, confia à « Albert » qu'il était très inquiet car, en réalité, il était Russe, avait participé à la guerre civile espagnole dans les rangs des Brigades internationales et craignait d'être reconnu par le lieutenant des douanes avec qui il s'était trouvé face à face pendant cette guerre et qu'il reconnaissait bien, lui ! Le lieutenant vint vers lui et lui parla en espagnol. Le Russe fit un signe de tête qui indiquait qu'il ne comprenait pas. Alors, en français, le lieutenant dit :

- Vous comprenez l'espagnol !

- Non, répondit le Russe. Je suis Canadien !

Et il ne broncha pas sous le regard insistant du lieutenant. Celui-ci haussa une épaule et passa au suivant. « Canada » nous dit, par la suite, qu'il avait eu très chaud. Il y avait de quoi ! Nous fûmes ensuite conduits dans un hôtel confortable où nous attendaient un bon repas et de bons lits. Avant le repas, nous pûmes aller faire un petit tour dans un magasin où Paulette, en échangeant clandestinement de l'argent français, acheta une paire de chaussures à tiges hautes et talons plats, pointure quarante-deux qui seyait, comme vous le pensez, à son petit pied. Aussitôt, la voici surnommée « Berthe au grand pied », évidemment ! Après une bonne nuit, les carabiniers vinrent nous chercher et nous transférèrent à Viella (val d'Aran).

Nous pensions en avoir fini avec la fouille. Cependant nous avions remis l'argent dans nos cachettes et nous avions bien fait ! En effet, le commissaire de police, faisant fonction de gardien chef de la prison, procéda à une nouvelle fouille. Il me confisqua mes très mignons ciseaux de couture que je gardais toujours dans mon sac, les qualifiant « d'arme possible » ! (Je suppose qu'il en a fait cadeau à sa femme, très jolie fille brune qu'il venait d'épouser, qui n'était ni Espagnole ni Française, parlait un français très correct, était serveuse dans la « fonda » locale où nous mangions tous et, qui visiblement, ne nous aimait pas). Tous les hommes étaient logés dans cette « fonda ». Mais notre petit groupe, peut-être à cause de la présence de la petite Josette, fut conduit dans une maison bourgeoise où nous fûmes gâtés par la propriétaire qui nous donna de très bonnes chambres, bien chauffées. A la « fonda », les autres dormaient dans des pièces nues, quelques-uns sur la paille et même dans les couloirs. Ce petit village était surpeuplé en cette période. Nous retrouvâmes là une trentaine de Français arrivés la semaine précédente. Nous passâmes dans ce village dix jours dont le souvenir n'a rien d'agréable. Nous mourions de faim. Pourtant, le restaurateur chargé de nous nourrir recevait des autorités alliées vingt-deux pesetas par jour et par personne. Or, il ne nous servait, à chaque repas, qu'une sauce dans laquelle avaient dû bouillir quelques pommes de terre et des côtes de mouton dont nous n'avions que les os. Nous achetions, au prix fort, des figues véreuses, pour calmer notre faim. Et nous apprîmes à demander dans un petit bistro le « *cafe con leche* ». Des officiers allemands venaient en uniforme et en voiture dans ce village. Ils essayaient d'engager la conversation avec plusieurs jeunes gens. Un des Alsaciens parla longuement avec eux : il fut mis en quarantaine. « Albert » avait pu téléphoner au consulat britannique de Barcelone, indiquant que nous étions attendus à Londres. Le consul l'informa qu'il nous prendrait en charge dès notre arrivée à Lerida, et qu'à ce moment-là seulement les difficultés disparaîtraient pour nous cinq.

Le transfert pour Lerida s'effectua, jusqu'à Sor, dans un camion découvert. Beaucoup d'hommes, dont « Albert » et « Félix », étaient partis la veille. Nous ne les retrouverions qu'à Sor. Ils nous apprirent qu'ils avaient passé une folle nuit, d'abord en prison, chantant tous en chœur pour faire enrager le gardien. Celui-ci, excédé, finit par aller demander au maire de les laisser sortir. Autorisation accordée, ils laissèrent leurs sacs dans la prison, emmenèrent le gardien à la « fonda » où la nuit se passa à manger et à boire... Le passage des cols pyrénéens, de Viella jusqu'à Sor, se classe parmi les mauvais souvenirs. Il faisait très froid. Le col que nous passâmes était à près de trois mille mètres d'altitude. Le décor était splendide ! Mais, hélas, plusieurs d'entre nous étaient malades ! Nous étions, pour la plupart, trop mal vêtus pour affronter, à nouveau, cette température. Nous avions beau nous accroupir dans le camion pour essayer de soustraire pieds et jambes à la morsure du froid cinglant : ce n'était pas efficace. Un jeune Polonais très distingué (qui se disait Canadien, comme tant d'autres, et se faisait appeler « André ») frictionna avec sollicitude les pieds d'une petite jeune fille (Line, si je me souviens bien) qui était, à chaque instant, sur le point de s'évanouir. Enfin, nous arrivâmes à Sor où nous retrouvâmes les hommes partis la veille et nous y passâmes la nuit. Le lendemain matin, un car de la *policia armada* nous transporta à Lerida. Là, on nous enferma dans le jardin de l'immeuble occupé par la *securidad*. Il semblait que l'on se désintéressait totalement de nous quand un policier arriva, vers treize heures. Il prit par la main Josette et la petite Coste (une famille de Montréjeau qui « travaillait » dans notre réseau et qui nous avait rejoints à Viella) en disant : *« Elles doivent avoir faim et froid. Nous allons leur donner à manger et des boissons chaudes. »*

Quand elles revinrent, bien longtemps après, les pauvres nous dirent qu'elles n'avaient eu ni à manger, ni à boire, mais qu'elles avaient été assaillies de questions sur leurs parents, les activités de ceux-ci en France, la cause de leur départ, et sur le passage des Pyrénées. Mais elles avaient su jouer les ignorantes et elles n'avaient rien répondu de précis. Tout l'après-midi se passa en interrogatoires, en nouvelles fouilles (heureusement que nous étions restés très prudents pour l'argent), en relevé d'empreintes digitales. Après quoi, vers les vingt heures, tous les hommes en âge de porter les armes furent envoyés au *Seminario Viejo*, prison de Lerida. Ce fut le moment, pour « Félix », de regretter de n'avoir pas fait transformer, à Tajan, sa carte d'identité, comme l'avait fait « Albert », car il était inclus dans ce groupe (il fut, six jours après, grâce au consulat britannique, libéré contre un sac de farine !).

Les hommes qui restaient et les femmes furent envoyés dans un hôtel, en résidence surveillée. Nos hardes furent jetées dès le lendemain et remplacées par des vêtements corrects que nous procura, gratuitement, le consul britannique. Les prisonniers étaient très malheureux. Paul Mifsud, notre compagnon du passage des Pyrénées, qui était devenu notre ami, nous confia ses notes, qui sont reprises dans *Quatre ans dans l'ombre* par le capitaine Rendier. Il nous était, fort heureusement, possible de leur porter chaque jour une petite collation et nous n'y manquions pas : l'accord conclu entre le diamantaire « Cousin » (Cartouzou) et « Albert » pendant le passage des Pyrénées se poursuivait et, journellement, le petit colis autorisé était déposé à l'entrée de la prison, sur la table du gardien de service, pour chacun des hommes du groupe. Nous avions l'impression de ne pas être tout à fait en sécurité à Lerida. Les officiers allemands venaient jusque-là en uniforme, se rendaient à la *securidad* où l'on nous avait confisqué nos cartes d'identité. Les noms donnés n'étaient pas exacts, mais les photos et les empreintes digitales l'étaient. Nous avions hâte de partir pour Barcelone. Mais le chargé d'affaires britannique ne pouvait qu'obéir aux autorités espagnoles. Et, pour nous donner courage, nous disait, chaque fois que nous le questionnions sur la date de notre départ : « *Mañana !* »

XXVI. Barcelone, Madrid, Gibraltar... Londres

Nous sommes restés environ trois semaines à Lerida. Puis, en compagnie du chargé d'affaires britannique et des ressortissants britanniques ou dits tels (c'est-à-dire ceux appartenant aux réseaux interalliés), nous partîmes pour Barcelone. Aussitôt conduits au consulat général de Grande-Bretagne, nous reçûmes le meilleur accueil du consul Wietfield. Nous séjournâmes quinze jours dans un grand hôtel de la Rambla Cataluña : l'hôtel Hispano Americana. Nous étions en compagnie d'un charmant jeune homme, Gil Al Carty, qui nous dit, un soir : « *Je dois partir en abandonnant le peu que j'ai : madame, je vous confie cette liseuse à laquelle je tiens beaucoup. Gardez-la. Vous me la rendrez après la guerre. Je vous donne aussi cette photo.* » Nous n'avons jamais revu ce jeune homme... Enfin, munis de nos passeports, nous partîmes pour Madrid. Le séjour fut très court. Nous ne le regrettions pas, car il y faisait très froid. Le lendemain soir, nous prenions le train pour La Linea. Nous avions pour compagnon de voyage un grand jeune homme blond qui se disait Belge. Nous apprîmes plus tard que c'était un espion allemand que les Anglais découvrirent avant qu'il n'ait pu agir.

A La Linea nous étions attendus et conduits tout de suite à Gibraltar, en voiture. C'était le 14 décembre 1943. Nous attendîmes jusqu'au 29 notre départ pour l'Angleterre, à cause de l'épais brouillard qui sévissait sur cette île et qui empêchait l'atterrissage des avions. « Félix » et sa famille étaient logés dans un appartement, « Albert » et moi étions dans un hôtel. A Gibraltar, le couvre-feu existait. En ce soir du 24 décembre, nous eûmes l'autorisation de sortie nocturne jusqu'à minuit pour réveillonner avec Pierre, Paulette et Josette Duffoir. Le trajet de retour de l'appartement jusqu'à l'hôtel fut assez difficile. Soldats et marins fêtaient Noël et n'avaient plus tout à fait notion des convenances. Il n'y avait pas de femmes dans les rues de Gibraltar ce soir-là. Et « Albert » dut me protéger et se fâcher à plusieurs reprises. Le danger n'était qu'apparent, car de nombreux policiers circulaient et sévissaient. Cependant, je ne fus pas mécontente de franchir le seuil de l'hôtel où « Albert » et moi étions de retour avant minuit. Isolés. Euphoriques. Dans la tête, la certitude d'avoir échappé, en France, dans les Pyrénées et même en Espagne, à de graves dangers. Dans le cœur de tendres sentiments. Dans les veines une jeunesse bouillonnante. Conditions parfaites pour de chauds ébats... Cela explique la suite des événements nous concernant tous deux.

Le 29 décembre, à une heure du matin, un Dakota nous emporta et, après un long détour au-dessus de l'Atlantique, afin d'éviter la chasse allemande, nous déposa à l'aérodrome de Bristol à neuf heures. Bonne réception… On nous offrit le thé, puis on sépara les hommes des femmes. Je me retrouvai, avec Paulette et Josette, dans une maison bourgeoise transformée en internat pour femmes seules. Des officiers vinrent nous interroger à plusieurs reprises, nous posant des questions, afin de bien contrôler notre identité. Ce n'est qu'après huit jours de cette mise au secret que nous retrouvâmes « Félix » et « Albert » qui, de leur côté avaient subi le même sort. Nous fûmes introduits dans un bureau où se trouvaient trois officiers. L'un d'eux était le colonel Maurice Buckmaster. J'étais très impressionnée de me trouver en face de notre « Grand Patron ». Après nous avoir félicités d'être là, il nous demanda ce que nous comptions faire. Le projet fut vite exposé : Paulette resterait forcément en Angleterre, avec sa fillette. Mais « Albert », « Félix » et moi demandions à former une équipe et à repartir pour une autre région de France. C'est pourtant sans moi qu'ils repartirent ensemble pour la Bretagne où, dans la région de Morlaix, sous les noms d'« Adolphe » et d'« Amédée », ils procédèrent aux opérations préparant le débarquement des Alliés. Et je serais encore en Angleterre quand cet événement tant attendu se réaliserait. En effet, des malaises fréquents nécessitèrent que je consulte des docteurs. Après bien des tergiversations (car les conditions ne semblaient pas propices) et un séjour à l'hôpital, le résultat de la nuit de Noël fut confirmé. Le colonel Buckmaster refusa de me laisser repartir en France avec « Félix » et « Albert ». Il pensait que, pour le moment, il était préférable de me soustraire, ainsi que la petite Josette, à la pluie des « V1 » (les avions sans pilote) qui tombaient sur Londres. Il prit contact avec l'épouse d'un de ses amis, le colonel Henderson. Madame Henderson accepta de me recevoir chez elle, dans le Surrey, avec Josette. Mes derniers mois de grossesse se passèrent donc à la campagne et dans une atmosphère tout à fait sympathique. Ce ne fut qu'aussitôt après la naissance de ma fille Michèle, le 21 septembre 1944, à Woking, que le colonel « Hilaire », venu m'y rendre visite avec « Annette », m'apprit la bataille de Castelnau, le 21 juin, la destruction de mon charmant petit village du Gers et de mon école, ainsi que les pertes subies par les maquisards : 18 tués et des blessés dont le gendarme Bourrust ! En juin 1944, jour du débarquement en Normandie, un grand nombre d'hommes jeunes ou moins jeunes, montèrent à Castelnau-sur-l'Auvignon pour rallier le PC du réseau Hilaire-Buckmaster. Les guérilleros espagnols, avec leur valeureux chef Camillo, vinrent se joindre à eux. Le colonel « Hilaire » organisa le maquis. Mais, le 21 juin, les Allemands encerclaient Castelnau. Le combat fut terrible ; les forces étaient inégales. Dix-neuf maquisards furent tués et plusieurs blessés, dont le gendarme Bourrust (celui-ci, transporté à l'hôpital d'Auch par les Allemands, fut enlevé par le courageux et astucieux

Monteil). Après avoir fait sauter la vieille tour où étaient cachés armes et explosifs, les maquisards purent s'échapper. Aussitôt les Allemands firent sauter une par une les maisons de l'unique rue de Castelnau. Les maquisards, sous le commandement du colonel « Hilaire », rejoignirent Avéron-Bergelle où, groupés avec d'autres volontaires sous les ordres du lieutenant-colonel Parisot et d'Abel Sempé, ils formèrent le Bataillon de l'Armagnac et le 158e RI. Leur courageuse épopée est relatée dans plusieurs ouvrages. Elle prit fin à la libération de la presqu'île d'Arvert et de l'île d'Oléron en 1945.

En octobre 1944, je fus, comme tous les Français du réseau Buckmaster à Londres, versée au BCRAL. En novembre 1944, je partis pour la France sur ordre de mission... Bateau militaire, précédé de dragueurs de mines, de Southampton au Havre. Puis camion militaire américain du Havre à Paris. Nous attendîmes, à Paris, la liquidation de nos dossiers. En décembre, le train nous déposa à Agen. Hélène Falbet nous offrit l'hospitalité, au 3, rue de Cessac, en attendant de trouver un logis à Condom, puisque Castelnau avait été complètement détruit le 21 juin 1944. Je demandai à l'inspection académique du Nord mon *exeat* officiel pour le Gers et, dans cette attente, je pris un congé de convenances personnelles. J'espérais reprendre mon poste à Castelnau que l'on reconstruisait. Hélas ! comme la durée de mon congé n'était pas prévisible, un titulaire y fut nommé. Ce n'est qu'en octobre 1947 que j'obtins un poste à Saint-Orens-Pouy-Petit, puis à Caussens et enfin à Condom. Je quittai cette ville pour Bordeaux en août 1961 puisque ma fille Michèle allait faire des études d'infirmière. Cependant, je reste profondément attachée à ce sympathique département du Gers et aux Gersois.

Après avoir été mademoiselle Robert, puis madame Delattre à Lille, madame Delattre (Vve) à Castelnau, Josette Rendier à Londres, madame Rendier (officiellement Rouneau-Rendier) à Condom, madame Robert à Bordeaux, madame Lhez-Robert, ensuite, après ma mise à la retraite...

Bien compliqué, tout cela ! Je signe tout simplement : Jeanne Robert !

MINISTÈRE
DE LA
DÉFENSE NATIONALE
ET DES FORCES ARMÉES

CABINET

BUREAU
DES DÉCORATIONS

RÉPUBLIQUE FRANÇAISE

Modèle «A»

MÉDAILLE DES ÉVADÉS

LE MINISTÈRE DE LA DÉFENSE NATIONALE ET DES FORCES ARMÉES

certifie que l'institutrice ROUNEAU RENDIER née ROBERT

Jeanne, Renée, Marguerite -

14 rue de la République - CONDOM (Gers)

a obtenu la Médaille instituée par la loi du 20 août 1926, complétée par la loi n° 46-2423 du 30 octobre 1946 (*J. O.* n° 256 du 31 octobre 1946).

(*Décret du* 16 aout 1955 J. O. .... *du* 13 septembre 1955

Enregistré
au Ministère de la
Défense Nationale
et des
Forces Armées
sous le n° 20.586/S

A Paris, le 20 septembre 1955.

Le Chef du Bureau
des Décorations,

J. M. 432736.